AF275255

GRACIAS POR CONFIAR EN COLEX

Disfrute gratuitamente **DURANTE UN AÑO** de los eBook, audiolibros y Colex Copilot de las obras de Editorial Colex*

ACTIVA TU CÓDIGO PARA ACCEDER A LOS SERVICIOS

1. Accede a **www.colex.es**.

2. Inicia sesión o regístrate como usuario.

3. Dirígete al menú de usuario y haz clic en **«Mis códigos»**.

4. Introduce el siguiente código **(RASCA PARA VER EL CÓDIGO)**:

◆ Una vez se valide el código, aparecerá una ventana de confirmación y su eBook / audiolibro / Colex copilot estarán activos **durante 1 año desde su activación** en la pestaña «Mis libros» en el menú de usuario.

* Los audiolibros están disponibles en las ediciones más recientes de nuestras obras. Se excluyen expresamente las colecciones «Códigos comentados», «Biblioteca digital» y los productos de www.vademecumlegal.es. Colex Copilot únicamente está disponible en las ediciones más recientes de las colecciones «Paso a paso» y «Vademecum».

No se admitirá la devolución si el código promocional ha sido manipulado y/o utilizado.

¡Gracias por confiar en nosotros!

La obra que acaba de adquirir incluye de forma gratuita la versión electrónica.

Acceda a nuestra página web para aprovechar todas las funcionalidades de las que dispone en nuestro lector.

Funcionalidades eBook

Acceso desde cualquier dispositivo con conexión a internet

Idéntica visualización a la edición de papel

Navegación intuitiva

Tamaño del texto adaptable

Síguenos en:

NUEVA FUNCIONALIDAD CON INTELIGENCIA ARTIFICIAL EN LOS LIBROS DE COLEX

| Una cortesía de Iberley.es |

En Colex damos un paso más en innovación jurídica. Desde ahora, las guías «Paso a paso» y los «Vademecum» incorporan una nueva funcionalidad basada en **inteligencia artificial**, gracias a la tecnología de **Iberley IA**.

El lector podrá interactuar directamente con el contenido del libro de forma inmediata, útil y centrada exclusivamente en su materia.

☑ **¿Qué puede hacer el usuario en el libro?**

💬 Realizar preguntas sobre el contenido del libro.

📚 Solicitar explicaciones de artículos, conceptos o normativa.

✳ Utilizar un ChatBot inteligente, contextualizado y acoplado al contenido legal del libro.

💡 Resolver dudas puntuales mientras se estudia o trabaja con la obra.

☒ **¿Qué no puede hacer esta versión del ChatBot?**

✗ No permite generar escritos jurídicos.

✗ No analiza ni responde documentos externos.

✗ No responde a consultas de otras materias distintas a la del libro.

Esta herramienta está pensada para enriquecer la experiencia de lectura y consulta del libro. Su uso es exclusivo sobre su contenido.

¿QUIERES IR MÁS ALLÁ? DESCUBRE IBERLEY IA

Si necesitas una **solución avanzada de inteligencia legal**, con cobertura total de materias y documentos, entra en **www.iberley.es** y accede a todas las funcionalidades profesionales:

CUADRO SIMBÓLICO DE FUNCIONALIDADES		
Funcionalidad	**En los libros Colex**	**En Iberley.es**
Preguntar sobre el contenido del libro	✓	✓
Solicitar explicaciones jurídicas	✓	✓
ChatBot integrado al contenido del libro	✓	✓
Consultas sobre otras materias	✗	✓
Análisis de documentos externos	✗	✓
Generación de escritos jurídicos	✗	✓
Traducción jurídica	✗	✓
Informes y resúmenes legales automáticos	✗	✓
Contratos, guías prácticas y emails para clientes	✗	✓
Estrategias judiciales y jurisprudencia instantánea	✗	✓

CÓMO DECLARAR TU DIVORCIO O SEPARACIÓN, IMPUESTO A IMPUESTO

Conozca la fiscalidad ligada a la liquidación del régimen económico matrimonial y las consecuencias fiscales de la ruptura de la pareja

CÓMO DECLARAR TU DIVORCIO O SEPARACIÓN, IMPUESTO A IMPUESTO

Conozca la fiscalidad ligada a la liquidación del régimen económico matrimonial y las consecuencias fiscales de la ruptura de la pareja

EDICIÓN 2025

Obra realizada por el Departamento de Documentación de Iberley

COLEX 2025

© Editorial Colex, S.L.
Calle Costa Rica, número 5, 3º B (local comercial)
A Coruña, C.P. 15004
info@colex.es
www.colex.es

I.S.B.N.: 979-13-7011-244-8
Depósito legal: C 1220-2025

SUMARIO

1.
LA DISOLUCIÓN Y LIQUIDACIÓN DEL RÉGIMEN ECONÓMICO MATRIMONIAL Y SUS IMPUESTOS: ITPYAJD, IRPF, ISD Y PLUSVALÍA MUNICIPAL

Principales implicaciones fiscales de la terminación del régimen económico matrimonial por crisis de la pareja

En un contexto de crisis matrimonial, **la separación o divorcio de la pareja tiene una serie de consecuencias, no solo de índole personal (por ejemplo, referidas a la guarda y custodia de los hijos), sino también de carácter patrimonial**. No en vano, cuando se termina la relación de pareja, y al margen de otras cuestiones como pueden ser las pensiones de alimentos o compensatorias, las partes (o el juez, en caso de desacuerdo) tendrán que repartirse los bienes comunes que puedan existir y dicha operación conllevará una serie de consecuencias fiscales que, además, pueden alcanzar a distintos impuestos. Fundamentalmente, a los siguientes:

- El Impuesto sobre Transmisiones Patrimoniales y Actos Jurídicos Documentados (ITPyAJD).
- El Impuesto sobre Sucesiones y Donaciones (ISD).
- El Impuesto sobre la Renta de las Personas Físicas (IRPF).
- El Impuesto sobre el Incremento de Valor de los Terrenos de Naturaleza Urbana (IIVTNU), más comúnmente conocido como «plusvalía municipal».

En este epígrafe se abordarán las principales implicaciones que la disolución y liquidación del régimen económico matrimonial puede tener con respecto a dichos tributos, en función de cuál sea el régimen que rija en el matrimonio. El análisis se centrará en el de gananciales y el de separación de bienes, por ser los más habituales, aunque también se incorpora una breve referencia final a los supuestos de parejas no casadas.

1.1. Régimen de gananciales

Las crisis matrimoniales y la conclusión de la sociedad de gananciales

La sociedad de gananciales es aquel régimen económico matrimonial mediante el cual se hacen comunes para los cónyuges las ganancias o beneficios obtenidos indistintamente por cualquiera de ellos durante el matrimonio, conformándose con ello una «masa común», que coexistirá junto con los bienes privativos de cada uno de ellos (por ejemplo, los que cada uno hubiese adquirido antes del matrimonio o por herencia). Su regulación legal se recoge, a nivel estatal, en el artículo 1344 del CC y siguientes.

> **A TENER EN CUENTA**. A falta de pacto o cuando las capitulaciones matrimoniales resulten ineficaces, el régimen económico matrimonial que se aplicará por defecto en derecho común es el de la sociedad de gananciales. Sin embargo, en algunos territorios existe normativa civil especial que puede suponer que el régimen económico matrimonial aplicable en defecto de acuerdo sea otro.

Aunque existen distintas tesis doctrinales en torno a la naturaleza jurídica de la sociedad de gananciales en nuestro ordenamiento, mayoritariamente se considera que constituye una **comunidad en mano común o germánica**, en la que no existirían cuotas, ni sobre los concretos bienes que conforman el patrimonio ganancial ni sobre el propio patrimonio conjunto, (acúdase, por ejemplo, a la STS n.º 549/2023, de 4 de mayo, ECLI:ES:TS:2023:1886). Es decir, **los cónyuges no serían dueños de la mitad de los bienes comunes, sino que ambos serían titulares conjuntamente del patrimonio ganancial, entendido de manera global.** Por otra parte, dicho patrimonio ganancial, de titularidad compartida, carecería de personalidad jurídica y no sería sujeto de derecho, sino objeto. En definitiva, se trata de un régimen en el que cada cónyuge es propietario de sus bienes privativos y cotitular de la sociedad de gananciales, que será la propietaria de los bienes comunes.

En principio, la sociedad de gananciales nace con el matrimonio (salvo que los cónyuges acuerden que el mismo se rija por otro régimen económico o que se aplique uno distinto por establecerlo la normativa foral) o cuando los cónyuges así lo estipulen en capitulaciones matrimoniales (por ejemplo, acordando la sustitución de un previo régimen de separación de bienes que pudiese regir). Y concluirá, por su parte, según los artículos 1392 y 1393 del CC:

- De pleno derecho, entre otros supuestos, cuando se acuerde la separación legal de los cónyuges o cuando se disuelva el matrimonio (por ejemplo, por divorcio o por muerte de uno de los cónyuges), o bien cuando lo acuerden los cónyuges estableciendo en capitulaciones un régimen económico matrimonial distinto.

- Por decisión judicial, a petición de uno de los cónyuges, entre otros casos, cuando se lleve separado de hecho más de un año por mutuo acuerdo o abandono del hogar.

Una vez **disuelto el régimen económico matrimonial se procederá a su liquidación**, que comenzará con un inventario del activo y del pasivo de la sociedad de gananciales. A grandes rasgos puede decirse que, en primer término, se procederá al abono de las deudas y cargas de la sociedad; y que, luego, en caso de quedar remanente, **el resto del caudal inventariado se dividirá por mitades entre ambos cónyuges.** La cuestión es que, desde el punto de vista tributario, esta operación puede plantear ciertos problemas cuando existan excesos de adjudicación; esto es, cuando uno de los cónyuges reciba bienes gananciales por un importe superior a su cuota de titularidad. Además, estos excesos de adjudicación, en caso de producirse, pueden ser onerosos (cuando sean objeto de compensación) o bien lucrativos o gratuitos (en caso contrario), lo que supondrá que las consecuencias fiscales varíen.

Pasemos a verlo, a continuación, con análisis de las distintas figuras impositivas que pueden entrar en juego y del modo en que se ha de tributar en cada caso (si es que hay que hacerlo).

Efectos fiscales de la liquidación de la sociedad de gananciales en el Impuesto sobre Transmisiones Patrimoniales y Actos Jurídicos Documentados (ITPyAJD)

El ITPyAJD es un impuesto que, en realidad, engloba tres modalidades distintas: grava las transmisiones patrimoniales onerosas, las operaciones societarias y los actos jurídicos documentados. En este caso, cuando no se ejerza una actividad económica no entrará en juego en su modalidad de operaciones societarias, pero sí podría hacerlo en la de transmisiones patrimoniales onerosas y la de actos jurídicos documentados.

|| Modalidad de transmisiones patrimoniales onerosas

Que la liquidación del régimen de gananciales tribute o no por el ITPyAJD en su modalidad de transmisiones patrimoniales onerosas dependerá de cómo se repartan los bienes gananciales entre los cónyuges: **habrá que ver si existen o no excesos de adjudicación.**

En principio, y sin perjuicio de que en las siguientes líneas se desarrollará esta cuestión, puede esbozarse el siguiente esquema:

- Una distribución del patrimonio común equitativa, en la que ningún cónyuge reciba más de la mitad que le corresponde, no implicará una auténtica transmisión patrimonial y no existirá tributación por el impuesto.

- Sin embargo, cuando se adjudique a alguno de ellos más de lo que corresponda a su cuota de titularidad, el exceso sí podría constituir una transmisión patrimonial gravada por este impuesto, salvo que resulte justificada por una serie de motivos o que tenga carácter gratuito (en este último supuesto tributaría, en su caso, por la vía del ISD).

A continuación, profundizaremos sobre cada uno de los dos supuestos, teniendo presente que **los excesos de adjudicación se producen cuando en la división del patrimonio común uno de los cónyuges recibe más de lo que le corresponde** en atención a su participación o cuota en la totalidad (el 50 %). En tal sentido, conforme al artículo 7 del Real Decreto Legislativo 1/1993, de 24 de septiembre, por el que se aprueba el Texto refundido de la Ley del Impuesto sobre Transmisiones Patrimoniales y Actos Jurídicos Documentados (en adelante, LITPyAJD), son transmisiones patrimoniales las transmisiones onerosas por actos *inter vivos* de toda clase de bienes y derechos que integren el patrimonio de las personas físicas o jurídicas. Y, en particular, se considerarán como tales [apartado 2.B) del precepto] a efectos de liquidación y pago del impuesto:

> «B) Los excesos de adjudicación declarados, salvo los que surjan de dar cumplimiento a lo dispuesto en los artículos 821, 829, 1.056 (segundo) y 1.062 (primero) del Código Civil y Disposiciones de Derecho Foral, basadas en el mismo fundamento.
>
> En las sucesiones por causa de muerte se liquidarán como transmisiones patrimoniales onerosas los excesos de adjudicación cuando el valor comprobado de lo adjudicado a uno de los herederos o legatarios exceda del 50 por 100 del valor que les correspondería en virtud de su título, salvo en el supuesto de que los valores declarados sean iguales o superiores a los que resultarían de la aplicación de las reglas del Impuesto sobre el Patrimonio».

1. Liquidación de la sociedad gananciales sin excesos de adjudicación

Si **cada cónyuge no recibe más de lo que le corresponde** en proporción a su cuota de titularidad sobre el patrimonio ganancial, **no existirá una transmisión patrimonial que deba tributar** por la modalidad de transmisiones patrimoniales onerosas del ITPyAJD. Tal y como indica la Dirección General de Tributos, «la división de los bienes integrantes de la sociedad de gananciales y la consiguiente adjudicación de las partes resultantes a los cónyuges en proporción a su interés en dicha sociedad no es una transmisión patrimonial propiamente dicha —ni a efectos civiles ni a efectos fiscales— sino una mera especificación o concreción de un derecho abstracto preexistente» [consulta vinculante de la Dirección General de Tributos (V2004-21), de 1 de julio de 2021].

2. Liquidación de la sociedad de gananciales con excesos de adjudicación

Por el contrario, cuando en la liquidación del régimen de gananciales **se le adjudiquen a uno de los interesados bienes por valor superior a su cuota de participación**, aquel al que se le adjudique el exceso sí estará adquiriendo algo que no tenía con anterioridad, por lo que **dicho exceso deberá tributar como transmisión, de un modo o de otro en función de que exista o no una compensación** por parte del comunero que haya recibido de más en favor del que haya recibido de menos.

a) Transmisión onerosa (con compensación del exceso)

Si el **cónyuge al que se le adjudica el exceso compensa al otro** (por ejemplo, le paga en metálico esa diferencia), la compensación constituirá una contraprestación por el exceso recibido, que determina el carácter oneroso de la operación y podría suponer su tributación en el ámbito del ITPyAJD. Y es que, fuera de ciertas excepciones que luego veremos, según el artículo 7.2.B) de la LITPyAJD, los excesos de adjudicación declarados se consideran transmisiones patrimoniales a efectos de liquidación y pago del impuesto. Por lo tanto, **como regla general, el cónyuge al que se le adjudique el exceso será sujeto pasivo del impuesto conforme al artículo 8.a) de la LITPyAJD y deberá tributar por el valor del exceso recibido.**

Ahora bien, existen ciertas **excepciones** a esa regla, puesto que **se excluyen de tributación aquellos excesos que puedan ser considerados «inevitables»,** cuando la naturaleza de los bienes no permita su reparto de otra forma. No en vano, el artículo 7.2.B) de la LITPyAJD considera transmisiones patrimoniales onerosas a los efectos del impuesto los excesos de adjudicación, salvo lo que surjan de dar cumplimiento a lo previsto en los artículos 821, 829, 1056.2 y 1062.1 del Código Civil o a disposiciones del derecho foral basadas en el mismo fundamento (el principio general que determina que, **cuando la cosa común sea indivisible, por su naturaleza o porque pueda desmerecer mucho por la indivisión, la única forma de extinción de la comunidad es adjudicarla a uno de los comuneros con la obligación de abonar a los otros el exceso en dinero**).

> **A TENER EN CUENTA.** Los concretos supuestos de los artículos 821, 829, 1056.2 y 1062.1 del CC, en los que este precepto exceptúa de tributación en el ITPyAJD el exceso de adjudicación, serían los siguientes: reducción de un legado consistente en una finca que no admita cómoda división, señalamiento de la mejora en cosa determinada cuyo valor exceda del tercio de mejora, realización de la partición de los bienes por el propio testador que quiera preservar indivisa una explotación económica o mantener el control de una sociedad de capital o grupo y adjudicación de un bien hereditario indivisible o que desmerezca mucho por su división a uno de los causahabientes.

A este respecto, conviene apuntar que, **de ser varios los bienes comunes, habrá que atender al conjunto de todos los bienes para determinar la indivisibilidad,** ya que, aunque cada uno de los bienes individualmente considerados puedan ser calificados de indivisibles, el conjunto de todos sí puede ser susceptible de división, de modo que el reparto o adjudicación de los bienes deberá hacerse mediante la formación de lotes lo más equivalentes posibles, evitando los excesos de adjudicación. Así, en caso de ser posible una adjudicación distinta de los bienes entre los comuneros, que evite el exceso o lo minore, deberá entenderse que existe una transmisión de la propiedad de un cónyuge a otro, que determinaría la sujeción al impuesto.

Finalmente, y como concreción de esta misma idea, lo cierto es que existe una **regla específica para la vivienda habitual** en los supuestos de disolución del matrimonio o cambio del régimen económico del mismo. El apartado 3 del artículo 32 del Real Decreto 828/1995, de 29 de mayo, por el que se aprueba el Reglamento del Impuesto sobre Transmisiones Patrimoniales y Actos Jurídicos Documentados (en adelante, RITPyAJD), contempla como supuesto en el que **no se liquidará el impuesto en su modalidad de transmisiones**

patrimoniales onerosas, el de los «excesos de adjudicación declarados que resulten de las adjudicaciones de bienes que sean efecto patrimonial de la disolución del matrimonio o del cambio de su régimen económico, cuando sean consecuencia necesaria de la adjudicación a uno de los cónyuges de la vivienda habitual del matrimonio». Con esta previsión se trataría de favorecer que la vivienda habitual, que es objeto de una especial protección en nuestro ordenamiento jurídico, se adjudique a uno de los cónyuges, en lugar de ser vendida o transmitida a un tercero por otras vías.

CUESTIONES

1. ¿La compensación del exceso tiene que ser siempre en metálico?

Según se desprende de la **sentencia del Tribunal Supremo n.º 1502/2019, de 30 de octubre, ECLI:ES:TS:2019:3480**, la compensación puede realizarse, no solo en metálico, sino también mediante la asunción de deudas del otro o a través de la dación en pago de otros bienes en condominio. En este sentido, la Dirección General de Tributos ha extraído las siguientes conclusiones de la sentencia [consulta vinculante (V0349-25), de 19 de marzo de 2025]:

«- La compensación en metálico a la que se refiere el artículo 1.062 del Código Civil, puede realizarse no solo en metálico, sino también mediante la asunción de la deuda de un préstamo hipotecario o la dación pago de un bien propiedad del condómino.

- Que exista uno o varios condominios que se extinguen por completo como consecuencia de la adjudicación de los inmuebles a uno solo de los copropietarios no debe ser obstáculo per se para la aplicación del supuesto de no sujeción previsto en el artículo 7.2.B) del TRLITPAJD. Lo que resulta trascendente es que los bienes inmuebles resulten indivisibles y no resulte posible un procedimiento de distribución entre los copropietarios distinto al de adjudicación a uno solo de los condóminos. Es decir, que resulte inevitable la adjudicación a uno solo de los condóminos con exceso de adjudicación a compensar.

- La indivisibilidad de cada bien individualmente considerado permite que el reparto o adjudicación de los bienes entre los comuneros se pueda hacer también mediante la formación de lotes lo más equivalentes posibles.

(…)

En síntesis, lo que el Tribunal Supremo determina en esta sentencia es que, en la disolución de comunidades de bienes sobre bienes indivisibles, si las prestaciones de todos los comuneros son equivalentes y proporcionales a las respectivas cuotas de participación, resultará aplicable el supuesto de no sujeción a la modalidad de transmisiones patrimoniales onerosas regulado en el artículo 7.2.B) del TRLITPAJD».

2. Un matrimonio tiene como único bien ganancial un edificio construido en régimen de propiedad horizontal y dividido en varios pisos y locales, susceptibles de utilización privativa. ¿Dicho edificio puede considerarse indivisible al amparo del artículo 1062 del CC a la hora de liquidar el régimen de gananciales?

En principio, dado que el edificio estaría dividido materialmente en pisos y otras dependencias susceptibles de utilización privativa, parece que el bien sería esencialmente divisible, por lo que no sería inevitable la adjudicación a un solo propietario, al ser factible otro reparto. En este sentido, puede acudirse a la sentencia del Tribunal Supremo n.º 1167/2020, de 16 de septiembre, ECLI:ES:TS:2020:2881.

RESOLUCIONES RELEVANTES

Sentencia del Tribunal Supremo n.º 1167/2020, de 16 de septiembre, ECLI:ES:TS:2020:2881

Asunto: doctrina general de nuestro Alto Tribunal sobre la tributación de los excesos de adjudicación derivados de la disolución de condominios.

«Como doctrina general se ha dicho que la extinción de un condominio, en el que se adjudica un bien indivisible a uno de los condóminos, que ya era titular dominical de una cuota de dicho bien, a cambio de su equivalente en dinero, no está sujeta a la modalidad de transmisiones patrimoniales onerosas, si a la modalidad de actos jurídicos documentados.

Dicha doctrina parte, como presupuesto primero y esencial, de la indivisibilidad del bien, en el buen entendimiento de que dicha indivisibilidad relevante a los efectos que nos ocupan, como delimita la jurisprudencia, puede ser legal (cuando viene exigida por el ordenamiento jurídico); material (cuando es imposible la división por la propia naturaleza del bien); y económica o funcional (cuando la división haría desmerecer mucho el valor del bien).

Se exige, además, que resulte inevitable la adjudicación a uno sólo de los condóminos, esto es, que no sea posible un procedimiento de distribución entre los copropietarios distinto al de adjudicación a uno sólo de los copropietarios, de suerte que de producirse un exceso de adjudicación, la compensación en dinero opere como un elemento equilibrador de la equivalencia y proporcionalidad de las mutuas contraprestaciones del condómino transmitente y el adjudicatario, en relación con la participación de cada uno.

En lo que ahora interesa, cabe apuntar que la finalidad perseguida sea con claridad el ejercicio de la facultad de división de la cosa común, esto es extintivo de la situación de condominio, y no estrictamente traslativo del dominio».

Sentencia del Tribunal Supremo n.º 916/2019, de 26 de junio, ECLI:ES:TS:2019:2297

Asunto: naturaleza de los excesos de adjudicación que grava el ITPyAJD. Lo que se grava como transmisión patrimonial onerosa en el ITPyAJD en caso de exceso de adjudicación evitable es que una de las partes reciba en la disolución del condominio más de lo que correspondía a su cuota de titularidad, no el hecho de que la compensación que obtenga quien recibe menos de su cuota tenga un valor superior al del exceso que percibe el otro.

«(...) en realidad los que están gravados por TPO son los excesos de adjudicación. Para ello basta considerar la tributación por TPO de la división de una cosa común que no sea indivisible. Si en este caso de división se adjudican en exceso a determinados comuneros, con compensación equivalente en su valor al del exceso adjudicado, no por ello deja de realizarse el hecho imponible transmisión patrimonial onerosa, porque la ley no exonera de tributación estas transmisiones patrimoniales onerosas por más que no exista una desproporción entre lo que se transmite, exceso de adjudicación, y lo que se recibe, compensación por el comunero que recibe el exceso de adjudicación. Luego este exceso de adjudicación que no sería de los que se ha dado en denominar "verdadero", tributa por TPO. Por otra parte, si la contraprestación recibida por quienes salen de la comunidad superase el valor de su participación en la misma, incluso en el caso de una extinción de comunidad sobre cosa común indivisible, con adjudicación a un comunero y extinción de la comunidad, nos encontraríamos aquí ante dos actos jurídicos con relevancia tributaria. Por una parte, la pura división de la cosa común, en la parte percibida correspondiente al valor de la participación, y éste es el auténtico exceso de adjudicación, que no está sujeto a TPO y sí, en su caso, a

Actos Jurídicos Documentados, porque se produce una pura especificación del bien o derecho poseído en común. Y, por otra parte, el exceso de la contraprestación percibida, esto es, lo que excede del valor de la participación que se tenía en cosa común, que no queda amparado en la excepción que, a modo de supuesto de no sujeción —que no de exención— configura el art. 7.2.B del TRITPAJD. Este exceso sobre la compensación —esto es, sobre el exceso de adjudicación verdadero— dará lugar, en su caso, a otro hecho imponible (donaciones) (...)».

b) Transmisión lucrativa o gratuita (sin compensación del exceso)

De no mediar compensación, la transmisión tendrá carácter gratuito, por lo que no quedará sujeta al ITPyAJD en su modalidad de transmisiones patrimoniales onerosas. En principio, **parece que tributará como donación a favor del cónyuge al que se adjudica, por el importe del exceso recibido** [artículo 3.1.b) de la LISD]. Ahora bien, y como luego se verá, el Tribunal Supremo declaró en su **sentencia n.º 963/2022, de 12 de julio, ECLI:ES:TS:2022:3083,** que el **exceso de adjudicación de la vivienda habitual a uno de los cónyuges, no compensado económicamente, no puede caracterizarse como una donación ni gravarse como tal,** por faltar, entre otros requisitos, el *animus donandi* y no existir un acto unilateral de voluntad de donar (se trataría de un convenio, bilateral y acordado entre los cónyuges que disuelven el matrimonio y, con ello, el patrimonio común).

|| Modalidad de actos jurídicos documentados

En su modalidad de actos jurídicos documentados, el ITPyAJD sujeta a gravamen, en ciertos términos, los documentos notariales, los mercantiles y los administrativos (artículo 27 de la LITPyAJD). En tales casos, el tributo se satisfará mediante cuotas variables o fijas, atendiendo a que el documento que se formalice otorgue o expida, tenga o no por objeto cantidad o cosa valuable en algún momento de su vigencia. En los documentos notariales, será sujeto pasivo del impuesto el adquirente del bien o derecho y, en su defecto, las personas que insten o soliciten los documentos notariales, o aquellos en cuyo interés se expidan.

En particular, el apartado 2 del artículo 31 de la LITPyAJD establece la sujeción a la cuota variable de actos jurídicos documentados, documentos notariales, cuando concurran los siguientes requisitos:

- Tratarse de la primera copia de una escritura pública.
- Tener por objeto cantidad o cosa valuable.
- Contener un acto inscribible en el registro de la propiedad, mercantil, de la propiedad industrial y de bienes muebles.
- No estar sujeto al ISD ni a los conceptos comprendidos en las modalidades de transmisiones patrimoniales onerosas y operaciones societarias.

Por lo tanto, en aquellos supuestos en los que la liquidación del régimen económico matrimonial se documente en escritura pública ante notario, cabría plantearse la posible tributación por esta modalidad del ITPyAJD:

- **No existiendo excesos de adjudicación,** la liquidación del régimen de gananciales no constituye una transmisión patrimonial que tribute por la modalidad de transmisiones patrimoniales onerosas, por lo que, en principio, la escritura pública quedaría sujeta a la cuota variable de actos jurídicos documentados, documentos notariales, de concurrir los cuatro requisitos antes señalados. Sin embargo, estará **exenta de conformidad con el artículo 45.I.B).3 de la LITPyAJD**, que declara exentas «las aportaciones de bienes y derechos verificados por los cónyuges a la sociedad conyugal, las adjudicaciones que a su favor y en pago de las mismas se verifiquen a su disolución y las transmisiones que por tal causa se hagan a los cónyuges en pago de su haber de gananciales».

• **Existiendo excesos de adjudicación, y cumplidos los requisitos antes expuestos, la escritura pública sí habrá de tributar en cuanto a ellos por la cuota variable de actos jurídicos documentados, documentos notariales**, al no resultarle de aplicación la exención indicada. Se aplicará el tipo de gravamen que hubiese aprobado la comunidad autónoma correspondiente o, en su defecto, el 0,50 %.

CUESTIONES

1. Los bienes de la sociedad de gananciales de un matrimonio son tres: una vivienda habitual valorada en 160.000 euros, un apartamento por importe de 90.000 euros y un local de 70.000 euros; sin que pese ninguna hipoteca ni otra carga sobre ellos. Han decidido divorciarse y quieren que uno se quede con la vivienda y el otro con el apartamento, atribuyéndose la propiedad del local al 50 %. Si efectúan ese reparto, con compensación en metálico al cónyuge que menos recibe, ¿tendrán que tributar por el ITPyAJD?

El valor del activo ganancial asciende a 320.000 euros, por lo que la cuota que correspondería a cada cónyuge sería de 160.000 euros. Si a uno de los cónyuges se le adjudica la vivienda y la mitad del local, estaría obteniendo bienes por valor de 195.000 euros; mientras que el otro, al que se le adjudicaría el apartamento y la mitad del local, obtendría bienes por valor de 125.000 euros. Por lo tanto, el primero recibiría un exceso de adjudicación de 35.000 euros, que compensaría en metálico al otro.

Al existir una compensación, el exceso de adjudicación tendría un carácter oneroso. Por otra parte, el exceso no podría calificarse de inevitable, puesto que podría haberse evitado fácilmente, adjudicando a uno la vivienda y al otro el apartamento y el local, lo que dejaría un reparto perfectamente coincidente con las cuotas de cada uno.

Así las cosas, el cónyuge que percibe el exceso debería tributar por su importe en el ITPyAJD, en la modalidad de transmisiones patrimoniales onerosas; por lo que el exceso no quedaría sujeto a la cuota variable de actos jurídicos documentados, documentos notariales (no concurrirían los requisitos que especifica el artículo 31.2 de la LITPyAJD).

2. Al disolver y liquidar la sociedad de gananciales en escritura pública se adjudica a uno de los cónyuges un bien indivisible, en el que este ya ostentaba cierto derecho derivado de la existencia de una comunidad en la que participaba. Si se ha de tributar por el ITPyAJD en la modalidad de actos jurídicos documentados, documentos notariales, ¿cuál será la base imponible?

En ese caso, se tributará por la parte que adquiera ex novo en virtud de esa operación. Así resulta de la sentencia del Tribunal Supremo n.° 1484/2018, de 9 de octubre, ECLI:ES:TS:2018:3634, que fijó el siguiente criterio interpretativo: «(...) la extinción del condominio —en este caso, como consecuencia de la disolución de la sociedad de gananciales—, con adjudicación a uno de los cónyuges comuneros de un bien indivisible física o jurídicamente, cuando previamente ya poseía un derecho sobre aquél derivado de la existencia de la comunidad en que participaba, puede ser objeto de gravamen bajo la modalidad de actos jurídicos documentados, cuando se documenta bajo la forma de escritura notarial, siendo su base imponible la parte en el valor del referido inmueble correspondiente al comunero cuya participación desaparece en virtud de tal operación y, en este asunto, del 50 por 100 del valor del bien, como declaró el TEAR de la Comunidad Valenciana, en criterio ratificado por la Sala de instancia».

RESOLUCIONES ADMINISTRATIVAS

Consulta vinculante de la Dirección General de Tributos (V0489-24), de 4 de abril de 2024

Asunto: tratamiento en el ITPyAJD en caso de liquidación de la sociedad de gananciales formalizada en escritura pública con excesos de adjudicación evitables.

«(...) si la disolución de la sociedad de gananciales se realiza en escritura pública, deberá tributar por actos jurídicos documentados, aunque resultará exenta en función del artículo 45.I.B) 3 del TRLITPAJD. Además, hay un claro exceso de adjudicación evitable a favor de la consultante que deberá tributar como transmisión patrimonial onerosa porque se podría haber realizado otro reparto donde el exceso fuese menor ya que la consultante además de la actual vivienda habitual y el préstamo que recae sobre ella, se va a adjudicar dinero de las cuentas corrientes. Cabe destacar que la exención expuesta sólo resulta aplicable a las adjudicaciones de bienes y derechos referentes a la disolución de la sociedad de gananciales, pero no se extiende a los excesos de adjudicación sujetos al impuesto, que deberán tributar sin exención ni beneficio fiscal alguno.

A este respecto, tampoco resulta aplicable el artículo 32.3 del RITPAJD, ya que ello requiere que el exceso de adjudicación sea consecuencia necesaria de la adjudicación a uno de los cónyuges de la vivienda habitual del matrimonio, y en este caso falta la calificación de consecuencia necesaria, pues dicho exceso podría haberse evitado mediante otro reparto de los bienes gananciales, ya que la consultante, además de la vivienda habitual, se adjudica otros bienes».

Consulta vinculante de la Dirección General de Tributos (V3159-20), de 22 de octubre de 2020

Asunto: sujeción y posibilidad de exención, en su caso, en la modalidad de actos jurídicos documentados (documentos notariales) del ITPyAJD de la escritura pública que documente la liquidación del régimen de gananciales.

«(...) siempre que la disolución se lleve a cabo de tal forma que cada cónyuge no reciba más de lo que le corresponda en la sociedad de gananciales, sin que se origine exceso de adjudicación, la disolución no constituirá una transmisión patrimonial que deba tributar por la modalidad de transmisiones patrimoniales onerosas del ITP y AJD. La no sujeción por la referida modalidad determina que, en caso de que la disolución de la sociedad de gananciales se documente en escritura pública, dicha escritura quedará sujeta a la cuota gradual de actos jurídicos documentados, documentos notariales, al concurrir los cuatro requisitos exigidos en el artículo 31.2 del texto refundido del Impuesto, si bien resultará exenta en función de lo dispuesto en el artículo 45.I.B.3 del Texto Refundido. Sin embargo, la referida exención solo resultará aplicable a las adjudicaciones de bienes y derechos derivados de la disolución de la

sociedad de gananciales, pero no ampara los excesos de adjudicación, que deberán tributar sin exención ni beneficio fiscal alguno».

Consulta vinculante de la Dirección General de Tributos (V2935-20), de 30 de septiembre de 2020

Asunto: tributación por la cuota variable del documento notarial en la modalidad de actos jurídicos documentados del ITPyAJD en caso de liquidación de la sociedad de gananciales formalizada en escritura pública con excesos de adjudicación inevitables.

«Conforme al artículo 7.2.b) del Texto refundido, cuando el exceso de adjudicación surja de dar cumplimiento a lo dispuesto en los artículos del código civil a que se refiere dicho precepto, que responden todos ellos al principio general establecido en el artículo 1.062 del Código Civil de que cuando la cosa común sea indivisible, ya sea por su propia naturaleza o porque pueda desmerecer mucho por la indivisión, la única forma de extinción de la comunidad es adjudicarla a uno de los comuneros con la obligación de abonar a los otros el exceso en metálico. En tales casos, habrá que concluir que se ha producido un exceso "inevitable", lo que debe considerarse, no teniendo en cuenta cada uno de los bienes que integran el haber ganancial, los cuales consideradamente aislados pueden ser indivisibles, sino el conjunto de todos ellos, formándose lotes lo más equivalentes posibles de tal manera que no sea posible otra distribución que pudiera disminuir el referido exceso.

Siendo el exceso de adjudicación inevitable en los términos referidos no tendrá la consideración de transmisión patrimonial onerosa a los efectos del artículo 7.2.B) del Texto Refundido del ITP y AJD, por lo que si concurren los requisitos establecidos en el artículo 31.2 del Texto Refundido del ITP y AJD dicho exceso tributará por la cuota variable del documento notarial, sin que resulte de aplicación la exención prevista en el artículo 45.I.B.3 del texto Refundido del ITP y AJD, establecida tan solo para las adjudicaciones de bienes que, en caso de disolución, se hagan a los cónyuges en pago de su haber de gananciales, sin extenderse a los excesos de adjudicación que puedan producirse.

A estos efectos, si el exceso se produjera a consecuencia de la adjudicación de valores, acciones o participaciones, debe tenerse en cuenta que al tratarse de bienes que no tienen la condición de inscribibles en ninguno de los registros a que se refiere el art. 31.2 quedaría excluida la aplicación de la cuota variable establecida en dicho precepto».

Efectos fiscales de la liquidación de la sociedad de gananciales en el Impuesto sobre Sucesiones y Donaciones (ISD)

El ISD es un impuesto de naturaleza directa y subjetiva, que grava los incrementos patrimoniales obtenidos por las personas físicas a título lucrativo, en los términos que regula la Ley 29/1987, de 18 de diciembre, del Impuesto sobre Sucesiones y Donaciones (en adelante, LISD).

En cualquier caso, y de conformidad con lo ya señalado al analizar la tributación en el ITPyAJD, la liquidación de gananciales podrá entrar en la esfera del ISD fundamentalmente cuando se produzcan excesos de adjudicación gratuitos o lucrativos. Por lo tanto, y con carácter general, puede decirse que, en los supuestos en los que exista un exceso de adjudicación porque uno de los cónyuges reciba más bienes y derechos de la sociedad de gananciales que los correspondientes a su mitad, y no exista compensación al otro, se producirá una **transmisión patrimonial en su favor, por el importe del exceso percibido, por la que tendrá que tributar en el ISD en concepto de donación.** Así se ha sostenido tradicionalmente, en base al artículo 3.1.b) de la LISD, según el cual constituirá el hecho imponible del impuesto la adquisición de bienes y derechos por donación o cualquier negocio jurídico a título gratuito e *inter vivos*.

Sin embargo, el Tribunal Supremo declaró en su **sentencia n.º 963/2022, de 12 de julio, ECLI:ES:TS:2022:3083, que el exceso de adjudicación de la vivienda habitual a uno de los cónyuges, no compensado económicamente, no puede caracterizarse como una donación ni gravarse como tal,** al faltar, entre otros requisitos, el *animus donandi* y no existir un acto unilateral de voluntad de donar, sino un acuerdo bilateral de divorcio. En concreto, dicha sentencia analiza un supuesto en el que el régimen económico matrimonial era el de separación de bienes, aunque la jurisprudencia que establece resulta de aplicación con independencia de cuál sea el régimen económico que rija el matrimonio. En concreto, se sienta lo siguiente:

«1) Es aplicable a los excesos de adjudicación en casos de división de la cosa común el Texto refundido de la Ley del Impuesto sobre Transmisiones Patrimoniales y Actos Jurídicos Documentados, aprobado en Real Decreto Legislativo 1/1993, de 24 de septiembre —TRLITPyAJD—, así como su reglamento, Real Decreto 828/1995, de 29 de mayo, por el que se aprueba el Reglamento del Impuesto sobre Transmisiones Patrimoniales y Actos Jurídicos Documentados. Tal aplicabilidad descarta la caracterización del exceso de adjudicación como donación, así como su gravamen en tal concepto, al faltar, entre otros requisitos, el animus donandi.

2) Los excesos de adjudicación están específicamente regulados, con carácter general, esto es, al margen de que provengan de una disolución matrimonial o de otras causas de división de la cosa común, en el artículo 7.2.B) del TRLITPyAJD, excluyéndolos por tanto del ámbito objetivo del ISD.

3) Acotada la modalidad tributaria aplicable, el art. 32 del Reglamento del impuesto considera un caso de no sujeción —aunque podría ser controvertible que su naturaleza de exención, dada la fórmula empleada en el enunciado reglamentario, como este Tribunal Supremo ha señalado, en alguna ocasión, afirmando que se trata de una exención— el de los excesos de adjudicación declarados que resulten de las adjudicaciones de bienes que sean efecto patrimonial de la disolución del matrimonio o del cambio de su régimen económico, cuando sean consecuencia necesaria de la adjudicación a uno de los cónyuges de la vivienda habitual del matrimonio, como aquí sucede.

Efecto de la doctrina enunciada es la necesidad de declarar que no ha lugar al recurso de casación promovido, toda vez que la sentencia de instancia rechaza la impugnación, por la Generalidad de Cataluña, de la resolución del TEAR de Cataluña que aplicó el artículo 32 del RITP, pese a caracterizar como donación el exceso de adjudicación a la esposa examinado. Es más correcta, y determinante en todo caso del fallo de esta sentencia de casación, el criterio sostenido por la Sala homóloga de Cataluña, que descarta el carácter de donación del citado exceso de adjudicación, dada la falta de animus donandi y la ausencia de un acto unilateral de voluntad de donar, que no puede estar presente en un convenio que, por su propia esencia, es bilateral y convenido entre los cónyuges que disuelven el matrimonio y, con ello, el patrimonio común».

A TENER EN CUENTA. Dados los términos en los que se pronuncia nuestro Alto Tribunal en la sentencia reproducida, quizás cabría plantearse si el criterio que fija podría resultar de aplicación más allá del concreto supuesto objeto de análisis, alcanzando, en general, a los excesos de adjudicación no compensados resultantes de la liquidación del régimen económico matrimonial en ausencia de animus donandi y de un acto unilateral de voluntad de donar; o, incluso, a un ámbito más amplio. Sin embargo, de momento, la Dirección General de Tributos parece no haber acogido esta posibilidad y el TEAC tampoco se ha pronunciado al respecto.

En los párrafos anteriores nos hemos referido a la posible tributación en el ISD del exceso de adjudicación en sí mismo, como diferencia entre lo que uno de los cónyuges tenía que haber percibido según su cuota de titularidad (la mitad del haber) y lo que efectivamente se le adjudica, cuando no es compensado económicamente. Sin embargo, hay que tener también presente que, si, por el motivo que sea, el cónyuge que obtiene un exceso de adjudicación y lo compensa al otro, decide entregarle una compensación que excede del valor del propio exceso, por mera liberalidad o *animus donandi*, la compensación que le satisface a mayores del propio exceso también tendría que tributar en el ISD, como donación.

RESOLUCIÓN ADMINISTRATIVA

Consulta vinculante de la Dirección General de Tributos (V0456-24), de 19 de marzo de 2024

Asunto: tributación de la operación por la que se adjudica un inmueble de copropiedad de varios hermanos a uno de ellos, que no compensará el exceso que se produzca.

«Siempre que a un comunero se le adjudique más de lo que le corresponda por su cuota de participación en la cosa común, el exceso que reciba no es algo que tuviese con anterioridad, por lo que su adjudicación sí constituirá una transmisión patrimonial que tendrá carácter oneroso o lucrativo según sea o no objeto de compensación por parte del comunero que recibe el exceso al comunero que recibe de menos.

- Transmisión lucrativa: En caso de no mediar ningún tipo de compensación, se tratará de una transmisión de carácter gratuito y tributará como donación a favor del comunero al que se adjudica y por el importe del exceso recibido. Así resulta del apartado 1.b) del artículo 3 de la LISD anteriormente transcrito.

Transmisión onerosa: Si el comunero al que se le adjudique el exceso compensa a los otros comuneros en metálico las diferencias que resulten a su favor, la existencia de dicha compensación constituye una contraprestación por el exceso recibido que determina el carácter oneroso de la operación y podría determinar su tributación en el ámbito del ITPAJD, en la siguiente forma:

Regla general: Conforme al artículo 7.2.B) del TRLITPAJD los excesos de adjudicación se consideran transmisiones patrimoniales a efectos de liquidación y pago del impuesto. Luego el comunero al que se le adjudique el exceso, sujeto pasivo del impuesto conforme al artículo 8.a), deberá tributar por dicho concepto, por el valor del exceso recibido.

Regla especial: Supuestos en los que el exceso surja de dar cumplimiento a lo dispuesto en los artículos 821, 829, 1.056 (segundo) y 1.062 (primero) del Código Civil y Disposiciones de Derecho Foral, basadas en el mismo fundamento. Dichos preceptos responden al principio general establecido en el artículo 1.062 del Código Civil de que cuando la cosa común sea indivisible, ya sea por su propia naturaleza o porque pueda desmerecer mucho por la indivisión, la única forma de extinción de la comunidad es adjudicarla a uno de los comuneros con la obligación de abonar a los otros el exceso en metálico. Cuando el exceso surja de dar cumplimiento a alguno de los referidos preceptos, dicho exceso no se considerará transmisión patrimonial onerosa a los efectos del artículo 7.2.B) del TRLITPAJD, por lo que la concurrencia de todos los requisitos establecidos en el artículo 31.2 del TRLITPAJD determina su tributación por la cuota variable del documento notarial.

(...)

En el caso planteado, nos encontramos ante la disolución de una comunidad de bienes en la que la consultante se va a adjudicar el inmueble y se va a producir un exceso de adjudicación que no va a ser compensado, por lo que se trataría de una donación que, como tal, deberá tributar en el Impuesto sobre Sucesiones y Donaciones por la parte que adquiera y la base imponible se establecerá conforme establece el artículo 9 de la LISD. Será obligada tributaria la consultante.

Por último, cabe señalar que no resulta aplicable la sentencia del Tribunal Supremo 963/2022, de 12 de julio, ya que falta la identidad de razón entre el supuesto analizado en dicha sentencia y el objeto de la presente consulta, y, ya que dicha sentencia versa sobre un acuerdo bilateral de divorcio, circunstancia que no se da en la consulta planteada».

Efectos fiscales de la liquidación de la sociedad de gananciales en el Impuesto sobre la Renta de las Personas Físicas (IRPF)

El IRPF es un tributo de carácter personal y directo que grava, conforme a los principios de igualdad, generalidad y progresividad, la renta de las personas físicas en función de su naturaleza y sus circunstancias personales y familiares. Uno de los tipos de renta que grava son las ganancias o pérdidas patrimoniales, que se definen en el apartado 1 del artículo 33 de la Ley 35/2006, de 28 de noviembre, del Impuesto sobre la Renta de las Personas Físicas y de modificación parcial de las leyes de los Impuestos sobre Sociedades, sobre la Renta de no Residentes y sobre el Patrimonio (en adelante, LIRPF), como las «variaciones en el valor del patrimonio del contribuyente que se pongan de manifiesto con ocasión de cualquier alteración en la composición de aquél, salvo que por esta Ley se califiquen como rendimientos».

Ahora bien, el mismo precepto especifica en su segundo apartado que no se considera que exista alteración en la composición del patrimonio en los supuestos de división de la cosa común, disolución de la sociedad de gananciales, extinción del régimen económico matrimonial de participación ni en la disolución de comunidades de bienes o en los casos de separación de comuneros. Además, precisa que estos casos **no podrán dar lugar a la actualización de los valores** de los bienes o derechos recibidos.

Así las cosas, y **con carácter general, la disolución y liquidación de la sociedad de gananciales no implica una alteración en la composición del patrimonio, puesto que por medio de ella tan solo se especificaría la participación indivisa que cada cónyuge ostentaba.** De ahí que se establezca que, a efectos de futuras transmisiones, se tome por fecha de adquisición la originaria y no la de adjudicación en el marco de la liquidación de gananciales. Sin embargo, para que esto sea así **es necesario que las adjudicaciones se hagan de conformidad con la cuota de titularidad de cada interesado.** En caso contrario, sí podría existir una ganancia o pérdida patrimonial por la que habría que tributar en el IRPF y que se calcularía, en su caso, como la diferencia entre los valores de adquisición y de adjudicación en el momento de la separación o divorcio (artículo 34 de la LIRPF).

A TENER EN CUENTA. Antes de entrar en el análisis de las condiciones que permiten saber cuándo existe una ganancia o pérdida patrimonial en el IRPF y cuándo no, conviene aclarar que el hecho de que la operación tribute por esta vía es independiente de la tributación que pueda proceder en la modalidad de transmisiones patrimoniales onerosas del ITPyAJD o el ISD. No en vano, lo que grava el ITPyAJD por esa vía es la transmisión del exceso de adjudicación en sí, cuando exista compensación económica (tendrá que tributar por él quien recibe el exceso de adjudicación) y lo que grava, en su caso, el ISD sería también la transmisión del exceso de adjudicación, pero cuando tiene lugar a título gratuito o sin compensación (lo satisfará quién perciba el exceso de adjudicación). Ahora bien, el IRPF grava la ganancia que pueda obtener quien no recibe el exceso de adjudicación (en este caso, el cónyuge que en la liquidación de gananciales obtiene bienes o derechos por valor inferior al de su cuota en la sociedad de gananciales).

A este respecto, el Tribunal Supremo fijó como criterio en su sentencia n.º 1269/2022, de 10 de octubre, ECLI:ES:TS:2022:3585, que «la compensación percibida por un comunero, a quien no se adjudica el bien cuando se disuelve el condominio, comportará para dicho comunero la existencia de una ganancia patrimonial sujeta al IRPF, cuando exista una actualización del valor de ese bien entre el momento de su adquisición y el de su adjudicación y esa diferencia de valor sea positiva». Un criterio luego reiterado también por su posterior **sentencia n.º 1634/2023, de 5 de diciembre, ECLI:ES:TS:2023:5535.**

Por lo tanto, **para que exista tal ganancia o pérdida patrimonial en el IRPF** será necesario, básicamente:

- Que los **cónyuges se adjudiquen los bienes de la sociedad de gananciales de forma no equitativa, sin respetar la cuota de titularidad** de cada uno y generando, con ello, excesos de adjudicación.

- Que, al adjudicarse los bienes en el marco de la liquidación de gananciales, **se actualice el valor que tenían cuando fueron originariamente adquiridos** (esto es, que las adjudicaciones se efectúen sin conservar los valores y fechas de adquisición originarios de los bienes).

- Que la **diferencia entre el valor de adquisición y el de adjudicación en la liquidación de gananciales sea positiva.**

A estos efectos, y dado que, en el caso de liquidación de la sociedad de gananciales, la titularidad de ambos cónyuges se proyectará, normalmente, sobre varios bienes, habrá que valorar el conjunto de ellos para determinar si la adjudicación a los cónyuges se corresponde con su respectiva titularidad. En el caso de no existir esa correspondencia, por atribuirse a uno de los cónyuges bienes o derechos por mayor valor que el correspondiente a su cuota, existiría una alteración patrimonial en el otro. Y, en tal supuesto, debería declarar una ganancia patrimonial siempre que se actualicen los valores y fechas de adquisición de tales bienes, en lugar de mantenerse los originarios, y ello suponga una diferencia de valor positiva.

CUESTIONES

1. Marcial recibió una finca hace unos años en la liquidación de su sociedad de gananciales por divorcio, donde los cónyuges se repartieron los bienes comunes por mitades, sin excesos de adjudicación y sin actualización de valores. Ahora quiere venderlo a un tercero y se pregunta qué fecha debe tener en cuenta como fecha de adquisición para calcular la ganancia o pérdida patrimonial por la que tributar en el IRPF: si aquella en la que recibió la finca en la liquidación de gananciales o aquella en la que compró la finca junto a su cónyuge, durante el matrimonio.

Conforme al artículo 33.2.b) de la LIRPF, se considera que no existe alteración patrimonial en los casos de disolución de la sociedad de gananciales. Según se indica, al liquidar esa sociedad de gananciales, los cónyuges se repartieron los bienes de manera equitativa y sin excesos de adjudicación. No tuvieron que tributar por ninguna ganancia o pérdida patrimonial en su IRPF y tampoco se produjo una actualización del valor de los bienes; por lo que, al vender ahora la finca a un tercero, Marcial calculará la ganancia o pérdida patrimonial que le origina esa operación considerando como fecha de adquisición la correspondiente a la compra inicial de la finca por parte del matrimonio, antes del divorcio, no la de la liquidación de gananciales.

2. En general, ¿cómo se calcula el importe de las ganancias o pérdidas patrimoniales a los efectos del IRPF?

El importe de las ganancias o pérdidas patrimoniales vendrá dado, en los casos de transmisión a título oneroso o gratuito, por la diferencia entre los valores de adquisición y de transmisión del bien (artículo 34 de la LIRPF).

Por lo que se refiere al cálculo de dichos valores, para las **transmisiones a título oneroso**, el artículo 35 de la LIRPF especifica lo siguiente:

- El valor de adquisición estará formado por la suma de:

  » El importe real por el que dicha adquisición se hubiera efectuado.

  » El coste de las inversiones y mejoras efectuadas en los bienes adquiridos y los gastos y tributos inherentes a la adquisición, excluidos los intereses, que hubieran sido satisfechos por el adquirente.

  El valor resultante se minorará, por otra parte, en el importe de las amortizaciones que procedan.

- El valor de transmisión será el importe real por el que la enajenación se hubiese efectuado, del que se deducirán los gastos y tributos antes indicados, en cuanto resulten satisfechos por el transmitente. Por importe real del valor de enajenación se tomará el efectivamente satisfecho, siempre que no resulte inferior al normal de mercado, en cuyo caso prevalecerá este.

En el caso de que se trate de una **transmisión a título gratuito o lucrativo**, se aplicarán las mismas reglas, tomando por importe real de los valores respectivos aquellos que resulten de la aplicación de las normas del ISD, sin que puedan exceder del valor de mercado (artículo 36 de la LIRPF).

RESOLUCIONES ADMINISTRATIVAS

Resolución del Tribunal Económico Administrativo Central n.º 2488/2017, de 7 de junio de 2018

Asunto: existencia o inexistencia de ganancia patrimonial en el IRPF para el cónyuge compensado económicamente por el otro (la resolución analiza los supuestos de manera genérica, con referencia a un único bien, pero sus conclusiones pueden extrapolarse al supuesto de liquidación de la sociedad de gananciales, considerando todos los bienes comunes en su conjunto para determinar cuándo un cónyuge percibe o no la cuota que le corresponde en la sociedad de gananciales y viendo si los bienes se adjudican o no con mantenimiento de los valores y fechas de adquisición originarios).

«Caso 1º: El inmueble mantiene en la fecha de extinción del condominio el mismo valor que cuando se constituyó y se divide entre los comuneros con respeto a la cuota de titularidad de cada uno.

En este supuesto sería de plena aplicación lo dispuesto en el artículo 33.2 de la LIRPF. Existe una especificación o concreción de la parte indivisa que correspondía a cada comunero que, a partir de ese momento, ostentará la plena propiedad de la parte del inmueble que le ha correspondido tras la división. No existe, en consecuencia, alteración patrimonial para ninguno de los comuneros.

Caso 2º: El inmueble mantiene en la fecha de extinción del condominio el mismo valor que cuando se constituyó y al resultar indivisible o desmerecer mucho con la división se adjudica en su totalidad a uno de los comuneros con obligación de compensar en metálico a los restantes.

En este supuesto existe un exceso de adjudicación a favor del comunero que se queda con el inmueble y compensa en metálico a los demás. Estos últimos estarían transmitiendo a aquel sus cuotas indivisas de participación en el inmueble produciéndose una alteración en la composición de su patrimonio pero dado que el valor del inmueble no ha experimentado aumento no se generaría para ellos ganancia o pérdida patrimonial a título oneroso.

Caso 3º: El inmueble mantiene en la fecha de extinción del condominio el mismo valor que cuando se constituyó y se divide entre los comuneros sin respetar la cuota de titularidad de cada uno.

En este supuesto existe un exceso de adjudicación a favor del comunero que recibe una parte del inmueble superior a la que le correspondería por su cuota de participación. Por su parte, los comuneros que reciben una parte del inmueble inferior a la que correspondería por su cuota de participación estarían trasmitiendo al primero a título gratuito la parte de cuota indivisa correspondiente a ese déficit, produciéndose una alteración en la composición de su patrimonio pero dado que el valor del inmueble no ha experimentado aumento no se generaría para ellos ganancia o pérdida patrimonial a título lucrativo.

Caso 4º: El inmueble mantiene en la fecha de extinción del condominio el mismo valor que cuando se constituyó y se divide entre los comuneros sin respetar la cuota de titularidad de cada uno pero compensando en metálico estas diferencias.

En este supuesto existe un exceso de adjudicación a favor del comunero que recibe una parte del inmueble superior a la que le correspondería por su cuota de partici-

pación. Por su parte, los comuneros que reciben una parte del inmueble inferior a la que correspondería por su cuota de participación estarían trasmitiendo al primero a título oneroso la parte de cuota indivisa correspondiente a ese déficit, produciéndose una alteración en la composición de su patrimonio pero dado que el valor del inmueble no ha experimentado aumento no se generaría para ellos ganancia o pérdida patrimonial a título oneroso.

Caso 5º: El inmueble tiene en la fecha de extinción del condominio un valor mayor que el que tenía cuando se constituyó y se divide entre los comuneros con respeto a la cuota de titularidad de cada uno.

En este supuesto sería de plena aplicación lo dispuesto en el artículo 33.2 de la LIRPF. Existe una especificación o concreción de la parte indivisa que correspondía a cada comunero que, a partir de ese momento, ostentará la plena propiedad de la parte del inmueble que le ha correspondido tras la división. No existe, en consecuencia, alteración patrimonial para ninguno de los comuneros.

Caso 6º: El inmueble tiene en la fecha de extinción del condominio un valor mayor que el que tenía cuando se constituyó y al resultar indivisible o desmerecer mucho con la división se adjudica en su totalidad a uno de los comuneros con obligación de compensar en metálico a los restantes.

En este supuesto existe un exceso de adjudicación a favor del comunero que se queda con el inmueble y compensa en metálico a los demás. Estos últimos estarían transmitiendo a aquel sus cuotas indivisas de participación en el inmueble produciéndose una alteración en la composición de su patrimonio y como el valor del inmueble ha experimentado aumento se generaría para ellos una ganancia patrimonial a título oneroso.

Caso 7º: El inmueble tiene en la fecha de extinción del condominio un valor mayor que el que tenía cuando se constituyó y se divide entre los comuneros sin respetar la cuota de titularidad de cada uno.

En este supuesto existe un exceso de adjudicación a favor del comunero que recibe una parte del inmueble superior a la que le correspondería por su cuota de participación. Por su parte, los comuneros que reciben una parte del inmueble inferior a la que correspondería por su cuota de participación estarían trasmitiendo al primero a título gratuito la parte de cuota indivisa correspondiente a ese déficit, produciéndose una alteración en la composición de su patrimonio y dado que el valor del inmueble ha experimentado aumento se generaría para ellos una ganancia patrimonial a título lucrativo.

Caso 8º: El inmueble tiene en la fecha de extinción del condominio un valor mayor que el que tenía cuando se constituyó y se divide entre los comuneros sin respetar la cuota de titularidad de cada uno pero compensando en metálico estas diferencias.

En este supuesto existe un exceso de adjudicación a favor del comunero que recibe una parte del inmueble superior a la que le correspondería por su cuota de participación. Por su parte, los comuneros que reciben una parte del inmueble inferior a la que correspondería por su cuota de participación estarían trasmitiendo al primero a título oneroso la parte de cuota indivisa correspondiente a ese déficit, produciéndose una alteración en la composición de su patrimonio y dado que el valor del inmueble ha experimentado aumento se generaría para ellos una ganancia patrimonial a título oneroso».

Consulta vinculante de la Dirección General de Tributos (V0316-25), de 18 de marzo de 2025

Asunto: tributación en el IRPF en caso de liquidación de gananciales.

«(...) la disolución de la sociedad de gananciales y la posterior adjudicación a cada uno de los cónyuges de su correspondiente participación en la sociedad no constitu-

ye ninguna alteración en la composición de sus respectivos patrimonios que pudiera dar lugar a una ganancia o pérdida patrimonial, siempre y cuando la adjudicación se corresponda con la respectiva cuota de titularidad. En estos supuestos no se podrán actualizar los valores de los bienes o derechos recibidos, que conservarán los valores de adquisición originarios, y, a efectos de futuras transmisiones, las fechas de adquisición originarias.

Solo en el caso de que se atribuyesen a uno de los cónyuges bienes o derechos por mayor valor que el correspondiente a su cuota de titularidad, existiría una alteración patrimonial en el otro cónyuge, generándose una ganancia o pérdida patrimonial pues se considera que se ha producido una transmisión respecto a esa parte superior a su cuota de titularidad.

De acuerdo con lo anteriormente expuesto, no existiría alteración patrimonial con motivo de la disolución de la sociedad de gananciales solo cuando los valores de adjudicación de los bienes que integran el haber ganancial se correspondan con su respectivo valor de mercado y los valores de las adjudicaciones efectuadas sean equivalentes.

No concurriendo esta última circunstancia en el caso consultado, ya que la adjudicación efectuada al consultante es superior a su cuota de titularidad, por lo que se originará en el excónyuge del consultante una ganancia o pérdida patrimonial que se calculará en la forma prevista en el artículo 34 de la Ley del Impuesto, por diferencia entre los valores de adquisición y de transmisión, valores que vienen definidos en los artículos 35 y 36 de la Ley del Impuesto, para las transmisiones onerosas y lucrativas, respectivamente».

Efectos fiscales de la liquidación de la sociedad de gananciales en el Impuesto sobre el Incremento de Valor de los Terrenos de Naturaleza Urbana (IIVTNU o plusvalía municipal)

El Impuesto sobre el Incremento de Valor de los Terrenos de Naturaleza Urbana (IIVTNU) o «plusvalía municipal» es un **tributo directo que grava el incremento de valor que experimenten los terrenos urbanos y que se ponga de manifiesto cuando se transmite su propiedad o se constituye o transmite cualquier derecho real de goce sobre ellos**. Se encuentra regulado en los artículos 104 y siguientes del Real Decreto Legislativo 2/2004, de 5 de marzo, por el que se aprueba el texto refundido de la Ley Reguladora de las Haciendas Locales (en adelante, LRHL).

A modo de aproximación, puede decirse que la sujeción a este impuesto exige que concurran **dos condiciones simultáneas:**

- Que se produzca un incremento del valor de terrenos que tengan la consideración de urbanos a los efectos del IBI (Impuesto sobre Bienes Inmuebles), con independencia de que estén o no contemplados como tales en el Catastro o en el padrón. Asimismo, también estará sujeto a la «plusvalía» el aumento de valor que experimenten los terrenos integrados en los inmuebles clasificados como de características especiales a efectos del IBI. Sin embargo, quedan excluidos del ámbito de aplicación de este impuesto los inmuebles que tengan la consideración de rústicos a efectos del IBI.

- Que ese incremento se ponga de manifiesto como consecuencia de una transmisión de esos inmuebles o de la constitución o transmisión de derechos reales de goce sobre ellos, incluyéndose aquellos casos en los que la transmisión se produce a título gratuito o lucrativo.

Ahora bien, y como regla general, **no existirá sujeción a este impuesto** en las transmisiones de terrenos con respecto a los cuales **se constate que no existe incremento de valor** por diferencia entre los valores de dichos terrenos en las fechas de transmisión y adquisición. El interesado en demostrar que no existe tal incremento de valor tendrá que declarar la transmisión y que aportar los títulos que documenten la transmisión y la adquisición, con sujeción a una serie de reglas.

Además, la norma establece una **regla específica para los supuestos de separación o divorcio matrimonial** (artículo 104.3 de la LRHL):

> «3. No se producirá la sujeción al impuesto en los supuestos de aportaciones de bienes y derechos realizadas por los cónyuges a la sociedad conyugal, adjudicaciones que a su favor y en pago de ellas se verifiquen y transmisiones que se hagan a los cónyuges en pago de sus haberes comunes.
>
> Tampoco se producirá la sujeción al impuesto en los supuestos de transmisiones de bienes inmuebles entre cónyuges o a favor de los hijos, como consecuencia del cumplimiento de sentencias en los casos de nulidad, separación o divorcio matrimonial, sea cual sea el régimen económico matrimonial. Asimismo, no se producirá la sujeción al impuesto en los supuestos de transmisiones de bienes inmuebles a título lucrativo en beneficio de las hijas, hijos, menores o personas con discapacidad sujetas a patria potestad, tutela o con medidas de apoyo para el adecuado ejercicio de su capacidad jurídica, cuyo ejercicio se llevará a cabo por las mujeres fallecidas como consecuencia de violencia contra la mujer, en los términos en que se defina por la ley o por los instrumentos internacionales ratificados por España, cuando estas transmisiones lucrativas traigan causa del referido fallecimiento».

En esa medida y a modo de resumen:

- **Si los cónyuges se adjudican los bienes comunes de conformidad con sus cuotas de titularidad en la sociedad de gananciales (por mitades), no podría existir sujeción al IIVTNU**, al no producirse una transmisión patrimonial propiamente dicha, sino una mera especificación o concreción de un derecho abstracto preexistente.

- **Cuando se adjudique a alguno de los cónyuges más de lo que le correspondería según su cuota** en la sociedad de gananciales:

  » Si el **exceso es evitable**, su adjudicación en principio constituiría una **transmisión patrimonial, determinante del devengo de la plusvalía municipal**, de haberse producido efectivamente un incremento de valor de los inmuebles; siendo sujeto pasivo del impuesto el transmitente (si la transmisión es a título oneroso) o el adquirente (si lo es a título gratuito o lucrativo). Ahora bien, y como excepción, **no existirá sujeción al impuesto en las transmisiones** de inmuebles entre cónyuges como consecuencia del cumplimiento de sentencias en casos de nulidad, separación o divorcio matrimonial.

» Si el exceso fuese «inevitable», en los términos analizados al tratar del ITPyAJD, no se considera que exista una auténtica transmisión de la propiedad y no habrá sujeción al IIVTNU. Básicamente, y según ya se analizó, esto sucederá cuando el exceso surja de dar cumplimiento a lo dispuesto en los artículos 821, 829, 1056.2 y 1062.1 del CC; preceptos que responden al principio general establecido en el artículo 1062 del CC, que supone que cuando la cosa común sea indivisible, ya sea por su propia naturaleza o porque pueda desmerecer mucho por la división, la única forma de extinción de la comunidad es adjudicarla a uno de los comuneros con la obligación de abonar a los otros el exceso en metálico. En este sentido, pueden considerarse, por ejemplo, las consultas vinculantes de la Dirección General de Tributos (V1925-21), de 21 de junio de 2021, o (V1901-21), de 19 de junio de 2021.

En su caso, la **base imponible** del impuesto vendrá dada por el incremento del valor de los inmuebles urbanos puesto de manifiesto en el momento del devengo y experimentado a lo largo de un período máximo de 20 años, y se determinará en la forma que regula la LRHL. En principio, multiplicando el valor del terreno en el momento del devengo (en las transmisiones de terrenos, normalmente el que tenga determinado a efectos del IBI, aunque con particularidades en ciertos casos y posibilidad de que existan coeficientes reductores) por el coeficiente que corresponda al período de generación (que será el número de años a lo largo de los cuales se haya puesto de manifiesto el incremento de valor). No obstante, cuando, a instancia del sujeto pasivo, se constate que el importe del incremento de valor es inferior a la base imponible determinada según lo señalado, se tomará como base imponible el importe de dicho incremento de valor. Por su parte, el tipo de gravamen será el que fije cada ayuntamiento, sin que pueda exceder del 30 %.

> **A TENER EN CUENTA**. La «plusvalía municipal» es un impuesto que se debe liquidar ante el ayuntamiento de que se trate, en el plazo de treinta días hábiles cuando se trate de actos inter vivos (o de seis meses, prorrogables hasta un año a solicitud del interesado, en caso de actos por causa de muerte).

Finalmente, conviene también considerar que la LRHL establece una serie de exenciones, de aplicación, por ejemplo, en caso de transmisión de bienes integrados dentro del perímetro delimitado como conjunto histórico-artístico o declarados individualmente de interés cultural en ciertos supuestos.

CUESTIÓN

Un inmueble urbano se adjudica a uno de los cónyuges en el marco de la disolución y liquidación de la sociedad de gananciales y la operación no queda sujeta al IIVTNU. ¿Cómo se determinará la base imponible de ese impuesto cuando el mismo inmueble sea objeto de futuras transmisiones que sí queden sujetas?

Conforme al artículo 107.4 de la LRHL, en los supuestos de no sujeción, salvo que por ley se indique otra cosa, para el cálculo del período de generación del incremento de valor puesto de manifiesto en una posterior transmisión del terreno, se tomará como fecha de adquisición aquella en la que se produjo el anterior deven- go del impuesto. Es decir, en el caso de inmuebles sobre los que no se produzca la sujeción al IIVTNU con ocasión de su adjudicación al liquidarse la sociedad de gananciales, en las futuras transmisiones que determinen la sujeción al impuesto, a los efectos del cómputo del período de generación del incremento de valor del terreno para determinar la base imponible, se entenderá que fueron adquiridos en la fecha en la que se produjo la anterior transmisión sujeta y no en la fecha en la que se produce la adjudicación por liquidación del régimen económico-matrimonial.

En ese sentido se pronuncia, por ejemplo, la consulta vinculante de la DGT (V1727-24), de 15 de julio de 2024, donde el Centro directivo señaló que «en el caso de que no se produzca la sujeción al IIVTNU con ocasión de la disolución de la comunidad de bienes, en la futura transmisión de los bienes inmuebles urbanos que se hayan adjudicado, que esté sujeta al impuesto, a los efectos del cómputo del período de generación del incremento de valor del terreno para la determinación de la base imponible, se entenderá que el inmueble fue adquirido en la fecha en que se produjo la anterior transmisión sujeta (cuando ambos cónyuges adquirieron el inmueble) y no en la fecha en que se produce la adjudicación por extinción de la comunidad de bienes». En el mismo sentido, su previa consulta vinculante (V2569- 23), de 26 de septiembre de 2023, también concluyó que «el período de generación será el número de años completos transcurridos desde la adquisición del inmueble en el 27/7/1999 hasta la fecha de la venta el 24/07/2023. No se tiene en cuenta la fecha de adjudicación por la liquidación de la sociedad de gananciales, ya que dicha adjudicación estuvo no sujeta al IIVTNU de acuerdo con lo dispuesto en el artículo 104.3 del TRLRHL (...)».

RESOLUCIÓN ADMINISTRATIVA

Consulta vinculante de la Dirección General de Tributos (V1392-23), de 23 de mayo de 2023

Asunto: tratamiento en la «plusvalía municipal» de la adjudicación de bienes realizada en el marco de la liquidación de la sociedad de gananciales por divorcio ante notario.

«(...) la realización del hecho imponible solo se producirá si se transmite por cual- quier título (ya sea oneroso o lucrativo) la propiedad de terrenos que no tengan la naturaleza de rústica o si se constituye o transmite cualquier derecho real de goce, limitativo del dominio, sobre los referidos terrenos; de tal manera , que si no hay transmisión de la propiedad ni hay constitución o transmisión de un derecho real de goce limitativo del domino, sobre los referidos terrenos, no se devenga el IIVTNU.

(...)

La transmisión del bien inmueble va a realizarse por mutuo acuerdo entre los cón- yuges, liquidando la sociedad de gananciales ante notario mediante escritura pública y no en ejecución de una sentencia judicial de divorcio, por lo que no resulta de apli- cación la no sujeción al IIVTNU establecida en el segundo párrafo del artículo 104.3 del TRLRHL, en virtud de la prohibición de analogía para extender más allá de sus términos estrictos el ámbito del hecho imponible, establecida en el artículo 14 de la Ley 58/2003, de 17 de diciembre, General Tributaria.

Una vez determinado lo anterior, se analiza si procede la aplicación de la no suje- ción establecida en el primer párrafo del artículo 104.3 del TRLRHL, por adjudicación en la liquidación de la sociedad de gananciales.

(...)

(...) nos encontramos ante una única comunidad de bienes que está integrada por dos o más bienes inmuebles urbanos, y aunque cada uno de los bienes individualmente considerados puedan ser calificados como indivisibles, el conjunto de todos sí puede ser susceptible de división, por lo que, el reparto o adjudicación de los bienes entre los comuneros se debe hacer mediante la formación de lotes lo más equivalentes posibles en función a la cuota de participación de cada comunero en la comunidad de bienes, evitando los excesos de adjudicación, para que no exista una transmisión de la propiedad entre los comuneros, ni civil ni fiscalmente, sino para que se trate de una mera especificación o concreción de un derecho abstracto preexistente que ya ostentaba cada uno de los comuneros.

En este caso al consultante se le adjudican bienes inmuebles de una cuantía mayor al porcentaje de participación que poseía antes de la disolución, debido a que en el escrito se indica que la vivienda lleva como anejos inseparables una plaza de garaje y un trastero, pero la segunda plaza de garaje sí que es susceptible de división, por lo que existe un exceso de adjudicación a favor del mismo, ya que la extinción de la comunidad de bienes se podría haber realizado de una manera más equitativa, haciendo dos lotes lo más equivalente posibles al porcentaje de participación de cada comunero.

En consecuencia, hay una parte de la transmisión del comunero no adjudicatario (la excónyuge del consultante), es decir, la parte de los bienes inmuebles urbanos que se adjudican al consultante que motivan que reciba este un importe superior a su participación previa a la disolución de la comunidad de bienes (la segunda plaza de garaje), que estará sujeta al IIVTNU.

Por último, hay que tener en cuenta que en el caso de los bienes inmuebles sobre los que no se produzca la sujeción al IIVTNU con ocasión de la disolución de la comunidad de bienes, las futuras transmisiones de los terrenos adjudicados a los comuneros que estén sujetos al impuesto, a los efectos del cómputo del período de generación del incremento de valor del terreno para la determinación de la base imponible, se entenderá que los inmuebles fueron adquiridos en la fecha en que se produjo la anterior transmisión sujeta (cuando los comuneros adquirieron los inmuebles) y no en la fecha que se produce la adjudicación por extinción de la comunidad de bienes».

TRATAMIENTO FISCAL EN ITPYAJD, ISD E IRPF DE LA LIQUIDACIÓN DE GANANCIALES

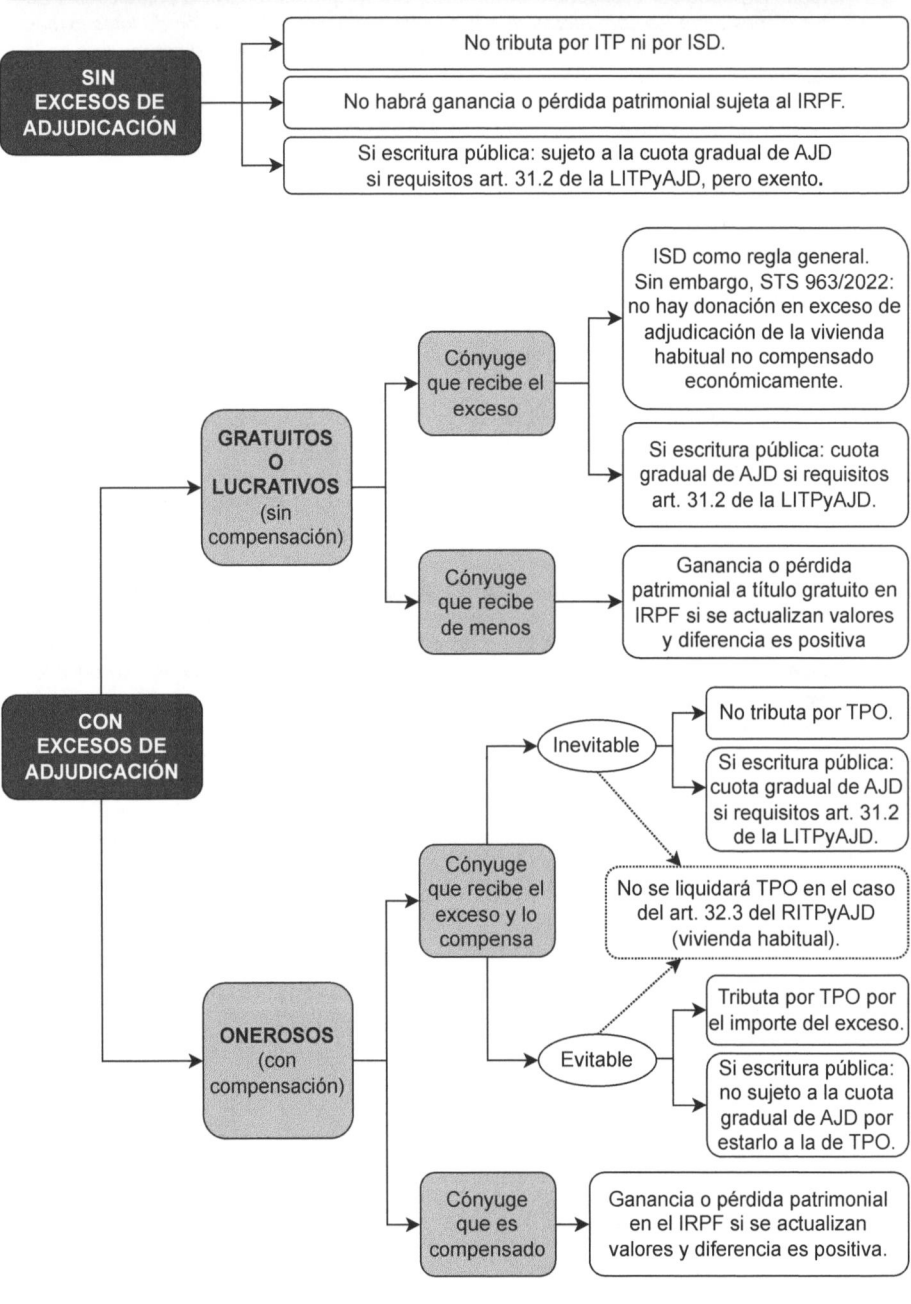

SIN EXCESOS DE ADJUDICACIÓN

- No tributa por ITP ni por ISD.
- No habrá ganancia o pérdida patrimonial sujeta al IRPF.
- Si escritura pública: sujeto a la cuota gradual de AJD si requisitos art. 31.2 de la LITPyAJD, pero exento.

CON EXCESOS DE ADJUDICACIÓN

GRATUITOS O LUCRATIVOS (sin compensación)

- **Cónyuge que recibe el exceso**
  - ISD como regla general. Sin embargo, STS 963/2022: no hay donación en exceso de adjudicación de la vivienda habitual no compensado económicamente.
  - Si escritura pública: cuota gradual de AJD si requisitos art. 31.2 de la LITPyAJD.
- **Cónyuge que recibe de menos**
  - Ganancia o pérdida patrimonial a título gratuito en IRPF si se actualizan valores y diferencia es positiva

ONEROSOS (con compensación)

- **Cónyuge que recibe el exceso y lo compensa**
  - Inevitable
    - No tributa por TPO.
    - Si escritura pública: cuota gradual de AJD si requisitos art. 31.2 de la LITPyAJD.
    - No se liquidará TPO en el caso del art. 32.3 del RITPyAJD (vivienda habitual).
  - Evitable
    - Tributa por TPO por el importe del exceso.
    - Si escritura pública: no sujeto a la cuota gradual de AJD por estarlo a la de TPO.
- **Cónyuge que es compensado**
  - Ganancia o pérdida patrimonial en el IRPF si se actualizan valores y diferencia es positiva.

1.2. Separación de bienes

El régimen económico de separación de bienes y la posibilidad de que existan bienes comunes

La separación de bienes es aquel régimen económico matrimonial en el que pertenecen a cada cónyuge los bienes que tuviese en el momento inicial y los que después adquiera por cualquier título; correspondiendo a cada uno la administración, goce y libre disposición de tales bienes. Su regulación en derecho común se contiene en el artículo 1435 del CC y siguientes; donde existirá cuando así lo hubiesen acordado los cónyuges, cuando hubiesen pactado en capitulaciones matrimoniales que no regirá entre ellos la sociedad de gananciales sin especificar las reglas a aplicar y cuando se extinga, constante matrimonio, la sociedad de gananciales o el régimen de participación (salvo que por voluntad de los interesados se sustituyesen por otro régimen distinto).

> **A TENER EN CUENTA**. A pesar de que, según lo indicado, el régimen de separación de bienes se aplica en el derecho común con carácter supletorio, existen algunas legislaciones forales que lo configuran como régimen económico matrimonial por defecto en sus respectivos territorios de aplicación. Sería el caso, por ejemplo, de Cataluña o de las Islas Baleares.

Por lo tanto, **el régimen de separación se caracteriza por la inexistencia de una comunidad patrimonial por razón del matrimonio**. En él, **cada cónyuge será propietario de sus propios bienes y podrá actuar con plena independencia y libertad en su administración y disposición**. Aun así, la aplicación del régimen no puede ser absoluta, pues la convivencia marital y su propio día a día requieren atender a determinadas cargas o pueden dar lugar a la adquisición en común de bienes o derechos. Sin embargo, tal situación de copropiedad o condominio sería ajena al régimen matrimonial y participaría de la misma naturaleza que cualquier otra comunidad de bienes, en la que cada uno de los condueños ostenta un derecho de propiedad sobre la parte que le corresponde, pudiendo enajenarla, cederla o hipotecarla, a diferencia de las comunidades de mano común.

En ese sentido, cabe considerar lo apuntado por el Tribunal Supremo en su **sentencia n.° 371/1996, de 28 de abril de 1997, ECLI:ES:TS:1997:2988**, donde se indicaba que «El régimen de separación absoluta de bienes **no resulta impeditivo para que pueda surgir entre los esposos** —en este caso no consta que hubieran disuelto el matrimonio—, **comunidad postmatrimonial de bienes, cuyo régimen es el de cualquier conjunto de cosas en cotitularidad ordinaria** y en el que cada cónyuge conserva una cuota, bien concreta o abstracta, sobre el «totum» del haber patrimonial común (...)».

Así las cosas, cuando los cónyuges en separación de bienes decidan poner fin a la relación en un contexto de crisis matrimonial, lo normal es que procedan asimismo a la disolución de las copropiedades que entre ellos pudieran existir, lo que, al igual que la liquidación de una sociedad de gananciales, tendrá su incidencia en el ámbito fiscal. Nos limitaremos a los supuestos de comunidades de bienes que no realicen actividades empresariales.

Efectos fiscales de la extinción de condominios entre cónyuges en separación de bienes en el Impuesto sobre Transmisiones Patrimoniales y Actos Jurídicos Documentados (ITPyAJD) y el Impuesto sobre Sucesiones y Donaciones (ISD)

Según señala el artículo 392 del CC, existirá comunidad de bienes cuando la propiedad de una cosa o derecho pertenezca proindiviso a varias personas; rigiéndose la comunidad, a falta de contratos o disposiciones especiales, por lo previsto en el título III del libro segundo de la mencionada norma. Por lo tanto, en el ámbito que venimos tratando, esta situación solo se producirá cuando los cónyuges, en régimen de separación de bienes, tengan algún bien o derecho en común.

Si efectivamente los cónyuges son copropietarios de algún bien (por partes iguales o en otra proporción), lo lógico será que en el momento de la separación o divorcio procedan a la **extinción o disolución del condominio, de modo que, se adjudiquen a cada uno de ellos bienes o derechos en proporción a su respectiva cuota de participación** en la comunidad. Si bien, cierto es, nada impide que pueda mantenerse la indivisión a pesar de la ruptura del matrimonio, en especial cuando la relación entre los excónyuges sea más o menos buena.

En estos supuestos, **la extinción o disolución de la comunidad de bienes tributará de forma análoga a la apuntada para la liquidación del régimen de gananciales, tanto en el ITPyAJD como en el ISD** (a la que nos remitimos); con la única **salvedad** de que, **en la modalidad de actos jurídicos documentados del ITPyAJD, no podrá resultar de aplicación la exención prevista en el artículo 45.I.B).3 de la LITPyAJD.**

La imposibilidad de aplicar en estos casos la mencionada exención se desprende de la **sentencia del Tribunal Supremo en recurso n.º 21/2008, de 30 de abril de 2010, ECLI:ES:TS:2010:2351,** donde el Alto Tribunal fijó la siguiente **doctrina**:

> «En el supuesto de las adjudicaciones y transmisiones originadas por la disolución del matrimonio, y previsto en el artículo 45.I.B) 3 del Real Decreto Legislativo 1/1993, por el cual se aprueba el Texto Refundido de la Ley del Impuesto sobre Transmisiones Patrimoniales y Actos Jurídicos Documentados, la exención de tributos únicamente es aplicable a las disoluciones en que haya efectiva comunidad de bienes (sociedad conyugal); por tanto esta exención no es aplicable a los supuestos en que rija un régimen económico matrimonial de separación de bienes».

Y es que, en concreto, dicho artículo 45.1.B).3 de la LITPyAJD dispone que estarán exentas «las aportaciones de bienes y derechos verificados por los cónyuges a la sociedad conyugal, las adjudicaciones que a su favor y en pago de las mismas se verifiquen a su disolución y las transmisiones que por tal causa se hagan a los cónyuges en pago de su haber de gananciales». Es por ello que el Tribunal Supremo consideró que tal regla se referiría a la sociedad conyugal, una figura propia del régimen económico matrimonial de gananciales, relacionada con el patrimonio ganancial independiente de los patrimonios privativos de cada uno de los cónyuges y las compensaciones económicas entre los mismos. En esa medida, solo afectaría «a las aportaciones de bienes de los cónyuges a la sociedad de gananciales y a las adjudicaciones y transmisiones de bienes que se efectúen a consecuencia de la disolución de la sociedad de gananciales a favor de los cónyuges, sin que pueda aplicarse al régimen de separación de bienes porque en dicho régimen no existen bienes comunes».

Por otra parte, y en relación con lo anterior, cabe destacar que **tal particularidad no afecta a la exención especial** prevista en el apartado 3 del art. 32 del RITPyAJD, a cuyo tenor no motivarán liquidación por la modalidad de transmisiones patrimoniales onerosas «los excesos de adjudicación declarados que resulten de las adjudicaciones de bienes que sean efecto patrimonial de la disolución del matrimonio o del cambio de su régimen económico, cuando sean consecuencia necesaria de la adjudicación a uno de los cónyuges de la vivienda habitual del matrimonio». No en vano, este precepto no se refiere a la extinción de la «sociedad conyugal», sino a la disolución del «matrimonio» en general, de modo que **también se considera de aplicación en caso de matrimonios en separación de bienes**.

Este fue el criterio establecido por la **sentencia del Tribunal Supremo n.º 963/2022, de 12 de julio, ECLI:ES:TS:2022:3083**, que, además, enumera las circunstancias que rodean a dicha no sujeción. Serían tres:

- Ha de tratarse de un exceso de adjudicación, es decir, de una diferencia de valor no compensada específicamente, en el ámbito de la disolución del matrimonio.

- A tal efecto, resulta indiferente el concreto régimen económico matrimonial vigente, sin excluirse, pues, el de separación de bienes, siempre que algunos de los bienes, o todos, fueran disfrutados en condominio. Prueba de esa aplicación a cualesquiera de los distintos regímenes es que tales excesos de adjudicaciones, si derivan del cambio de régimen económico, también quedan favorecidos por el caso de no sujeción, según el citado artículo 32.3 del RITPyAJD.

- El exceso de adjudicación debe ser consecuencia necesaria de la adjudicación a uno de los cónyuges de la vivienda habitual del matrimonio.

Por lo tanto, y en palabras del propio Tribunal Supremo, el criterio interpretativo en torno a la procedencia de este beneficio fiscal sería el siguiente:

> «1) Es aplicable a los excesos de adjudicación en casos de división de la cosa común el Texto refundido de la Ley del Impuesto sobre Transmisiones Patrimoniales y Actos Jurídicos Documentados, aprobado en Real Decreto

Legislativo 1/1993, de 24 de septiembre —TRLITPyAJD—, así como su reglamento, Real Decreto 828/1995, de 29 de mayo, por el que se aprueba el Reglamento del Impuesto sobre Transmisiones Patrimoniales y Actos Jurídicos Documentados. Tal aplicabilidad descarta la caracterización del exceso de adjudicación como donación, así como su gravamen en tal concepto, al faltar, entre otros requisitos, el animus donandi.

2) Los excesos de adjudicación están específicamente regulados, con carácter general, esto es, al margen de que provengan de una disolución matrimonial o de otras causas de división de la cosa común, en el artículo 7.2.B) del TRLITPyAJD, excluyéndolos por tanto del ámbito objetivo del ISD.

3) Acotada la modalidad tributaria aplicable, el art. 32 del Reglamento del impuesto considera un caso de no sujeción, —aunque podría ser controvertible que su naturaleza de exención, dada la fórmula empleada en el enunciado reglamentario, como este Tribunal Supremo ha señalado, en alguna ocasión, afirmando que se trata de una exención— el de los excesos de adjudicación declarados que resulten de las adjudicaciones de bienes que sean efecto patrimonial de la disolución del matrimonio o del cambio de su régimen económico, cuando sean consecuencia necesaria de la adjudicación a uno de los cónyuges de la vivienda habitual del matrimonio, como aquí sucede».

CUESTIONES

1. Dos cónyuges casados en régimen de separación de bienes tienen un único bien que adquirieron conjuntamente durante el matrimonio: la vivienda habitual, que les pertenece por mitades. Al separarse, se adjudica la propiedad íntegra a uno de ellos, pero, por distintos motivos, ambos deciden que el otro no perciba compensación a cambio. ¿El cónyuge que obtiene la titularidad completa del inmueble debe tributar por ella en la modalidad de transmisiones patrimoniales onerosas del ITPyAJD o en el ISD?

No, por el exceso que recibe dicho cónyuge no tendrá que tributar en la modalidad de transmisiones patrimoniales del ITPyAJD (al no existir una transmisión patrimonial onerosa) ni tampoco en el ISD, según el criterio fijado en la sentencia del Tribunal Supremo n.º 963/2022, de 12 de julio, ECLI:ES:TS:2022:3083. Esta sentencia del Tribunal Supremo determina que el exceso de adjudicación declarado resultante de la adjudicación por disolución del matrimonio de la vivienda habitual a uno de los cónyuges, no compensado económicamente, no puede caracterizarse como una donación ni gravarse como tal, al faltar, entre otros requisitos, el animus donandi y no existir un acto unilateral de voluntad de donar, habida cuenta especialmente del artículo 32.3 del RITPyAJD.

2. Dos cónyuges en régimen de separación de bienes se están divorciando y no tienen bienes en común. La vivienda habitual del matrimonio es de titularidad exclusiva de uno de ellos, pero el préstamo con el que se financió su adquisición fue abonado casi en su totalidad de manera conjunta por los dos. Con la ruptura del matrimonio, quieren adjudicar esa vivienda al cónyuge no titular, que abonará en metálico al otro lo que corresponda, y se preguntan si pueden aplicar el beneficio fiscal previsto en el artículo 32.3 del RITPyAJD.

El artículo 32.3 del RITPyAJD establece que no motivarán liquidación por la modalidad de transmisiones patrimoniales onerosas del impuesto «los excesos de adjudicación declarados que resulten de las adjudicaciones de bienes que sean efecto patrimonial de la disolución del matrimonio o del cambio de su régimen económico, cuando sean consecuencia necesaria de la adjudicación a uno de los cónyuges de la vivienda habitual del matrimonio».

Ahora bien, en el supuesto planteado lo que pretenden las partes es que el bien, de propiedad exclusiva de uno de los cónyuges, se adjudique en pleno dominio al otro. Por tanto, se trataría de una transmisión patrimonial onerosa ordinaria que quedaría sujeta al ITPyAJD en su modalidad de transmisiones patrimoniales onerosas [artículo 7.1.A) de la LITPyAJD]. En esa medida, no resultaría de aplicación, en ningún caso, lo dispuesto en el artículo 32.3 del RITPyAJD, puesto que no se produce el supuesto de hecho que en él se regula, al no haber ningún exceso de adjudicación declarado [artículo 7.2.B) del TRLITPAJD], sino la transmisión onerosa inter vivos de un bien de propiedad de un cónyuge al otro.

Por otra parte, habrá que tener en cuenta la deuda que el cónyuge propietario originario de la vivienda tendría frente al otro, por la parte del precio que se hubiese pagado a su costa.

En este sentido, puede acudirse, por ejemplo, a la consulta vinculante de la Dirección General de Tributos (V0928-21), de 15 de abril de 2021.

RESOLUCIONES RELEVANTES

Sentencia del Tribunal Supremo n.º 731/2024, de 30 de abril, ECLI:ES:TS:2024:2218

Asunto: tratamiento fiscal en el ITPyAJD en caso de extinción simultánea de varias comunidades de bienes entre los mismos comuneros (el supuesto concreto se refiere a dos hermanos).

«(...) el Derecho tributario no ofrece un concepto propio de comunidad de bienes ni tampoco existe en las normas fiscales un tratamiento general y completo de la disolución o extinción del condominio, de suerte que, caso a caso, la jurisprudencia ha ido desarrollando una doctrina a propósito, sobre la base de la regulación ofrecida por el Derecho Civil.

En este caso resulta estéril, desde el punto de vista fiscal, la polémica que sugiere la parte recurrida sobre la existencia de una o de varias comunidades de bienes, en tanto que, como apunta la parte recurrente, dentro del ámbito civil se reconoce, también el llamado patrimonio colectivo, en el que un patrimonio conformado por bienes y derechos perteneciente en común a varias personas procedente de distintos negocios jurídicos intervivos y/o mortis causa que, en caso de no regularse especialmente como en algunos supuestos, se rige por las normas civiles propias de la comunidad de bienes; sin que al efecto sea relevante ni el título de adquisición, ni si se conformó mediante negocios jurídicos simultáneos o sucesivos.

En el presente caso, sin dificultad cabe identificar esta figura, pues existe comuneros idénticos, los dos hermanos, que mantienen la misma participación en la sucesiva adquisición de los distintos bienes que componen el citado patrimonio en común.

Conforme a la normativa civil, los comuneros no están obligados a permanecer en la comunidad, por lo que cualquiera tiene derecho a separarse de la comunidad, dando lugar a una disolución parcial o total, en este caso se extingue la comunidad, produciéndose la especificación material según participación en los bienes existentes, no hay traslado de titularidad cuando se cumple la equivalencia y proporcionalidad respecto de la adjudicación de los bienes conformadores de la comunidad.

En este contexto, conforme a las normas fiscales, art. 7.2.b), únicamente quedan sujetos los excesos de adjudicación declarados, con alguna excepción; pues, como ha dicho este Tribunal, lo importante es que se haya extinguido el condominio, que el negocio jurídico ...perseguía con claridad el ejercicio de una facultad de división de la cosa común, en la que se especifican los derechos que correspondían al comunero que transmite sus participaciones, recibiendo éste una parte equivalente sustitutiva de su cuota ideal en ambos condominios, incluso mediante la formación de lotes equivalentes y proporcionales, y, finalmente, que los condueños no han obtenido beneficio ni ganancia patrimonial, y en consecuencia, procederá la tributación de la operación por la cuota gradual de la modalidad de actos jurídicos documentados, documentos notariales.

Dicho lo anterior cabe responder a la cuestión de interés casacional objetivo en el sentido de que está sujeta a la modalidad de actos jurídicos documentados la operación por la que se extinguen los condominios en los que participan los mismos titulares mediante la adjudicación de los bienes a cada uno de ellos sin que medie compensación por exceso de adjudicación, sin que tenga relevancia a efectos fiscales que los bienes adjudicados hubieran sido adquiridos e incorporados a los condominios en virtud de distintos títulos de adquisición».

Sentencia del Tribunal Supremo en recurso n.º 21/2008, de 30 de abril de 2010, ECLI:ES:TS:2010:2351

Asunto: tratamiento en el ITPyAJD de la extinción y disolución de una comunidad de bienes entre cónyuges en régimen de separación de bienes.

«(...) la comunidad de bienes cuyos comuneros sean cónyuges en separación de bienes es ajena al régimen matrimonial y participa de la misma naturaleza que cualquier otra comunidad de bienes, en la que cada uno de los copropietarios ostenta un derecho de propiedad sobre la parte que le corresponde, pudiendo enajenarla, cederla o hipotecarla, a diferencia de las comunidades de mano común, sin que, por tanto, pueda hablarse de puesta en común de bienes en estos casos.

(...)

(...) la disolución debe tratarse en estos casos en el Impuesto sobre Transmisiones Patrimoniales y Actos Jurídicos Documentados como cualquier otra comunidad de bienes, siendo de significar que por esta Sala, entre otras, en la sentencia de 28 de junio de 1999, ha considerado que la disolución de una comunidad de bienes mediante la adjudicación a los comuneros de bienes con un valor proporcional a sus respectivas participaciones en dicha comunidad no está sujeta a la modalidad de transmisiones patrimoniales onerosas, porque dicha operación tiene carácter particional y no dispositivo. Por otra parte, también niega la sujeción por la modalidad de transmisiones patrimoniales en aquellos supuestos en los que la división de la cosa común resulta imposible por ser el bien indivisible o de división que reduce sustancialmente su valor y la totalidad del bien se adjudica a uno o varios comuneros con obligación de compensar al resto con metálico. Ahora bien todo lo anterior no excluye la modalidad gradual de los documentos notariales del Impuesto sobre Actos Jurídicos Documentados si concurren los requisitos que establece el art. 31.2 del Texto Refundido de 1992».

RESOLUCIONES ADMINISTRATIVAS

Consulta vinculante de la Dirección General de Tributos (V0458-24), de 19 de marzo de 2024

Asunto: tratamiento en ITPyAJD cuando dos cónyuges en separación de bienes se divorcian y acuerdan que uno se quede íntegramente con el inmueble del que eran copropietarios al 50 % y el segundo reciba la vivienda habitual del matrimonio, que era privativa del otro cónyuge; la operación se analiza estrictamente desde el punto de vista de quien adquiere el domicilio familiar privativo.

«(...) la operación por la que el consultante adquiere la vivienda privativa de su esposa constituye una permuta de bienes inmuebles, ya que adquiere un bien inmue-

ble a cambio de otro. Dicha permuta de bienes inmuebles constituye una operación sujeta a la modalidad de transmisiones patrimoniales onerosas del ITP y AJD, que implica la existencia de dos transmisiones de inmuebles, en los términos que resultan del artículo 7.1 del TRLITPAJD y 23 de su reglamento, sin que en la normativa del impuesto se contemple exención alguna aplicable al supuesto que se examina, por lo que procederá practicar liquidación por la referida modalidad en la que deberá tenerse en cuenta lo siguiente:

- En el supuesto objeto de consulta, será sujeto pasivo el adquirente del bien, esto es, el consultante.

- La base imponible estará constituida por el valor del bien en los términos recogidos en el artículo 10 del TRLITPAJD, siendo únicamente deducibles las cargas que disminuyan el valor de los bienes, pero no las deudas, aunque estén garantizadas con prenda o hipoteca.

- El tipo impositivo será el 6 por ciento, salvo que se hubiera fijado otro diferente por la Comunidad Autónoma correspondiente.

Por último, cabe señalar que no sería aplicable la sentencia del Tribunal Supremo 963/2022, de 12 de julio, ya que las sentencias se aplican en identidad de situación, lo cual no sucede en la consulta planteada».

Consulta vinculante de la Dirección General de Tributos (V0297-22), de 17 de febrero de 2022

Asunto: no sujeción al ITPyAJD en su modalidad de transmisiones patrimoniales onerosas en caso de disolución simultánea de varias comunidades de bienes entre los mismos condóminos con compensación en metálico, mediante asunción de deudas del otro comunero o mediante dación en pago de otros bienes. Recoge los criterios fijados en la sentencia del Tribunal Supremo n.º 1502/2019, de 30 de octubre, ECLI:ES:TS:2019:3480.

«(...) lo que el Tribunal Supremo determina en esta sentencia es que, en la disolución de comunidades de bienes sobre bienes indivisibles, si las prestaciones de todos los comuneros son equivalentes y proporcionales a las respectivas cuotas de participación, resultará aplicable el supuesto de no sujeción a la modalidad de transmisiones patrimoniales onerosas regulado en el artículo 7.2.B) del TRLITPAJD y, consecuentemente, procederá la tributación de la operación por la cuota gradual de la modalidad de actos jurídicos documentados, documentos notariales. A este respecto, también cabe la formación de lotes equivalentes y proporcionales a adjudicar a cada comunero en proporción a sus cuotas de participación, en cuyo caso es indiferente que los bienes sean o no indivisibles, pues lo principal es que los lotes sean equivalentes y proporcionales a las cuotas de participación de los comuneros.

En definitiva, el Tribunal Supremo considera que, cumpliéndose los requisitos de indivisibilidad, equivalencia y proporcionalidad, la disolución simultánea de varias comunidades de bienes sobre inmuebles de los mismos condóminos con adjudicación de los bienes comunes a uno de los comuneros que compensa a los demás o mediante la formación de lotes equivalentes y proporcionales, deberá tributar por la cuota gradual de actos jurídicos documentados, documentos notariales, por resultar aplicable el supuesto de no sujeción regulado en el referido artículo 7.2.B); y ello, con independencia de que la compensación sea en metálico, mediante la asunción de deudas del otro comunero o mediante la dación en pago de otros bienes. En este último caso, en opinión del Tribunal Supremo, solo tributaría por la modalidad de transmisiones patrimoniales onerosas la transmisión de bienes privativos de un comunero al otro, pero no la de bienes que ya estaban en condominio, pues en tal caso no se produce transmisión alguna, sino disolución de una comunidad de bienes con especificación de un derecho que ya tenía el condómino que se queda con el bien.

Por último, cabe advertir que, en principio, la determinación de si la concurrencia de una pluralidad de bienes propiedad de las mismas personas supone la existencia de una o varias comunidades de bienes constituye una cuestión de hecho sobre la que este Centro Directivo no puede pronunciarse con carácter definitivo, y que deberá ser valorada, en su caso, en las actuaciones de comprobación e inspección de la Administración Tributaria competente para la gestión del tributo».

Efectos fiscales de la extinción de condominios entre cónyuges en separación de bienes en el Impuesto sobre la Renta de las Personas Físicas (IRPF)

El régimen de separación de bienes implica, por su propio carácter, la independencia patrimonial de ambos cónyuges. Sin embargo, ello no obsta a que los miembros de la pareja puedan adquirir bienes conjuntamente, convirtiéndose en copropietarios. Con todo, **tales situaciones de cotitularidad o condominio no revestirían la especial naturaleza de la sociedad de gananciales, sino que constituirían comunidades de bienes ordinarias**, en los términos del artículo 392 del CC y siguientes.

Así las cosas, el artículo 33 de la LIRPF especifica lo siguiente en sus dos primeros apartados:

«1. Son ganancias y pérdidas patrimoniales las variaciones en el valor del patrimonio del contribuyente que se pongan de manifiesto con ocasión de cualquier alteración en la composición de aquél, salvo que por esta Ley se califiquen como rendimientos.

2. Se estimará que no existe alteración en la composición del patrimonio:

a) En los supuestos de división de la cosa común.

b) En la disolución de la sociedad de gananciales o en la extinción del régimen económico matrimonial de participación.

c) En la disolución de comunidades de bienes o en los casos de separación de comuneros.

Los supuestos a que se refiere este apartado no podrán dar lugar, en ningún caso, a la actualización de los valores de los bienes o derechos recibidos».

Por lo tanto, y a pesar de que la vía sea otra, a los efectos de este impuesto, en principio, parece que el resultado será más o menos el mismo que en el caso de la liquidación de gananciales: **la disolución o extinción del condominio no supondrá una alteración en la composición del patrimonio que genere una ganancia o pérdida patrimonial en el IRPF cuando la adjudicación a cada condueño se corresponda con su respectiva cuota de titularidad.** Además, para que ello sea así, **no se podrán actualizar los valores de los bienes o derechos recibidos,** que conservarán las fechas y valores de adquisición originarios a efectos de futuras transmisiones.

En esa medida, y como sucedería con cualquier comunidad de bienes, **cuando se atribuya a un cónyuge más de lo que corresponda a su cuota de titularidad, podrá existir una alteración patrimonial para el otro** (que recibe de menos) determinante de una ganancia o pérdida patrimonial sujeta al IRPF en el caso de que se actualice el valor de ese bien entre el momento de su adquisición y el de su adjudicación, y dicha diferencia de valor sea positiva. Así se desprende de la sentencia del Tribunal Supremo n.º 1269/2022, de 10 de octubre, ECLI:ES:TS:2022:3585; criterio luego reiterado también por su posterior sentencia n.º 1634/2023, de 5 de diciembre, ECLI:ES:TS:2023:5535.

> **A TENER EN CUENTA**. Tal ganancia o pérdida patrimonial se calculará de conformidad con las reglas del artículo 34 de la LIRPF y siguientes.

Con todo, la normativa del IRPF establece una **regla especial** para los supuestos de terminación de este régimen económico matrimonial. Así, el artículo 33.3.d) de la LIRPF especifica que se estimará que **no existe ganancia o pérdida patrimonial en la extinción del régimen de separación de bienes, cuando por imposición legal o resolución judicial se produzcan compensaciones, dinerarias o mediante la adjudicación de bienes, por causa distinta de la pensión compensatoria entre cónyuges.** Tales compensaciones no darán derecho a reducir la base imponible del pagador ni constituirán renta para el perceptor. Además, este supuesto tampoco podrá dar lugar, en ningún caso, a la actualización de los valores de los bienes o derechos adjudicados.

> **CUESTIÓN**
>
> **Dos cónyuges en separación de bienes ponen fin a su matrimonio y disuelven el único condominio que tenían sobre una pintura de importante valor, que pertenecía a ambos a partes iguales. La relación entre ambas partes es buena, así que no necesitan acudir al juzgado. Uno de ellos se la adjudica íntegramente, compensando al otro en metálico por el importe correspondiente. Eso sí, al extinguir la comunidad de bienes, actualizan el valor de la pintura, que se ha elevado considerablemente frente al de adquisición originario, por estar en auge la obra de ese autor. ¿El que recibe la compensación tendrá que tributar por la ganancia o pérdida patrimonial generada en su declaración de la renta?**
>
> En este caso, no resultaría de aplicación la regla especial prevista en el artículo 33.3.d) de la LIRPF para los supuestos de extinción del régimen de separación de bienes, por lo que se aplicaría lo previsto, en general, para extinción de las comunidades de bienes.
>
> Dado que un cónyuge se atribuye más de lo que correspondía a su porcentaje de titularidad, que se produce una actualización del valor de la obra y que la diferencia entre el valor de adquisición y el de adjudicación en la extinción del condominio es positiva, existiría una ganancia o pérdida patrimonial para el cónyuge que recibe la compensación, a calcular de conformidad con los artículos 34 y 35 de la LIRPF.

> **RESOLUCIONES ADMINISTRATIVAS**
>
> **Consulta vinculante de la Dirección General de Tributos (V0490-25), de 27 de marzo de 2025**
>
> **Asunto: tratamiento en IRPF de la adjudicación de la vivienda habitual de un matrimonio a uno de los cónyuges con compensación al otro, extinguiéndose el condominio existente sobre la misma por divorcio.**
>
> *«(...) la disolución de una comunidad de bienes y la posterior adjudicación a cada uno de los comuneros de su correspondiente participación en la comunidad no cons-*

tituye ninguna alteración en la composición de sus respectivos patrimonios que pudiera dar lugar a una ganancia o pérdida patrimonial, siempre y cuando la adjudicación se corresponda con la respectiva cuota de titularidad. En estos supuestos no se podrán actualizar los valores de los bienes o derechos recibidos, que conservarán los valores de adquisición originarios, y, a efectos de futuras transmisiones, las fechas de adquisición originarias.

Solo en el caso de que se atribuyesen a alguno de los comuneros bienes o derechos por mayor valor que el correspondiente a su cuota de titularidad, existiría una alteración patrimonial en el otro, generándosele una ganancia o pérdida patrimonial.

Así ocurre en el caso objeto de consulta, en el que el inmueble, cuya titularidad ostentan los excónyuges, va a ser adjudicado a uno de ellos (al exesposo), lo que originará a la exesposa una ganancia o pérdida patrimonial, independientemente de que exista o no compensación en metálico, cuyo importe se determinará, de acuerdo con lo dispuesto en el artículo 34 de la Ley del Impuesto, por diferencia entre los valores de adquisición y de transmisión, valores que vienen definidos en los artículos 35 y 36 de la Ley del Impuesto, para las transmisiones onerosas y lucrativas, respectivamente».

Consulta vinculante de la Dirección General de Tributos (V3267-19), de 27 de noviembre de 2019

Asunto: tratamiento en el IRPF de un supuesto en el que dos cónyuges en separación de bienes se divorcian y se adjudican entre ellos determinados bienes de los que eran copropietarios, por causa distinta de la pensión compensatoria, a través de un convenio regulador aprobado en un procedimiento judicial de mutuo acuerdo.

«(...) en cuanto a las adjudicaciones de bienes producidas de mutuo acuerdo reflejadas en el convenio regulador de divorcio ratificado judicialmente, con motivo de la extinción del régimen económico de separación de bienes, el artículo 33.1 de la LIRPF establece que "son ganancias y pérdidas patrimoniales las variaciones en el valor del patrimonio del contribuyente que se pongan de manifiesto con ocasión de cualquier alteración en la composición de aquél, salvo que por esta Ley se califiquen como rendimientos".

El apartado 2 del mismo precepto dispone que "Se estimará que no existe alteración en la composición del patrimonio:

En los supuestos de división de la cosa común.

En la disolución de la sociedad de gananciales o en la extinción del régimen económico matrimonial de participación.

En la disolución de comunidades de bienes o en los casos de separación de comuneros.

Los supuestos a los que se refiere este apartado no podrán dar lugar, en ningún caso, a la actualización de los valores de los bienes o derechos recibidos".

Con carácter general, el ejercicio de la acción de división de la cosa común (artículo 400 del Código Civil), no implica una alteración en la composición del patrimonio, ya que únicamente se especifica la participación indivisa que correspondía a cada uno de los copropietarios, y a efectos de futuras transmisiones, la fecha de adquisición no es la de la adjudicación de los bienes a los comuneros, sino la originaria de adquisición de los mismos, sin perjuicio de las especialidades previstas en la normativa del Impuesto en relación con los bienes afectos.

Ahora bien, para que opere lo previsto en este precepto, es preciso que las adjudicaciones que se lleven a cabo al deshacerse la indivisión, correspondan con la cuota

> *de titularidad, ya que, en caso contrario, al producirse un exceso de adjudicación, se produciría una ganancia patrimonial.*
>
> *Del mismo modo, se producirá una ganancia patrimonial si al hacer la división de un bien en común, se acuerda adjudicarlo a una de las partes compensándose a la otra en metálico o en especie.*
>
> *En consecuencia, en el caso planteado en el escrito de consulta, partiendo de la premisa de que los valores de adjudicación de los bienes adjudicados en la disolución de la comunidad se corresponden con su valor de mercado y de que los valores de las adjudicaciones efectuadas se corresponden con la respectiva cuota de titularidad, se estima que no existiría alteración patrimonial con motivo de la disolución de la comunidad de bienes, conservando los bienes adjudicados los valores y fechas de adquisición originarios, de acuerdo con lo dispuesto en el artículo 33.2 de la Ley del Impuesto.*
>
> *Por último, añadir que al no derivar las adjudicaciones que van a efectuar los cónyuges de una imposición legal o de una resolución judicial, sino de la voluntad de ambos cónyuges de extinguir el condominio sobre una serie de bienes comunes —reflejado en convenio regulador ratificado mediante sentencia judicial—, no tiene cabida en este caso lo dispuesto en el artículo 33.d) de la LIRPF».*

Efectos fiscales de la extinción de condominios entre cónyuges en separación de bienes en el Impuesto sobre el Incremento de Valor de los Terrenos de Naturaleza Urbana (IIVTNU o plusvalía municipal)

La tributación por esta vía, cuando dos cónyuges en separación de bienes se separan y disuelven los condominios que puedan tener sobre ciertos bienes, es análoga a la ya estudiada al abordar la liquidación de la sociedad de gananciales. Por ello, nos limitaremos a recordar lo que señala el apartado 3 del artículo 104 de la LRHL y las conclusiones básicas, remitiéndonos en todo lo demás a dicho epígrafe.

El artículo 104.3 de la LRHL recoge una **regla específica para los supuestos de separación o divorcio matrimonial**, con el siguiente tenor:

> «3. No se producirá la sujeción al impuesto en los supuestos de aportaciones de bienes y derechos realizadas por los cónyuges a la sociedad conyugal, adjudicaciones que a su favor y en pago de ellas se verifiquen y transmisiones que se hagan a los cónyuges en pago de sus haberes comunes.
>
> Tampoco se producirá la sujeción al impuesto en los supuestos de transmisiones de bienes inmuebles entre cónyuges o a favor de los hijos, como consecuencia del cumplimiento de sentencias en los casos de nulidad, separación o divorcio matrimonial, sea cual sea el régimen económico matrimonial. Asimismo, no se producirá la sujeción al impuesto en los supuestos de transmisiones de bienes inmuebles a título lucrativo en beneficio de las hijas, hijos, menores o personas con discapacidad sujetas a patria potestad, tutela o con medidas de apoyo para el adecuado ejercicio de su capacidad jurídica, cuyo ejercicio se llevará a cabo por las mujeres fallecidas como consecuencia de violencia contra la mujer, en los

términos en que se defina por la ley o por los instrumentos internacionales ratificados por España, cuando estas transmisiones lucrativas traigan causa del referido fallecimiento».

Por lo tanto, el tratamiento de la operación a los efectos de la plusvalía municipal será, en principio, el siguiente:

- Si **los cónyuges se adjudican los bienes en condominio de acuerdo con sus cuotas de titularidad respectivas, no existe sujeción al IIVT-NU**, al no producirse una transmisión patrimonial propiamente dicha, sino una mera especificación o concreción de un derecho abstracto preexistente.

- Cuando **se adjudique a alguno de los cónyuges más de lo que le correspondería** según su cuota de titularidad:

  » Si el **exceso es evitable**, su adjudicación en principio constituiría una transmisión patrimonial, determinante del devengo de la plusvalía municipal, de haberse producido efectivamente un incremento de valor de los inmuebles; siendo sujeto pasivo del impuesto el transmitente (si la transmisión es a título oneroso) o el adquirente (si lo es a título gratuito o lucrativo). Ahora bien, y como **excepción, no existirá sujeción al impuesto en las transmisiones de inmuebles entre cónyuges como consecuencia del cumplimiento de sentencias en casos de nulidad, separación o divorcio matrimonial.**

  » Si el **exceso fuese «inevitable», no se considera como una auténtica transmisión de la propiedad y no habrá sujeción al IIVT-NU**. Básicamente, y según ya se analizó al abordar el ITPyAJD, esto sucederá cuando el exceso surja de dar cumplimiento a lo dispuesto en los artículos 821, 829, 1056.2 y 1062.1 del CC. Dichos preceptos responden al principio general establecido en el artículo 1062 del CC, que supone que cuando la cosa común sea indivisible, ya sea por su propia naturaleza o porque pueda desmerecer mucho por la división, la única forma de extinción de la comunidad es adjudicarla a uno de los comuneros con la obligación de abonar a los otros el exceso en metálico. En tal sentido, pueden considerarse, entre otras, las consultas vinculantes de la Dirección General de Tributos (V1925-21), de 21 de junio de 2021, o (V1901-21), de 19 de junio de 2021.

RESOLUCIONES ADMINISTRATIVAS

Consulta vinculante de la Dirección General de Tributos (1901-21), de 19 de junio de 2021

Asunto: tratamiento en el IIVTNU en el caso de unos cónyuges en separación de bienes que son copropietarios de varios inmuebles en proindiviso.

«En el caso planteado en la consulta resulta que los dos comuneros tienen condominio sobre unos bienes inmuebles que adquirieron por mitad y proindiviso en diferentes fechas, todos por compraventa.

Con respecto a los criterios sobre la indivisibilidad de los bienes, ya se ha señalado que, con independencia de que este Centro Directivo no pueda pronunciarse a priori sobre la indivisibilidad de un bien, por ser una cuestión de hecho, el criterio jurisprudencial viene considerando a los inmuebles indivisibles. En el supuesto de que la comunidad recaiga sobre varios bienes, habrá que atender al conjunto de todos ellos para determinar la indivisibilidad, ya que aunque cada uno de los bienes individualmente considerados puedan ser considerados indivisible, el conjunto de todos sí puede ser susceptible de división, por lo que, a efectos de la disolución de la comunidad, el reparto o adjudicación de los bienes entre los comuneros deberá hacerse mediante la formación de lotes lo más equivalentes posibles, evitando los excesos de adjudicación.

En el supuesto que se examina, lo que pretenden los comuneros es la extinción del condominio sobre los tres conjuntos inmobiliarios señalados en la consulta, mediante la formación de dos lotes de bienes inmuebles, equivalentes en valor, y la adjudicación del pleno dominio de un lote a cada comunero.

Bajo este supuesto, y suponiendo también que cada uno de los tres conjuntos inmobiliarios objeto de adjudicación constituyen un bien indivisible o que desmereciera mucho por su división, y que, por lo tanto, la única forma de división posible es la adjudicación de la totalidad del conjunto inmobiliario a uno solo de los cónyuges, el exceso originado por la adjudicación del lote 1 a uno de los cónyuges y el lote 2 al otro cónyuge no determinaría la sujeción al IIVTNU, siempre que el pago del exceso de adjudicación se realice en metálico.

A este respecto, cabe advertir que no obsta a la conclusión anterior el hecho de que la compensación al otro cónyuge consista en la asunción de su parte de deuda en el préstamo hipotecario común, pues eso no significa que la compensación no haya sido en metálico, sino que tal compensación en metálico se ha destinado —por pacto entre ellos— a la cancelación de la deuda dineraria de dicho cónyuge.

Por tanto, bajo este supuesto, no se produce la sujeción al IIVTNU en la adjudicación del pleno dominio de los bienes inmuebles de cada uno de los lotes a cada uno de los cónyuges, dado que no se realiza el hecho imponible del impuesto al no haber transmisión del derecho de propiedad.

No obstante, a efectos de una futura transmisión de los inmuebles adjudicados a cada uno de los cónyuges y a efectos de la determinación de la base imponible del IIVTNU, habrá que tener en cuenta que el período de generación del incremento de valor del terreno de naturaleza urbana puesto de manifiesto en esa futura transmisión, será el comprendido entre la fecha del devengo del Impuesto que se liquide y la del devengo de la anterior transmisión de la propiedad del terreno que haya estado sujeta al IIVTNU. Es decir, la fecha de inicio del período de generación será la fecha en la que ambos cónyuges adquirieron en su día la propiedad del inmueble por compraventa y no la fecha en la que se adjudica a cada cónyuge el 100 por cien del pleno dominio sobre los conjuntos inmobiliarios por disolución del condominio entre los cónyuges».

Consulta vinculante de la Dirección General de Tributos (V2856-20), de 22 de septiembre de 2020

Asunto: no está sujeta al IIVTNU la adjudicación a un cónyuge de la plena propiedad de la vivienda que tenía en condominio un matrimonio en separación de bienes, efectuada en cumplimiento de sentencia de divorcio.

«(...) como la adjudicación de la plena propiedad de la vivienda a la consultante se produce como consecuencia del cumplimiento de la sentencia de divorcio (sentencia de modificación de medidas de mutuo acuerdo de divorcio), no se producirá la sujeción al impuesto, en virtud de lo dispuesto en el artículo 104.3 del TRLRHL.

No obstante, en una futura transmisión del inmueble por parte de la consultante, a efectos de la determinación de la base imponible del IIVTNU, habrá que tener en cuenta que el período de generación del incremento de valor del terreno de naturaleza urbana puesto de manifiesto en esa transmisión será el comprendido entre la fecha del devengo del Impuesto que se liquide y la del devengo de la anterior transmisión de la propiedad del terreno que haya estado sujeta al IIVTNU. Es decir, la fecha de inicio del período de generación será la fecha en la que ambos excónyuges adquirieron la vivienda por compraventa (...) y no la fecha en la que se adjudica a la consultante el cien por cien del pleno dominio por cumplimiento de la sentencia de divorcio».

TRATAMIENTO FISCAL EN ITPYAJD, ISD E IRPF DE LA EXTINCIÓN DE CONDOMINIOS POR FIN MATRIMONIO ENTRE CÓNYUGES EN SEPARACIÓN DE BIENES

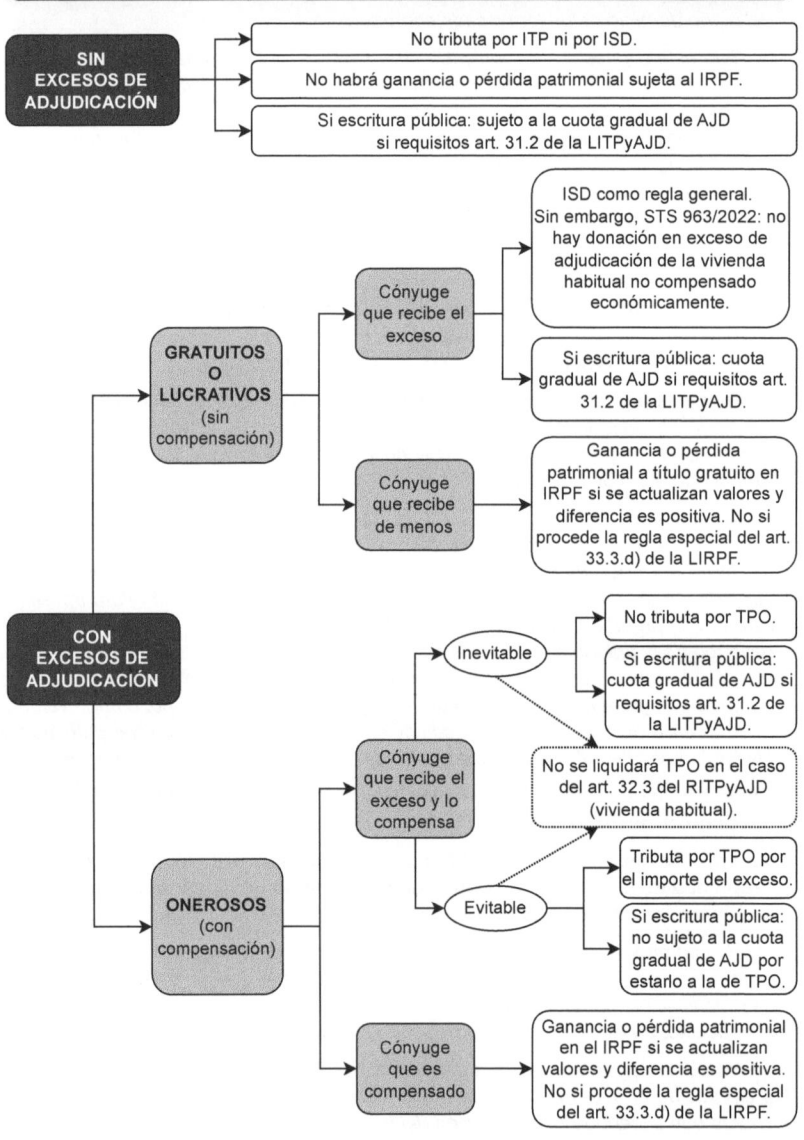

1.3. Algunos apuntes en caso de pareja de hecho

Las relaciones patrimoniales entre los miembros de una pareja no casada y su incidencia en el momento de la ruptura

Las relaciones económicas de las parejas o uniones de hecho se regirán por los pactos que al efecto se hubiesen establecido, tanto por lo que se refiere al tiempo de convivencia como a los efectos posteriores a su cese. No en vano, se entiende que, con carácter general, no existe analogía entre la pareja de hecho y el matrimonio, por lo que se niega la existencia de un régimen económico propio para las uniones de hecho, que sí existiría en el caso de las matrimoniales.

En tal sentido, cabe considerar lo expresado por el Tribunal Supremo en su sentencia n.º 416/2011, de 16 de junio, ECLI:ES:TS:2011:3634:

> «En esta Sala ha negado desde hace tiempo que entre el matrimonio y la pareja de hecho exista una relación de analogía. La STS 611/2005, de 12 septiembre, del pleno de esta Sala, dice claramente que la configuración de la unión de hecho "[...] aparece sintéticamente recogida en la Sentencia de 17 de junio de 2003, cuando dice que las uniones 'more uxorio', cada vez más numerosas, constituyen una realidad social, que, cuando reúnen determinados requisitos —constitución voluntaria, estabilidad, permanencia en el tiempo, con apariencia pública de comunidad de vida similar a la matrimonial— han merecido el reconocimiento como una modalidad de familia, aunque sin equivalencia con el matrimonio, por lo que no cabe trasponerle el régimen jurídico de éste, salvo en algunos de sus aspectos. La conciencia de los miembros de la unión de operar fuera del régimen jurídico del matrimonio no es razón suficiente para que se desatiendan las importantes consecuencias que se pueden producir en determinados supuestos, entre ellos el de la extinción". Los argumentos se fundamentan asimismo en la doctrina del TC, que se cita en la Sentencia y se omite aquí para mayor claridad en la redacción.
>
> Uno de los aspectos que no se admiten en la jurisprudencia de esta Sala es la existencia de un régimen económico matrimonial en las parejas no casadas, salvo que se haya pactado por los convivientes una Comunidad de bienes u otro sistema. Pero ha quedado probado en la sentencia que ahora se recurre, que no existía tal pacto, ni tan solo por hechos determinantes o facta concludentia. Por ello, la STS 1048/2006, de 19 octubre, dice que "Es, pues, consustancial a esa diferencia entre la unión de hecho y el matrimonio y a la voluntad de eludir las consecuencias derivadas del vínculo matrimonial que se encuentra insita en la convivencia 'more uxorio' el rechazo que desde la jurisprudencia se proclama de la aplicación por 'analogía legis' de las normas propias del matrimonio, entre las que se encuentran las relativas al régimen

económico matrimonial; lo que no empece a que puedan éstas, y, en general, las reguladoras de la disolución de Comunidades de bienes o de patrimonios comunes, ser aplicadas, bien por pacto expreso, bien por la vía de la 'analogía iuris' —como un mecanismo de obtención y de aplicación de los principios inspiradores del ordenamiento a partir de un conjunto de preceptos y su aplicación al caso no regulado, cuando por 'facta concludentia' se evidencie la inequívoca voluntad de los convivientes de formar un patrimonio común— Sentencia de 22 de febrero de 2006". (Ver asimismo SS.T.S. de 40/2011, 7 febrero; 299/2008, 8 mayo y 1048/2006, 19 octubre)».

En esa medida, si los integrantes de la unión de hecho **poseen bienes en común**, en principio, parece que se tratará de una situación de **copropiedad o condominio que se regirá por los pactos específicos que a tales efectos se hubiesen previsto y, en su defecto, por el régimen general**. Esto supone que, desde el punto de vista tributario, las operaciones de división o reparto de bienes comunes entre los miembros de la pareja como consecuencia de la ruptura queden sometidas a las **reglas generales sobre extinción y disolución de las comunidades de bienes, sin que resulten de aplicación las previsiones específicas que las normas tributarias establecen para el matrimonio**. No en vano, el derecho tributario no admite la analogía, tal y como se desprende del artículo 14 de la LGT, que determina que «no se admitirá la analogía para extender más allá de sus términos estrictos el ámbito del hecho imponible, de las exenciones y demás beneficios o incentivos fiscales».

RESOLUCIÓN RELEVANTE

Sentencia del Tribunal Supremo n.° 1269/2022, de 10 de octubre, ECLI:ES:TS:2022:3585

Asunto: tratamiento de la disolución de un condominio con excesos de adjudicación compensados económicamente en el IRPF del condueño que recibe la compensación.

«(...) con carácter general, el ejercicio de la acción de división de cosa común no implica una alteración en la composición del patrimonio, tal y como recoge el artículo 33.2. LIRPF, ya que únicamente se especifica la participación indivisa que correspondía a cada uno de los copropietarios. Ello comporta que, a efectos de futuras transmisiones, la fecha de adquisición no es la de adjudicación de los bienes a los copropietarios, sino la originaria de adquisición de dichos bienes.

Ahora bien, para que esto se produzca es necesario, además, que las adjudicaciones que se lleven a cabo al deshacerse la indivisión se correspondan con la cuota de titularidad, lo que no ocurrirá en el caso de que se haya producido una actualización del valor del bien, pues en tal caso se habrá producido un exceso de adjudicación, entendido como diferencia de valor, que genera una alteración patrimonial.

En el caso que se enjuicia, tal y como apreció la Administración, se ha generado una ganancia patrimonial en el Sr. Jose María por la diferencia entre la compensación en metálico percibida en la extinción del condominio y el 50 % del precio de adquisición de la vivienda en 1983.

Consecuentemente, en los casos de división de la cosa común respetando la cuota de participación no hay alteración patrimonial, pero sí la habrá en los casos en que se produzca una actualización del valor del bien recibido, como ocurre cuando el copropietario recibe una compensación en metálico por un importe superior a la cuota que le correspondía en el condominio».

RESOLUCIONES ADMINISTRATIVAS

Consulta vinculante de la Dirección General de Tributos (V1358-22), de 14 de junio de 2022

Asunto: tributación en el ITPyAJD en caso de disolución de la comunidad de bienes existente sobre una vivienda con plaza de garaje, que pertenecía por mitades a los miembros de una pareja de hecho, cuando uno de ellos se adjudica el inmueble, compensando al otro en metálico y asumiendo el préstamo pendiente de pago.

«En este sentido, cabe señalar que lo que este Centro Directivo ha puesto de manifiesto en el texto transcrito es que la compensación del exceso de adjudicación obtenido por una persona a favor de quien ha recibido una adjudicación inferior a su derecho efectuada mediante la asunción por la primera de una deuda de la segunda puede considerarse, a efectos de lo dispuesto en el artículo 1062 del Código Civil, como pago en metálico en el sentido de que no se compensa con bienes, sino con la obligación de pago de cantidades en metálico, obligación de la que queda liberado el primer deudor. En este sentido, es indiferente que la compensación del exceso de adjudicación se produzca exclusivamente mediante la asunción la deuda o que esta se acompañe de alguna compensación en metálico; y ello porque la asunción de la deuda en sí también se considera compensación en metálico.

Así lo entiende también el Tribunal Supremo en el fundamento de derecho tercero de su sentencia 1502/2019, de 30 de octubre de 2019, citada anteriormente, con reseña expresa de resoluciones de este Centro Directivo.

En el caso planteado, la escritura pública de extinción de condominio recogerá los términos en los que se llevó a cabo la disolución de la comunidad de bienes creada por la adquisición del inmueble que, de acuerdo con la información facilitada, consta de una vivienda, una plaza de garaje y un trastero, ambos como anejos inseparables. La disolución del condominio se realiza adjudicándose el consultante íntegramente el bien inmueble mantenido en común, compensando al otro comunero con dinero en efectivo (30.000 euros) y con la asunción de su parte de la deuda correspondiente al préstamo hipotecario.

De acuerdo con los preceptos transcritos, esta operación supone una disolución de una comunidad de bienes con exceso de adjudicación que, a la vista de lo expuesto, por surgir para dar cumplimiento a lo dispuesto en el artículo 1062 del Código Civil y cumpliéndose, en principio, los requisitos que exige la aplicación de esta regla especial, no se considerará una transmisión patrimonial onerosa conforme a lo previsto en el artículo 7.2 B) del TRLITPAJD. Por lo tanto, la concurrencia de todos los requisitos establecidos en el artículo 31.2 del TRLITPAJD determina su tributación por la cuota variable del documento notarial, por la modalidad de Actos Jurídicos Documentados».

Consulta vinculante de la Dirección General de Tributos (V0934-16), de 10 de marzo de 2016

Asunto: imposibilidad de aplicar la exención del artículo 45.I.B).3 de la LITPyAJD en el caso de una pareja legalmente constituida e inscrita en el registro de su comunidad autónoma, que adquiere un inmueble en escritura pública manifestando que lo hace en régimen de gananciales y, posteriormente, indica que quiere «proceder a la disolución y liquidación del régimen económico de gananciales para instaurar el régimen económico de separación de bienes».

«(...) aunque la comunidad de bienes se disolviera, en ningún caso resultaría aplicable el supuesto de exención regulado en el artículo 45.I.B).3 del TRLITPAJD

—que establece que "Estarán exentas: (...) 3. Las aportaciones de bienes y derechos verificados por los cónyuges a la sociedad conyugal, las adjudicaciones que a su favor y en pago de las mismas se verifiquen a su disolución y las transmisiones que por tal causa se hagan a los cónyuges en pago de su haber de gananciales"— precisamente porque esta exención se refiere a aportaciones hechas por cónyuges a sociedades conyugales, o a las disoluciones de las sociedades conyugales, circunstancia que no concurrirá nunca en el caso de una pareja de hecho ya que, como se ha dicho anteriormente, no se trata de una sociedad conyugal, sino de un sociedad formada por una pareja de hecho, que no tiene ninguna diferencia con cualquier otra comunidad de bienes. La extensión de la exención descrita a las parejas de hecho supondría la aplicación de la analogía para extender el ámbito de un beneficio fiscal, lo que conculcaría el artículo 14 de la Ley 58/2003, de 17 de diciembre, General Tributaria (BOE de 18 de diciembre de 2003), que determina que "No se admitirá la analogía para extender más allá de sus términos estrictos el ámbito del hecho imponible, de las exenciones y demás beneficios o incentivos fiscales"».

Con respecto a esta concreta cuestión, cabe destacar que se pronuncia en sentido contrario la resolución no vinculante del Tribunal Económico-Administrativo Regional de Galicia n.º 15/02296/2019, de 30 de julio de 2021, con cita de varias sentencias del TSJ de Galicia y en base a la equiparación recogida en su normativa civil autonómica. Al revés de lo que señala, por ejemplo, el TSJ de Canarias en su sentencia n.º 223/2012, de 26 de junio, ECLI:ES:TSJI-CAN:2012:3858, habida cuenta de los límites de las competencias normativas autonómicas en este ámbito.

1.4. Casos prácticos

Caso práctico | Tratamiento en el ITPyAJD de una liquidación de gananciales con exceso de adjudicación compensado en metálico

PLANTEAMIENTO

María y Javier están casados en régimen de gananciales, estando integrada su sociedad de gananciales por los siguientes bienes:

- La vivienda habitual, valorada en 240.000 euros y gravada con una deuda de 50.000 euros.
- Un apartamento, valorado en 90.000 euros.
- Un local, valorado en 100.000 euros.

Van a divorciarse y a liquidar su sociedad de gananciales, todo ante notario. Tanto el apartamento como el local están alquilados reportando rendimientos del capital inmobiliario, así que su voluntad es que María se quede con la vivienda habitual (asumiendo la deuda pendiente que pesa sobre ella) y que el resto de los inmuebles (apartamento y local) se adjudiquen en proindiviso a ambos, al 50 %. La primera compensará al segundo con 95.000 euros en metálico.

A la vista de este reparto, ¿alguno tendrá que tributar por el ITPyAJD o el ISD?

RESPUESTA

Si se efectúa el reparto en los términos indicados, María obtendría un exceso de adjudicación oneroso y evitable, por el que tendría que tributar en la modalidad de transmisiones patrimoniales onerosas del ITPyAJD, sin que resulte de aplicación la excepción prevista en el artículo 7.2.B) de la LITPyAJD. Por otra parte, y a pesar de formalizarse la liquidación de gananciales en escritura pública, como el exceso de adjudicación está sujeto a la modalidad de transmisiones patrimoniales onerosas del ITPyAJD, no concurrirán los requisitos que el apartado 2 del artículo 31 de la LITPyAJD establece para la sujeción a la cuota variable del impuesto en la modalidad de actos jurídicos documentados, documentos notariales.

El valor neto del activo ganancial asciende a 380.000 euros, como resultado de sumar el valor de los bienes y de restar el de las deudas (240.000 + 90.000 + 100.000 - 50.000 euros). Por lo tanto, el haber que correspondería a cada cónyuge según su cuota de titularidad (el 50 %), ascendería a 190.000 euros.

Con el reparto que pretenden realizar las partes, María se adjudicaría los siguientes bienes, ascendiendo el valor de su lote a 285.000 euros:

- La vivienda habitual, junto con la deuda que pesa sobre ella, por un valor de 240.000 euros - 50.000 euros = 190.000 euros.
- El 50 % del apartamento = 45.000 euros.
- El 50 % del local = 50.000 euros.

Por su parte, Javier obtendría un lote valorado en 95.000 euros:

- El 50 % del apartamento = 45.000 euros.
- El 50 % del local = 50.000 euros.

Con ello, se estaría produciendo un exceso de adjudicación en favor de María, por importe de 95.000 euros, que compensaría en metálico a su excónyuge.

En términos generales, la disolución de la sociedad de gananciales, adjudicando a cada cónyuge bienes por el valor de su cuota de participación en la sociedad no constituye una auténtica transmisión patrimonial, así que no quedaría sujeta ni al ITPyAJD en su modalidad de transmisiones patrimoniales onerosas ni al ISD. Formalizándose en escritura pública, tampoco tributaría por la cuota variable del ITPyAJD en su modalidad de actos jurídicos documentados, documentos notariales, por hallarse sujeta, pero exenta según el artículo 45.I.B).3 de la LITPyAJD.

Ahora bien, en el supuesto planteado, las partes van a repartirse los bienes gananciales sin respetar las cuotas que a cada uno le corresponden en la sociedad de gananciales. Se producirían, por tanto, excesos de adjudicación, que tendrían el carácter de onerosos (por compensarse económicamente en metálico) y que serían evitables. No en vano, dichos excesos hubieran podido evitarse fácilmente, adjudicando a uno la vivienda con la deuda (190.000 euros netos) y a otro el apartamento junto con el local en su totalidad (90.000 + 100.000 euros = 190.000 euros). En esa medida, María tributará por ese exceso en la modalidad de transmisiones patrimoniales onerosas, sin que resulte de aplicación la excepción prevista en el artículo 7.2.B) de la LITPyAJD, referida a los excesos declarados que «surjan de dar cumplimiento a lo dispuesto en los artículos 821, 829, 1.056 (segundo) y 1.062 (primero) del Código Civil y Disposiciones de Derecho Foral, basadas en el mismo fundamento» (excesos inevitables).

A pesar de formalizarse la liquidación de gananciales en escritura pública, como el exceso de adjudicación está sujeto a la modalidad de transmisiones patrimoniales onerosas del ITPyAJD, no concurrirán los requisitos que el artículo 31.2 de la LITPyAJD establece para la sujeción a la cuota variable o gradual del impuesto en la modalidad de actos jurídicos documentados, documentos notariales.

Caso práctico | Tributación en IRPF del exceso de adjudicación en la liquidación del régimen de gananciales

PLANTEAMIENTO

Ana y Pedro han liquidado su régimen económico de gananciales. En la liquidación hay un exceso de adjudicación para un cónyuge, pero este compensa al otro económicamente.

¿El cónyuge que recibe la compensación, tendrá que tributar por ello en el IRPF?

RESPUESTA

El exceso de adjudicación generará para el cónyuge que recibe la compensación una ganancia patrimonial a efectos del IRPF en el caso de que exista una actualización del valor del bien entre el momento de su adquisición y el de su adjudicación y dicha diferencia de valor sea positiva.

Entre otras, la sentencia del Tribunal Supremo n.° 1269/2022, de 10 de octubre, ECLI:ES:TS:2022:3585, ha fijado el siguiente criterio interpretativo, que posteriormente han reiterado otras sentencias como la STS n.° 1634/2023, de 5 de diciembre, ECLI:ES:TS:2023:5535:

> «(...) la compensación percibida por un comunero, a quien no se adjudica el bien cuando se disuelve el condominio, comportará para dicho comunero la existencia de una ganancia patrimonial sujeta al IRPF, cuando exista una actualización del valor de ese bien entre el momento de su adquisición y el de su adjudicación y esa diferencia de valor sea positiva».

Así las cosas, **para que exista tal ganancia o pérdida patrimonial en el IRPF** será necesario:

- Que los **cónyuges se adjudiquen los bienes de la sociedad de gananciales de forma no equitativa, sin respetar las cuotas de titularidad** de cada uno y generando, con ello, excesos de adjudicación.

- Que, al adjudicarse los bienes en el marco de la liquidación de gananciales, **se actualice el valor que tenían cuando fueron originariamente adquiridos** (esto es, que las adjudicaciones se efectúen sin conservar los valores y fechas de adquisición originarios de los bienes).

- Que la **diferencia entre el valor de adquisición y el de adjudicación en la liquidación de gananciales sea positiva.**

No en vano, el artículo 33 de la LIRPF dispone lo siguiente con respecto al concepto de ganancias patrimoniales en sus dos primeros apartados:

> «1. Son ganancias y pérdidas patrimoniales las variaciones en el valor del patrimonio del contribuyente que se pongan de manifiesto con ocasión de

cualquier alteración en la composición de aquél, salvo que por esta Ley se califiquen como rendimientos.

2. Se estimará que no existe alteración en la composición del patrimonio:

a) En los supuestos de división de la cosa común.

b) En la disolución de la sociedad de gananciales o en la extinción del régimen económico matrimonial de participación.

c) En la disolución de comunidades de bienes o en los casos de separación de comuneros.

Los supuestos a que se refiere este apartado no podrán dar lugar, en ningún caso, a la actualización de los valores de los bienes o derechos recibidos».

A su vez, la Dirección General de Tributos, en el mismo sentido que la sentencia expuesta, se ha manifestado en reiteradas ocasiones; entre ellas, en la consulta vinculante (V0374-25), de 20 de marzo de 2025, señalando lo siguiente:

«(...) la disolución de una comunidad de bienes y la posterior adjudicación a cada uno de los comuneros de su correspondiente participación en la comunidad no constituye ninguna alteración en la composición de sus respectivos patrimonios que pudiera dar lugar a una ganancia o pérdida patrimonial, siempre y cuando la adjudicación se corresponda con la respectiva cuota de titularidad.

En estos supuestos no se podrán actualizar los valores de los bienes o derechos recibidos, que conservarán los valores de adquisición originarios, y, a efectos de futuras transmisiones, las fechas de adquisición originarias.

Sólo en el caso de que se atribuyesen a un comunero bienes o derechos por mayor valor que el correspondiente a su cuota de titularidad, existiría una alteración patrimonial en el otro, generándosele una ganancia o pérdida patrimonial, independientemente de que exista o no exista compensación en metálico e independientemente de que la disolución de la comunidad de bienes sea total o parcial, cuyo importe se determinará, de acuerdo con lo dispuesto en el artículo 34 de la Ley del Impuesto, por diferencia entre los valores de adquisición y de transmisión, valores que, como se refirió, vienen definidos en los artículos 35 y 36 de la Ley del Impuesto, para las transmisiones onerosas y lucrativas, respectivamente».

Por último, cabe considerar también lo establecido en el artículo 35 de la LIRPF de cara al cálculo del importe de la ganancia o pérdida patrimonial en caso de transmisiones a título oneroso:

«1. El valor de adquisición estará formado por la suma de:

a) El importe real por el que dicha adquisición se hubiera efectuado.

b) El coste de las inversiones y mejoras efectuadas en los bienes adquiridos y los gastos y tributos inherentes a la adquisición, excluidos los intereses, que hubieran sido satisfechos por el adquirente.

En las condiciones que reglamentariamente se determinen, este valor se minorará en el importe de las amortizaciones.

2. El valor de transmisión será el importe real por el que la enajenación se hubiese efectuado. De este valor se deducirán los gastos y tributos a que se refiere la letra b) del apartado 1 en cuanto resulten satisfechos por el transmitente.

Por importe real del valor de enajenación se tomará el efectivamente satisfecho, siempre que no resulte inferior al normal de mercado, en cuyo caso prevalecerá éste».

Caso práctico | Cálculo de la plusvalía municipal al vender inmueble urbano atribuido a uno de los excónyuges en la liquidación de gananciales

PLANTEAMIENTO

En el año 2001 dos cónyuges adquirieron una vivienda ganancial por un valor de 50.000 euros. A mediados de 2023 se divorciaron y liquidaron la sociedad de gananciales, integrada por ese único bien.

La vivienda se adjudicó al exmarido, que compensó en metálico a su exesposa y le abonó 55.000 euros por su parte. Por esa adjudicación no se devengó el Impuesto sobre el Incremento de Valor de los Terrenos de Naturaleza Urbana (IIVTNU o «plusvalía municipal»).

En 2025, el interesado vende la vivienda a un tercero y se pregunta por la tributación que dicha operación tendrá en la «plusvalía municipal». ¿Qué valor de adquisición se considerará a los efectos de dicho impuesto? ¿Cuál será el período de generación para calcular la plusvalía?

RESPUESTA

Como la adjudicación de la vivienda al exmarido en el marco de la liquidación de gananciales no estuvo sujeta al IIVTNU, a los efectos de futuras transmisiones del inmueble, se tomará como valor de adquisición el precio por el que la sociedad conyugal adquirió el inmueble. Además, para calcular la base imponible del IIVTNU, habrá que tener en cuenta que el período de generación del incremento de valor puesto de manifiesto con la transmisión será el comprendido entre la fecha del devengo del impuesto que se liquide y la del devengo de la anterior transmisión de la propiedad del terreno que hubiera estado sujeta al IIVTNU.

Según el artículo 104 de la LRHL, «el Impuesto sobre el Incremento de Valor de los Terrenos de Naturaleza Urbana es un tributo directo que grava el incremento de valor que experimenten dichos terrenos y se ponga de manifiesto a consecuencia de la transmisión de la propiedad de los terrenos por cualquier título o de la constitución o transmisión de cualquier derecho real de goce, limitativo del dominio, sobre los referidos terrenos».

La adjudicación de la vivienda al exmarido en el marco de la liquidación de la sociedad de gananciales no estuvo sujeta al IIVTNU, así que no se produjo el devengo del impuesto. En ese sentido, el artículo 104.3 de la LRHL señala que «no se producirá la sujeción al impuesto en los supuestos de aportaciones de bienes y derechos realizadas por los cónyuges a la sociedad conyugal, adjudicaciones que a su favor y en pago de ellas se verifiquen y transmisiones que se hagan a los cónyuges en pago de sus haberes comunes».

Sin embargo, la venta posterior que realiza el interesado en favor de un tercero, en principio, parece que sí quedará sujeta al impuesto. La base imponible de dicho impuesto se determinará conforme al artículo 107 de la LRHL:

> «1. La base imponible de este impuesto está constituida por el incremento del valor de los terrenos puesto de manifiesto en el momento del devengo y experimentado a lo largo de un periodo máximo de veinte años, y se determinará, sin perjuicio de lo dispuesto en el apartado 5 de este artículo, multiplicando el

valor del terreno en el momento del devengo calculado conforme a lo establecido en sus apartados 2 y 3, por el coeficiente que corresponda al periodo de generación conforme a lo previsto en su apartado 4.

2. El valor del terreno en el momento del devengo resultará de lo establecido en las siguientes reglas:

a) En las transmisiones de terrenos, el valor de estos en el momento del devengo será el que tengan determinado en dicho momento a efectos del Impuesto sobre Bienes Inmuebles.

(...)

4. El periodo de generación del incremento de valor será el número de años a lo largo de los cuales se haya puesto de manifiesto dicho incremento.

En los supuestos de no sujeción, salvo que por ley se indique otra cosa, para el cálculo del periodo de generación del incremento de valor puesto de manifiesto en una posterior transmisión del terreno, se tomará como fecha de adquisición, a los efectos de lo dispuesto en el párrafo anterior, aquella en la que se produjo el anterior devengo del impuesto.

En el cómputo del número de años transcurridos se tomarán años completos, es decir, sin tener en cuenta las fracciones de año. En el caso de que el periodo de generación sea inferior a un año, se prorrateará el coeficiente anual teniendo en cuenta el número de meses completos, es decir, sin tener en cuenta las fracciones de mes.

El coeficiente a aplicar sobre el valor del terreno en el momento del devengo, calculado conforme a lo dispuesto en los apartados anteriores, será el que corresponda de los aprobados por el ayuntamiento según el periodo de generación del incremento de valor, sin que pueda exceder de los límites siguientes:

(...)

5. Cuando, a instancia del sujeto pasivo, conforme al procedimiento establecido en el artículo 104.5, se constate que el importe del incremento de valor es inferior al importe de la base imponible determinada con arreglo a lo dispuesto en los apartados anteriores de este artículo, se tomará como base imponible el importe de dicho incremento de valor».

Con todo, el artículo 104.5 de la LRHL prevé un supuesto de no sujeción al impuesto, cuando se constate la inexistencia de incremento de valor (también existen otras exenciones o supuestos de no sujeción, aunque partimos de la idea de que ninguno de ellos sería de aplicación en este caso):

«5. No se producirá la sujeción al impuesto en las transmisiones de terrenos respecto de los cuales se constate la inexistencia de incremento de valor por diferencia entre los valores de dichos terrenos en las fechas de transmisión y adquisición.

Para ello, el interesado en acreditar la inexistencia de incremento de valor deberá declarar la transmisión, así como aportar los títulos que documenten la transmisión y la adquisición, entendiéndose por interesados, a estos efectos, las personas o entidades a que se refiere el artículo 106.

Para constatar la inexistencia de incremento de valor, como valor de transmisión o de adquisición del terreno se tomará en cada caso el mayor de los siguientes valores, sin que a estos efectos puedan computarse los gastos o tributos que graven dichas operaciones: el que conste en el título que documente la operación o el comprobado, en su caso, por la Administración tributaria.

Cuando se trate de la transmisión de un inmueble en el que haya suelo y construcción, se tomará como valor del suelo a estos efectos el que resulte de aplicar la proporción que represente en la fecha de devengo del impuesto el valor catastral del terreno respecto del valor catastral total y esta proporción se aplicará tanto al valor de transmisión como, en su caso, al de adquisición.

Si la adquisición o la transmisión hubiera sido a título lucrativo se aplicarán las reglas de los párrafos anteriores tomando, en su caso, por el primero de los dos valores a comparar señalados anteriormente, el declarado en el Impuesto sobre Sucesiones y Donaciones.

En la posterior transmisión de los inmuebles a los que se refiere este apartado, para el cómputo del número de años a lo largo de los cuales se ha puesto de manifiesto el incremento de valor de los terrenos, no se tendrá en cuenta el periodo anterior a su adquisición. Lo dispuesto en este párrafo no será de aplicación en los supuestos de aportaciones o transmisiones de bienes inmuebles que resulten no sujetas en virtud de lo dispuesto en el apartado 3 de este artículo o en la disposición adicional segunda de la Ley 27/2014, de 27 de noviembre, del Impuesto sobre Sociedades».

Así las cosas, tal y como indica la consulta vinculante de la DGT (V1179-24), de 23 de mayo de 2024, «en la disolución y liquidación de la sociedad de gananciales no se produce ninguna transmisión de la propiedad. La sociedad de gananciales es una comunidad de bienes de tipo germánico, en la que cada uno de los cónyuges tiene una cuota abstracta del 50 por ciento sobre todos los bienes de la sociedad, y con la liquidación y adjudicación de los bienes lo único que se hace es transformar esa cuota abstracta en una cuota de propiedad concreta». Por ese motivo, **a los efectos de futuras transmisiones del inmueble:**

- Se tomará como **valor de adquisición el precio por el que la sociedad conyugal adquirió el inmueble.**

- El **período de generación del incremento de valor** de los terrenos de naturaleza urbana puesto de manifiesto con la transmisión será el **comprendido entre la fecha del devengo del IIVTNU que se liquide y la del devengo de la anterior transmisión de la propiedad del terreno que hubiera estado sujeta al IIVTNU.** Es decir, la fecha de inicio de dicho período de generación será la fecha en la que los cónyuges adquirieron la vivienda.

Por lo tanto, **cuando el interesado vende la vivienda en 2025, se producirá el devengo del IIVTNU,** cuyo sujeto pasivo será el vendedor [artículo 106.1.b) de la LRHL]:

- El valor de adquisición a considerar será el precio por el que se adquirió el inmueble por la sociedad conyugal en 2001, esto es, 50.000 euros.

- El valor de transmisión será el valor que conste en el título que documente la compraventa.

Tanto al valor de adquisición como al valor de transmisión habrá que aplicarle la **proporción que represente en la fecha de devengo del impuesto el valor catastral del terreno con respecto al valor catastral total,** para obtener el valor de adquisición y el valor de transmisión del terreno (respectivamente). De ese modo, si, a instancia del sujeto pasivo, la comparación entre ese valor de transmisión y ese valor de adquisición del terreno arroja una cantidad negativa, resultaría de aplicación la no sujeción del artículo 104.5 de la LRHL. Por el contrario, si resultase un importe positivo, se produciría la sujeción al IIVTNU. En este último caso, si así lo solicita el interesado, habría que comparar esa diferencia positiva entre el valor de transmisión y el de adquisición del terreno con el importe de la base imponible del impuesto determinada conforme a los apartados 1 a 4 del artículo 107 de la LRHL, a los efectos de aplicar, en su caso, lo establecido en el apartado 5 del mismo artículo 107 de la LRHL.

Por lo demás, para determinar la base imponible por el método objetivo que establecen los apartados 1 a 4 del artículo 107 de la LRHL, se multiplicará el valor catastral del terreno en la fecha de la transmisión por el coeficiente que corresponda al período de generación (número de años completos desde la fecha de adquisición del inmueble por la sociedad de gananciales —en 2001— y la fecha de transmisión —en 2025—; esto es, 24 años).

Caso práctico | Tributación del exceso no compensado por adjudicación de la vivienda habitual entre cónyuges en separación de bienes

PLANTEAMIENTO

Juanjo y Felisa, casados en régimen de separación de bienes, deciden divorciarse y van a repartirse de manera amistosa ciertos bienes que adquirieron conjuntamente durante el matrimonio, que les pertenecían al 50 %:

- La vivienda habitual del matrimonio, valorada en 130.000 euros.
- Un apartamento, valorado en 90.000 euros.

Están de acuerdo en que Felisa se quede con la vivienda y Juanjo con el apartamento, sin compensación alguna, por lo que se dirigen a la notaría para formalizarlo en escritura pública.

¿Tendrán que tributar por el ITPyAJD o por el ISD?

RESPUESTA

El reparto que quieren hacer las partes atribuye un exceso de adjudicación a Felisa de 40.000 euros, de carácter gratuito, puesto que no va a compensar económicamente a Juanjo, por eso, la transmisión no tributará en la modalidad de transmisiones patrimoniales onerosas del ITPyAJD. Además, dado que el exceso resulta de la adjudicación de la vivienda habitual del matrimonio por divorcio, tampoco tributará en el ISD como donación, según el criterio fijado por la sentencia del Tribunal Supremo n.º 963/2022, de 12 de julio, ECLI: ES:TS:2022:3083. Ahora bien, si se formaliza en escritura pública, el exceso sí tributará en la modalidad de actos jurídicos documentados del ITPyAJD.

En este caso, uno de los cónyuges percibe la vivienda, valorada en 130.000 euros, mientras que el otro solo recibe el apartamento de 90.000 euros, por lo que se generaría un exceso de adjudicación en favor del primero (de 40.000 euros).

En principio, y conforme al artículo 7.2.B) de la LITPyAJD, se considerarán transmisiones patrimoniales a efectos de liquidación y pago del impuesto en su modalidad de transmisiones patrimoniales onerosas, «los excesos de adjudicación declarados, salvo los que surjan de dar cumplimiento a lo dispuesto en los artículos 821, 829, 1.056 (segundo) y 1.062 (primero) del Código Civil y Disposiciones de Derecho Foral, basadas en el mismo fundamento». Ahora bien, en este caso, el exceso de adjudicación tiene un carácter gratuito (no va a ser compensado económicamente), por lo que, quedará fuera de la esfera del ITPyAJD en esta modalidad, planteándose su posible tributación como donación en el ISD.

No en vano, el artículo 3.1.b) de la LISD establece que constituirá el hecho imponible del impuesto la adquisición de bienes y derechos por donación o cualquier negocio jurídico a título gratuito e inter vivos.

Parece, por tanto, que Felisa tendría que tributar por los 40.000 euros en concepto de donación, por el ISD. Sin embargo, a este respecto debe considerarse la doctrina fijada por el Tribunal Supremo en su sentencia n.º 963/2022, de 12 de julio,

ECLI: ES:TS:2022:3083, que determina que el **exceso de adjudicación de la vivienda habitual a uno de los cónyuges, no compensado económicamente, no puede caracterizarse como una donación ni gravarse como tal**, al faltar, entre otros requisitos, el animus donandi y no existir un acto unilateral de voluntad de donar, por tratarse de un convenio bilateral y acordado entre los cónyuges que disuelven el matrimonio (y, con ello, el patrimonio común). Además, el Alto Tribunal también considera la previsión específica que, en sede de ITPyAJD, recoge el artículo 32.3 del RITPyAJD, cuando establece lo siguiente:

«3. Tampoco motivarán liquidación por la modalidad de "transmisiones patrimoniales onerosas" los excesos de adjudicación declarados que resulten de las adjudicaciones de bienes que sean efecto patrimonial de la disolución del matrimonio o del cambio de su régimen económico, cuando sean consecuencia necesaria de la adjudicación a uno de los cónyuges de la vivienda habitual del matrimonio».

Así las cosas, el fundamento de derecho tercero de la mencionada sentencia, fija los siguientes criterios interpretativos:

«1) Es aplicable a los excesos de adjudicación en casos de división de la cosa común el Texto refundido de la Ley del Impuesto sobre Transmisiones Patrimoniales y Actos Jurídicos Documentados, aprobado en Real Decreto Legislativo 1/1993, de 24 de septiembre -TRLITPyAJD-, así como su reglamento, Real Decreto 828/1995, de 29 de mayo, por el que se aprueba el Reglamento del Impuesto sobre Transmisiones Patrimoniales y Actos Jurídicos Documentados. Tal aplicabilidad descarta la caracterización del exceso de adjudicación como donación, así como su gravamen en tal concepto, al faltar, entre otros requisitos, el animus donandi.

2) Los excesos de adjudicación están específicamente regulados, con carácter general, esto es, al margen de que provengan de una disolución matrimonial o de otras causas de división de la cosa común, en el artículo 7.2.B) del TRLITPyAJD, excluyéndolos por tanto del ámbito objetivo del ISD.

3) Acotada la modalidad tributaria aplicable, el art. 32 del Reglamento del impuesto considera un caso de no sujeción -aunque podría ser controvertible que su naturaleza de exención, dada la fórmula empleada en el enunciado reglamentario, como este Tribunal Supremo ha señalado, en alguna ocasión, afirmando que se trata de una exención- el de los excesos de adjudicación declarados que resulten de las adjudicaciones de bienes que sean efecto patrimonial de la disolución del matrimonio o del cambio de su régimen económico, cuando sean consecuencia necesaria de la adjudicación a uno de los cónyuges de la vivienda habitual del matrimonio, como aquí sucede.

Efecto de la doctrina enunciada es la necesidad de declarar que no ha lugar al recurso de casación promovido, toda vez que la sentencia de instancia rechaza la impugnación, por la Generalidad de Cataluña, de la resolución del TEAR de Cataluña que aplicó el artículo 32 del RITP, pese a caracterizar como donación el exceso de adjudicación a la esposa examinado. Es más correcta, y determinante en todo caso del fallo de esta sentencia de casación, el criterio sostenido por la Sala homóloga de Cataluña, que descarta el carácter de donación del citado exceso de adjudicación, dada la falta de animus donandi y la ausencia de un acto unilateral de voluntad de donar, que no puede estar presente en un convenio que, por su propia esencia, es bilateral y convenido entre los cónyuges que disuelven el matrimonio y, con ello, el patrimonio común».

Por lo demás, y de formalizarse la extinción de los condominios sobre los inmuebles en escritura pública, en cuanto al exceso de adjudicación, la operación quedará **sujeta y no exenta de la cuota gradual del ITPyAJD en su modalidad de actos jurídicos documentados**, documentos notariales, en los términos que señala el artículo 31.2 de la LITPyAJD:

> «2. Las primeras copias de escrituras y actas notariales, cuando tengan por objeto cantidad o cosa valuable, contengan actos o contratos inscribibles en los Registros de la Propiedad, Mercantil, de la Propiedad Industrial y de Bienes Muebles no sujetos al Impuesto sobre Sucesiones y Donaciones o a los conceptos comprendidos en los números 1 y 2 del artículo 1 de esta Ley, tributarán, además, al tipo de gravamen que, conforme a lo previsto en la Ley 21/2001, de 27 de diciembre, por la que se regulan las medidas fiscales y administrativas del nuevo sistema de financiación de las Comunidades Autónomas de régimen común y Ciudades con Estatuto de Autonomía, haya sido aprobado por la Comunidad Autónoma.
>
> Si la Comunidad Autónoma no hubiese aprobado el tipo a que se refiere el párrafo anterior, se aplicará el 0,50 por 100, en cuanto a tales actos o contratos».

Caso práctico | Tratamiento en IRPF de compensación económica entre cónyuges en caso de divorcio en separación de bienes

PLANTEAMIENTO

Dos cónyuges en régimen de separación de bienes se divorcian y en virtud del convenio regulador de divorcio, ratificado judicialmente, uno de ellos compensa económicamente al otro en base al artículo 1438 del CC. ¿Cómo tributa ese pago para su perceptor? ¿Tributa como lo haría una pensión compensatoria (artículo 97 del CC) o estará exenta de acuerdo con el artículo 33.3 de la LIRPF?

RESPUESTA

La compensación prevista en el artículo 1438 del CC, establecida en sentencia o en el convenio ratificado judicialmente, no constituye renta para su perceptor ni reduce la base imponible del cónyuge obligado a satisfacerla [artículo 33.3.d) de la LIRPF].

El artículo 1438 del CC establece, en el marco del régimen de separación de bienes, que «los cónyuges contribuirán al sostenimiento de las cargas del matrimonio. A falta de convenio lo harán proporcionalmente a sus respectivos recursos económicos. El trabajo para la casa será computado como contribución a las cargas y dará derecho a obtener una compensación que el Juez señalará, a falta de acuerdo, a la extinción del régimen de separación».

Por lo que se refiere a la incidencia de esta clase de compensaciones en el IRPF, según el apartado 3.d) del artículo 33 de la LIRPF, se estimará que no existe ganancia o pérdida patrimonial:

> «d) En la extinción del régimen económico matrimonial de separación de bienes, cuando por imposición legal o resolución judicial se produzcan com-

pensaciones, dinerarias o mediante la adjudicación de bienes, por causa distinta de la pensión compensatoria entre cónyuges.

Las compensaciones a que se refiere esta letra d) no darán derecho a reducir la base imponible del pagador ni constituirá renta para el perceptor.

El supuesto al que se refiere esta letra d) no podrá dar lugar, en ningún caso, a las actualizaciones de los valores de los bienes o derechos adjudicados».

Así las cosas, y a los efectos del IRPF, la cuantía de la compensación prevista en el artículo 1438 del CC establecida en la sentencia o en el convenio ratificado judicialmente correspondiente al procedimiento de divorcio no constituye renta para su perceptor ni reduce la base imponible del cónyuge obligado a satisfacerla.

En este sentido se pronuncian, por ejemplo, las consultas vinculantes de la Dirección General de Tributos (V1523-24), de 20 de junio de 2024; (V0597-24), de 9 de abril de 2024; o (V3949-15), de 10 de diciembre de 2015.

Caso práctico | ¿Tributa la aportación de bienes privativos a la sociedad de gananciales en el ITPyAJD o en el ISD?

PLANTEAMIENTO

Dos cónyuges están casados en régimen de gananciales y uno de ellos quiere aportar gratuitamente a la sociedad de gananciales dos fincas rústicas que ha recibido por herencia de su abuelo (y que, por tanto, son privativas).

¿Esa aportación gratuita tributará en el ITPyAJD o en el ISD?

RESPUESTA

Como se trata de una operación lucrativa, no tributará en la modalidad de transmisiones patrimoniales onerosas del ITPyAJD, ni tampoco en el ISD por no ser la sociedad de gananciales sujeto pasivo de dicho impuesto. Ahora bien, la escritura pública que recoja la aportación de los inmuebles a la sociedad de gananciales quedará sujeta a la cuota gradual de la modalidad de actos jurídicos documentados del ITPyAJD, documentos notariales, al cumplirse los requisitos que exige el apartado 2 del artículo 31 de la LITPyAJD; aunque exenta por aplicación del artículo 45.I.B).3 de la LITPyAJD.

En relación con esta cuestión, la Dirección General de Tributos procedió a modificar su criterio previo en la consulta vinculante (V2921-21), de 19 de noviembre de 2021, de conformidad con la doctrina establecida por la sentencia del Tribunal Supremo n.° 295/2021, de 3 de marzo, ECLI:ES:TS:2021:1016, de la que se extraerían los siguientes aspectos básicos [consulta vinculante de la Dirección General de Tributos (V1955-24), de 17 de septiembre de 2024]:

«– La sociedad de gananciales se configura en nuestro ordenamiento jurídico como una comunidad en mano común o germánica; no existen, por tanto, cuotas, ni sobre los concretos bienes gananciales conformadores del patrimonio conjunto, ni sobre este; los cónyuges no son dueños de la mitad de los bienes comunes, sino que ambos son titulares conjuntamente del patrimonio ganancial, globalmente. Existe, pues, un patrimonio ganancial de titularidad compartida por los cónyuges el cual, carente de personalidad jurídica, no es sujeto, sino objeto del derecho, constituyendo un patrimonio separado distinto del patrimonio privativo de cada uno de los cónyuges, y que funciona como un régimen de comunidad de adquisiciones.

– La aportación de bienes privativos a la sociedad de gananciales se configura como un negocio jurídico atípico en el ámbito del Derecho de familia, que tiene una causa propia, distinta de los negocios jurídicos habituales traslativos del dominio, conocida como "causa matrimonii", en la que cabe distinguir como nota diferencial de aquellos negocios su peculiar régimen de afección, en tanto que a los bienes gananciales se le somete a un régimen especial respecto a su administración, disposición, cargas, responsabilidades y liquidación, es decir la nota predominante de dicho negocio jurídico no es tanto la mera liberalidad, sino la intención de ampliar el patrimonio separado que conforma la sociedad de gananciales para atender más satisfactoriamente las necesidades familiares.

– Por ello, la aportación gratuita de bienes privativos a la sociedad de gananciales, en modo alguno constituye una donación al otro cónyuge, pues en ningún momento el bien aportado llega a formar parte del patrimonio privativo del otro cónyuge ni a ser copropiedad de ambos cónyuges, sino que la destinataria del acto de disposición, la beneficiaria de la aportación, es la sociedad de gananciales, esto es, el patrimonio separado que es la comunidad de gananciales».

Por lo tanto, al no tratarse de un negocio jurídico oneroso, la aportación gratuita de bienes a la sociedad de gananciales es un supuesto no contemplado ni sujeto a la modalidad de transmisiones patrimoniales onerosas del ITPyAJD, de acuerdo con el artículo 7.1.A) de la LITPyAJD.

En esa medida, se plantea su posible encaje en el artículo 3.1.b) de la LISD, que configura como hecho imponible del ISD «la adquisición de bienes y derechos por donación o cualquier otro negocio jurídico a título gratuito, "intervivos"»; si bien el artículo 1 de la LISD especifica que dicho impuesto «grava los incrementos patrimoniales obtenidos a título lucrativo por personas físicas, en los términos previstos en la presente Ley». Así las cosas, y dado que la sociedad de gananciales constituye un patrimonio separado, carente de personalidad jurídica, no puede ser sujeto pasivo del ISD.

Es cierto que el apartado 4 del artículo 35 de la LGT establece que tendrán la consideración de obligados tributarios «las herencias yacentes, comunidades de bienes y demás entidades que, carentes de personalidad jurídica, constituyan una unidad económica o un patrimonio separado susceptibles de imposición», pero esa posibilidad se supedita a que una norma con rango de ley así lo prevea expresamente, cosa que en este caso no sucedería. Como consecuencia de ello, la sociedad de gananciales, que es quien recibiría el bien privativo aportado de manera gratuita, no podría ser sujeto de gravamen por el ISD, tal como apunta la ya citada sentencia del Tribunal Supremo n.º 295/2021, de 3 de marzo, ECLI:ES:TS:2021:1016:

«(...) la aportación a título gratuito por un cónyuge de un bien privativo a su sociedad de gananciales no se encuentra sujeta al ITPAJD, ni puede ser sometida a gravamen por el Impuesto sobre Donaciones la sociedad de gananciales, como patrimonio separado, en tanto que sólo puede serlo las personas físicas y aquellas instituciones o entes que especialmente se prevea legalmente, sin que exista norma al efecto respecto de la sociedades de gananciales, y sin que quepa confundir la operación que nos ocupa, en la que el beneficiario es la sociedad de gananciales, con la aportación a título gratuito por un cónyuge de un bien privativo a favor del otro cónyuge».

A TENER EN CUENTA. Si la transmisión fuera onerosa, sí estaría sujeta al ITP-yAJD en su modalidad de transmisiones patrimoniales onerosas, aunque exenta de conformidad con el artículo 45.I.B).3 de la LITPyAJD. Así lo contempla, por ejemplo, la consulta vinculante de la DGT (V0533-24), de 9 de abril de 2024.

Con todo, conviene no olvidar que la escritura pública que recoja la aportación a la sociedad de gananciales quedará sujeta a la cuota gradual de la modalidad de actos jurídicos documentados del ITPyAJD, documentos notariales, al cumplirse los requisitos que exige el artículo 31.2 de la LITPyAJD; si bien exenta por aplicación del artículo 45.I.B).3 de la LITPyAJD.

Caso práctico | ¿Se genera una ganancia o pérdida patrimonial en el IRPF con la aportación gratuita de un bien privativo a la sociedad de gananciales?

PLANTEAMIENTO

Un matrimonio está casado en régimen de gananciales. El marido hereda un inmueble y lo aporta gratuitamente a la sociedad de gananciales.

¿Esa aportación gratuita generará una ganancia patrimonial en el IRPF del cónyuge aportante?

RESPUESTA

Según el criterio sentado por el TEAC en su resolución n.º 2024/2023, de 23 de enero de 2024, la aportación de un bien privativo realizada por uno de los cónyuges a la sociedad de gananciales que, a los efectos del IRPF, pasa a considerarse de titularidad de ambos cónyuges por mitad, puede generar una ganancia o pérdida patrimonial de acuerdo con el artículo 33.1 de la LIRPF. La ganancia o pérdida patrimonial será la diferencia entre los valores de transmisión y de adquisición de la mitad del bien aportado, determinados en la forma prevista en los artículos 35 y 36 de la LIRPF. Ahora bien, en caso de obtenerse una pérdida patrimonial, no procederá computar la misma, de conformidad con el artículo 33.5.c) de la LIRPF.

La resolución del Tribunal Económico-Administrativo Central n.º 2024/2023, de 23 de enero de 2024, ha unificado criterio en el siguiente sentido:

> «La aportación realizada por uno de los cónyuges a la sociedad de gananciales de un bien privativo que, a efectos del IRPF, se considera tras dicha aportación de titularidad de ambos cónyuges por mitad, supone para el aportante una alteración en la composición de su patrimonio capaz de generar una ganancia o pérdida patrimonial en el IRPF de acuerdo con lo establecido en el artículo 33.1 de la LIRPF, que se determinará, en virtud del artículo 34 de la LIRPF, por la diferencia entre los valores de adquisición y transmisión de la mitad del bien aportado, valores que vienen definidos en los artículos 35 y 36 de la LIRPF para las transmisiones onerosas y lucrativas respectivamente».

A juicio del TEAC, del artículo 11 de la LIRPF se infiere que **la individualización de rentas en el IRPF atiende al criterio del origen o fuente de las mismas**, con independencia de cuál sea el régimen económico del matrimonio. Así, por ejemplo, los rendimientos del capital derivados de la titularidad de elementos patrimoniales de carácter ganancial se atribuyen en el IRPF por mitad a cada uno de los cónyuges;

y, ello, a pesar de que, conforme a la naturaleza jurídica de la sociedad de gananciales expuesta en la sentencia del Tribunal Supremo n.º 295/2021, de 3 de marzo, ECLI:ES:TS:2021:1016, los cónyuges no son dueños de la mitad de dichos elementos patrimoniales (sino que ambos son titulares conjuntamente del patrimonio ganancial). Lo mismo sucedería con las ganancias de patrimonio, que, si derivan de un elemento patrimonial de carácter ganancial, se imputarán por mitad a cada uno de los cónyuges, aunque, desde el punto de vista del derecho civil, los cónyuges no son dueños de la mitad de dicho elemento patrimonial. Justamente por esa razón, y con independencia de la naturaleza jurídica de la sociedad de gananciales, el TEAC concluye que «a efectos de la tributación en el IRPF de las distintas fuentes de renta hay que estar a lo que disponga la LIRPF y su reglamento de desarrollo, y sólo supletoriamente a lo que establezca el derecho común».

En ese mismo sentido, por ejemplo, la Dirección General de Tributos en su consulta vinculante (V2218-24), de 15 de octubre de 2024, establece:

«(...) el párrafo tercero del apartado 3 del artículo 11 de la Ley del Impuesto, referido a la individualización de los rendimientos de capital, y aplicable a las ganancias y pérdidas patrimoniales por la remisión efectuada por el apartado 5 de ese artículo al referido apartado 3, dispone:
"La titularidad de los bienes y derechos que conforme a las disposiciones o pactos reguladores del correspondiente régimen económico matrimonial, sean comunes a ambos cónyuges, se atribuirá por mitad a cada uno de ellos, salvo que se justifique otra cuota de participación."
En consecuencia, a efectos del impuesto, como la sociedad de gananciales no tiene la consideración de contribuyente, los sujetos pasivos del Impuesto serán los cónyuges, de acuerdo con lo establecido en el citado artículo 8 de la Ley del Impuesto.
Por su parte, al establecer el artículo 11.3 de la Ley del Impuesto que, a efectos del mismo, la titularidad de los bienes y derechos de la sociedad de gananciales, se atribuirá por mitad a cada uno de ellos, **como el aportante y el adquirente del 50 por 100 del porcentaje de titularidad aportado a la sociedad de gananciales son la misma persona, por el 50 por 100 de la aportación no se produce ninguna transmisión, sin embargo, sí se produciría por la parte que corresponde al cónyuge no aportante (50%)**.
De acuerdo con ambos preceptos, la aportación realizada por uno de los cónyuges a la sociedad de gananciales de un bien de su exclusiva titularidad que, a efectos del Impuesto y por aplicación del citado artículo 11.3 de la Ley del Impuesto, se considera tras la aportación de titularidad de ambos cónyuges por mitad, constituirá en el aportante una alteración en la composición de su patrimonio, que generará una ganancia o pérdida patrimonial en el Impuesto sobre la Renta de las Personas Físicas, de acuerdo con lo establecido en el artículo 33.1 de la Ley del Impuesto».

Por lo tanto, la **aportación realizada por uno de los cónyuges a la sociedad de gananciales de un bien de su exclusiva titularidad que, a efectos del IRPF y conforme al artículo 11.3 de la LIRPF, se considera tras la aportación de titularidad de ambos cónyuges por mitad, supondrá para el aportante** una alteración en la composición de su patrimonio, que generará una **ganancia o pérdida patrimonial**, de acuerdo con el artículo 33.1 de la LIRPF. No en vano, dicho precepto establece que son ganancias y pérdidas patrimoniales las variaciones en el valor del patrimonio del contribuyente que se pongan de manifiesto con ocasión de cualquier alteración en la composición de aquel, salvo que por la LIRPF se califiquen como rendimientos.

La ganancia o pérdida patrimonial será la **diferencia entre los valores de transmisión y de adquisición de la mitad del bien aportado, determinados en la forma prevista en los artículos 35 y 36 de la LIRPF,** para las transmisiones onerosas o lucrativas, respectivamente. El primero de ellos establece lo siguiente:

«1. El valor de adquisición estará formado por la suma de:

a) El importe real por el que dicha adquisición se hubiera efectuado.

b) El coste de las inversiones y mejoras efectuadas en los bienes adquiridos y los gastos y tributos inherentes a la adquisición, excluidos los intereses, que hubieran sido satisfechos por el adquirente.

En las condiciones que reglamentariamente se determinen, este valor se minorará en el importe de las amortizaciones.

2. El valor de transmisión será el importe real por el que la enajenación se hubiese efectuado. De este valor se deducirán los gastos y tributos a que se refiere la letra b) del apartado 1 en cuanto resulten satisfechos por el transmitente.

Por importe real del valor de enajenación se tomará el efectivamente satisfecho, siempre que no resulte inferior al normal de mercado, en cuyo caso prevalecerá éste».

Y, por su parte, el artículo 36 de la LIRPF, aplicable a las transmisiones a título gratuito, señala:

«Cuando la adquisición o la transmisión hubiera sido a título lucrativo se aplicarán las reglas del artículo anterior, tomando por importe real de los valores respectivos aquéllos que resulten de la aplicación de las normas del Impuesto sobre Sucesiones y Donaciones, sin que puedan exceder del valor de mercado.

(...)».

En caso **de obtenerse una pérdida patrimonial, no procederá computar la misma**, a tenor del artículo 33.5.c) de la LIRPF, que establece que no se computarán como pérdidas patrimoniales «las debidas a transmisiones lucrativas por actos ínter vivos o a liberalidades». En este sentido, puede acudirse a la consulta vinculante de la DGT (V1819-24), de 19 de julio de 2024.

El importe de la **ganancia patrimonial se integrará en la base imponible del ahorro** en los términos del artículo 49 de la LIRPF.

Caso práctico | ITPyAJD en adquisición de bien privativo por permuta derivada de divorcio en régimen de separación de bienes

PLANTEAMIENTO

Clara está casada con Marcos en régimen de separación de bienes. Ambos son propietarios al 50 % de un inmueble y, además, Marcos es propietario de otro inmueble al 100 %, que fue abonado con dinero de Clara y actualmente constituye el domicilio familiar.

En la actualidad se encuentran en proceso de divorcio y han acordado que Marcos se quede con el inmueble que ambos poseen al 50 % y Clara con el inmueble que constituye el domicilio familiar.

Al respecto, Clara quiere saber si la adquisición del inmueble que constituye el domicilio familiar tributa en el ITPyAJD.

RESPUESTA

Sí, la adquisición por parte de Clara del bien privativo de Marcos es una operación sujeta a la modalidad de transmisiones patrimoniales onerosas del ITPyAJD, sin que en la normativa del mismo se contemple exención aplicable a tal supuesto. Dicha permuta implica la existencia de dos transmisiones de inmuebles sujetas a ITPyAJD.

El artículo 7.1.A) de la LITPyAJD establece que se consideran transmisiones patrimoniales sujetas al ITPyAJD aquellas transmisiones onerosas por actos inter vivos «de toda clase de bienes y derechos que integren el patrimonio de las personas físicas o jurídicas».

Por su parte el artículo 8 de la LITPyAJD indica:

> «Estará obligado al pago del Impuesto a título de contribuyente, y cualesquiera que sean las estipulaciones establecidas por las partes en contrario:
> a) En las transmisiones de bienes y derechos de toda clase, el que los adquiere».

En este supuesto concreto nos encontramos ante una permuta entre cónyuges, pues se adquiere un bien inmueble a cambio de otro, por lo que se ha de estar a lo dispuesto en el artículo 23 del RITPyAJD, que regula las permutas de bienes o derechos indicando que «tributará cada permutante por el valor comprobado de los que adquiera, salvo que el declarado sea mayor o resulte de aplicación lo dispuesto en el artículo 21 anterior, y aplicando el tipo de gravamen que corresponda a la naturaleza mueble o inmueble de los bienes o derechos adquiridos».

Al respecto puede resultar de interés la consulta vinculante de la Dirección General de Tributos (V0458-24), de 19 de marzo de 2024.

Caso práctico | ¿Hay ganancia o pérdida patrimonial en el IRPF a la extinción del régimen económico matrimonial de participación?

PLANTEAMIENTO

Félix y Mateo, que estaban casados en régimen económico matrimonial de participación, se divorcian y proceden a la liquidación de dicho régimen. Uno de ellos debe abonar al otro 45.000 euros de participación en sus ganancias, cantidad que podría abonarse en metálico o mediante entrega de un bien inmueble, sin actualización de valores.

¿Cómo tributará la liquidación del régimen de participación en el IRPF de quien recibe los 45.000 euros o el inmueble?

RESPUESTA

La extinción del régimen económico matrimonial de participación y la posterior adjudicación al cónyuge de su participación en dicho régimen de acuerdo con su cuota no constituye ninguna alteración en la composición de su patrimonio que pueda dar lugar a una ganancia o pérdida patrimonial a los efectos de su IRPF, de acuerdo con el artículo 33.2 de la LIRPF. En caso de adjudicación de un bien inmueble en pago de su cuota de participación, tampoco existirá ganancia o pérdida patrimonial, siempre que no se produzca una actualización de su valor de adquisición originario o, en caso de actualización, si no existe una diferencia positiva entre el valor de adjudicación y el de adquisición.

El régimen de participación se regula en los artículos 1411 y siguientes del CC, conceptuándose, según el primero de ellos, como aquel régimen económico matrimonial en el que cada uno de los cónyuges adquiere derecho a participar en las ganancias obtenidas por su consorte durante el tiempo en que dicho régimen haya estado vigente. En él, a cada cónyuge le corresponderá la administración, el disfrute y la libre disposición de los bienes que le pertenecían en el momento de contraer matrimonio y también de los que después pueda adquirir por cualquier título; aunque lo que se adquiera conjuntamente, pertenecerá en proindiviso ordinario a ambos cónyuges.

Una vez que se extinga el régimen, las ganancias se determinarán por las diferencias entre los patrimonios inicial y final de cada uno, en los términos que regula el Código Civil, pudiendo pagarse el crédito de participación mediante adjudicación de bienes concreto si existe acuerdo o se establece judicialmente a petición fundada del deudor.

Conforme al apartado 1 del artículo 33 de la LIRPF, son ganancias o pérdidas patrimoniales las variaciones en el valor del patrimonio del contribuyente, que se pongan de manifiesto con ocasión de cualquier alteración en su composición, salvo que la propia norma las califique como rendimientos. Ahora bien, se estimará que no existe alteración en la composición del patrimonio, según el apartado 2 de dicho precepto:

«a) En los supuestos de división de la cosa común.

b) En la disolución de la sociedad de gananciales o en la extinción del régimen económico matrimonial de participación.

c) En la disolución de comunidades de bienes o en los casos de separación de comuneros.

Los supuestos a que se refiere este apartado no podrán dar lugar, en ningún caso, a la actualización de los valores de los bienes o derechos recibidos».

Así las cosas, y tal y como especifica la consulta vinculante de la Dirección General de Tributos (V1028-19), de 10 de mayo de 2019, «*la extinción del régimen económico matrimonial de participación y la posterior adjudicación al consultante de su correspondiente participación en dicho régimen, no constituye ninguna alteración en la composición de su patrimonio que pudiera dar lugar a una ganancia o pérdida patrimonial, siempre y cuando la adjudicación se corresponda con su respectiva cuota de participación, y en caso de adjudicación de un bien inmueble en pago de su cuota de participación, hay que atender a su valor de mercado, conservando el bien adjudicado el valor y fecha de adquisición originario*».

2.
LA DECLARACIÓN DE LA RENTA DE LOS EXCÓNYUGES

La incidencia que la separación o el divorcio puede tener a los efectos del IRPF

La separación o el divorcio matrimonial (y también la separación de la pareja de hecho con hijos comunes) suele conllevar el establecimiento de una serie de **medidas que buscan regular los efectos derivados de la ruptura, tanto en el ámbito puramente patrimonial como en el personal.**

En este apartado nos centraremos en el análisis de las consecuencias fiscales que, a los efectos del Impuesto sobre la Renta de las Personas Físicas (IRPF), se derivarán de las **pensiones por alimentos o compensatorias** que puedan establecerse en el marco de la separación o el divorcio (tanto desde el punto del perceptor como del pagador). Asimismo, también se analizará la incidencia de este cambio en las circunstancias personales y familiares con respecto a una serie de opciones u beneficios de los que pueden aprovecharse los contribuyentes a la hora de presentar su declaración de la renta: la aplicación del **mínimo por descendientes** y la **tributación conjunta con los hijos**.

2.1. Pensión de alimentos

Incidencia en la declaración de la renta de las pensiones de alimentos tras separación o divorcio

La nulidad, la separación o el divorcio de los cónyuges no exime a los padres de sus obligaciones para con los hijos, estando ambos progenitores obligados a prestarles alimentos incluso aunque hayan sido privados de la patria potestad. Así, **tanto en los supuestos de separación o divorcio de mutuo acuerdo como en los procedimientos contenciosos, una de las medidas que se adoptará para regular los efectos derivados de la ruptura de la pareja consistirá en la fijación de una pensión de alimentos a favor de los hijos,** normalmente a cargo de aquel progenitor que no los tenga consigo.

No en vano, el artículo 90 del CC, que establece el contenido mínimo del convenio regulador a este respecto, indica que, entre otros extremos, en él se deberá incluir «la contribución a las cargas del matrimonio y alimentos, así como sus bases de actualización y garantías en su caso» [letra d) de su primer apartado]. A su vez, el artículo 93 del CC especifica lo siguiente:

> «El Juez, en todo caso, determinará la contribución de cada progenitor para satisfacer los alimentos y adoptará las medidas convenientes para asegurar la efectividad y acomodación de las prestaciones a las circunstancias económicas y necesidades de los hijos en cada momento.
>
> Si convivieran en el domicilio familiar hijos mayores de edad o emancipados que carecieran de ingresos propios, el Juez, en la misma resolución, fijará los alimentos que sean debidos conforme a los artículos 142 y siguientes de este Código».

En esa medida, es importante conocer las implicaciones que el abono de la pensión de alimentos a los hijos supone en el ámbito del IRPF, tanto para el progenitor que la satisface como para aquellos que la perciben.

Incidencia en la declaración de la renta para los hijos perceptores de una pensión de alimentos

De conformidad con el **artículo 7.k) de la LIRPF**, están **exentas** las **anualidades por alimentos percibidas de los padres**:

- En virtud del **convenio regulador** a que se refiere el artículo 90 del Código Civil, o del convenio equivalente previsto en los ordenamientos de las comunidades autónomas, aprobado por la autoridad judicial o formalizado ante el letrado o letrada de la Administración de Justicia.

- En **escritura pública** ante notario, con independencia de que dicho convenio derive o no de cualquier medio adecuado de solución de controversias legalmente previsto.

- En virtud de **decisión judicial**, en supuestos distintos de los anteriores.

A TENER EN CUENTA. La redacción de la letra k) del artículo 7 de la LIRPF a la que acaba de hacerse referencia es la resultante de la modificación operada por la Ley Orgánica 1/2025, de 2 de enero, con entrada en vigor el 3 de abril de 2025. Antes de esta reforma, el tenor de la norma simplemente declaraba exentas las «anualidades por alimentos percibidas de los padres en virtud de decisión judicial»; pero, tras la Ley 15/2015, de 2 de julio, de la Jurisdicción Voluntaria, que reguló la separación o divorcio de mutuo acuerdo fuera del ámbito judicial, ya se consideraba que la previsión comprendía también las pensiones fijadas en el convenio regulador formulado ante el letrado de la Administración de Justicia o en escritura pública ante notario (apartado segundo de la D.A. 1.ª de la LJV). Por lo tanto, aunque a simple vista pueda parecer que la LO 1/2025, de 2 de enero, amplió el ámbito de aplicación de la exención, lo que realmente hizo fue consagrar en la norma el mismo criterio que ya se venía sosteniendo con carácter previo por la doctrina y la jurisprudencia.

Incidencia en la declaración de la renta para el pagador de la pensión de alimentos a los hijos

Las anualidades por alimentos a favor de los hijos que pueda satisfacer un progenitor no reducen su base imponible general del IRPF. Sin embargo, los **artículos 64 y 75 de la LIRPF** contemplan una serie de especialidades aplicables en relación con ellas, a los efectos del cálculo de la cuota íntegra del impuesto, con el objetivo de limitar la progresividad de las escalas de gravamen.

El artículo 64 de la LIRPF establece que los **contribuyentes que satisfagan las anualidades por alimentos a sus hijos previstas en la letra k) del artículo 7 de la LIRPF (exentas) sin derecho a la aplicación por estos últimos del mínimo por descendientes** del artículo 58 de la LIRPF, cuando el **importe de aquellas sea inferior a la base liquidable general, aplicarán la escala prevista en el apartado 1.1.º del artículo 63 de la LIRPF separadamente al importe de las anualidades por alimentos y al resto de la base liquidable general**. La cuantía total resultante se minorará en el importe derivado de aplicar la escala prevista en dicho artículo 63.1.1.º de la LIRPF, a la parte de la base liquidable general correspondiente al **mínimo personal y familiar incrementado en 1.980 euros anuales**, sin que pueda resultar negativa como consecuencia de tal minoración

A su vez, el artículo 75 de la LIRPF se pronuncia en términos análogos, a los efectos del cálculo de la cuota íntegra autonómica.

A TENER EN CUENTA. Los artículos 64 y 75 de la LIRPF han sido modificados por la Ley Orgánica 1/2025, de 2 de enero, con entrada en vigor el 3 de abril de 2025, para coordinarlos con los cambios introducidos en el artículo 7.k) de la LIRPF (antes vistos). Lo que se hizo fue simplemente incorporar una referencia genérica a las anualidades por alimentos a los hijos previstas en la letra k) del artículo 7 de la LIRPF, sin modificar en realidad el contenido de la norma.

Por otra parte, a los efectos de este régimen de especialidades, **solo se podrá tener en cuenta el importe de la anualidad por alimentos que haya sido efectivamente satisfecha**, habida cuenta de lo dispuesto en el artículo 142 del CC, a cuyo tenor:

> «Se entiende por alimentos todo lo que es indispensable para el sustento, habitación, vestido y asistencia médica.
> Los alimentos comprenden también la educación e instrucción del alimentista mientras sea menor de edad y aun después cuando no haya terminado su formación por causa que no le sea imputable.
> Entre los alimentos se incluirán los gastos de embarazo y parto, en cuanto no estén cubiertos de otro modo».

En definitiva, citando la consulta vinculante de la DGT (V2201-24), de 14 de octubre de 2024, cabe afirmar que «(...) *mientras exista la obligación por parte del consultante, de pagar la pensión de alimentos a favor de su hija, éste podrá aplicar las especialidades establecidas en los artículos 64 y 75 de la Ley del Impuesto en su declaración de IRPF, siempre que satisfaga efectivamente las anualidades que se fijen en dicho convenio, y se cumplan todos los requisitos legales para ello - que satisfaga anualidades por alimentos a su hija por decisión judicial sin derecho a la aplicación por esta última del mínimo por descendientes previsto en el artículo 58 de la LIRPF-».*

Así las cosas, si la pensión de alimentos se establece, por ejemplo, en un convenio regulador ratificado judicialmente, este régimen de especialidades por alimentos únicamente podrá aplicarse con respecto al importe que se fije en dicho convenio regulador (gastos ordinarios y extraordinarios), y siempre que el mismo sea efectivamente abonado. A estos efectos, la justificación del pago de la pensión de alimentos y la prueba del gasto es una cuestión de hecho que tendrá que acreditarse por cualquier medio de prueba válido en derecho, de acuerdo con los artículos 105 y 106 de la LGT.

Finalmente, con respecto a la aplicación de estas especialidades en caso de anualidades por alimentos a favor de los hijos, conviene tener en cuenta lo siguiente:

- En los supuestos de guarda y custodia compartida de los hijos tras una sentencia de nulidad, separación o divorcio, el derecho a la aplicación del mínimo por descendientes del artículo 58 LIRPF corresponde a ambos progenitores por partes iguales, con independencia del tiempo concreto de convivencia con uno u otro (resolución del Tribunal Económico-Administrativo Central n.º 8646/2022, de 29 de mayo de 2023).

- Tras la entrada en vigor de la Ley 26/2014, de 27 de noviembre, **no resulta posible la aplicación simultánea, en el mismo período impositivo, del mínimo por descendientes del artículo 58 de la LIRPF y del régimen previsto para las anualidades por alimentos en favor de los hijos** por decisión judicial en los artículos 64 y 75 de la LIRPF (resolución del Tribunal Económico-Administrativo Central n.º 10590/2022, de 29 de mayo de 2023). De ese modo:

  » Los progenitores que tengan asignada la **guarda y custodia compartida** de los hijos tendrán derecho a la aplicación del **mínimo por descendientes**, que se prorrateará por partes iguales, no siendo posible la aplicación del régimen previsto para las anualidades por alimentos por el progenitor que, en su caso, las satisfaga.

  » El progenitor que satisfaga anualidades por alimentos en favor de los hijos y que **no tenga asignada su guarda y custodia**, ni siquiera de forma compartida, aplicará el **régimen previsto para las anualidades por alimentos,** pero no el mínimo por descendientes.

  » El progenitor que, **sin tener asignada la guarda y custodia de los hijos, ni siquiera de forma compartida, y sin satisfacer anualidades por alimentos** en favor de estos por decisión judicial, contribuye, no obstante, a su **mantenimiento económico**, tendrá derecho a la aplicación del **mínimo por descendientes** con base en el criterio de dependencia al que se refiere el artículo 58 de la LIRPF (mínimo que deberá ser prorrateado por partes iguales con el progenitor que tenga la guarda y custodia).

CUESTIONES

1. El progenitor que no tiene asignada la guarda y custodia de los hijos ni convive con ellos en ninguna medida, pero que abona la pensión de alimentos fijada en resolución judicial, ¿puede aplicar las especialidades previstas en los artículos 64 y 75 de la LIRPF y aplicar al mismo tiempo el mínimo por descendientes?

Siguiendo el criterio sentado por la resolución del Tribunal Económico-Administrativo Central n.º 10590/2022, de 29 de mayo de 2023, ese progenitor aplicará el régimen previsto para las anualidades por alimentos, pero no el mínimo por descendientes.

2. Si el progenitor que satisface las anualidades por alimentos a los hijos percibe rendimientos del trabajo, ¿cómo se calcularán las retenciones a practicar sobre tales rendimientos?

Cuando el perceptor de rendimientos del trabajo satisfaga anualidades por alimentos en favor de los hijos, sin derecho a la aplicación por estos del mínimo por descendientes del artículo 58 de la LIRPF, y siempre que su importe sea inferior a la base para calcular el tipo de retención, según el **artículo 85.2 del RIRPF** se practicarán, sucesivamente, las siguientes operaciones para calcular su cuota de retención:

– Primero, se aplicará la escala prevista en el artículo 85.1.1.º del RIRPF separadamente al importe de dichas anualidades y al resto de la base para calcular el tipo de retención.

– En segundo lugar, la cuantía total resultante se minorará en el importe derivado de aplicar dicha escala al importe del mínimo personal y familiar para calcular el tipo de retención incrementado en 1.980 euros anuales, sin que pueda resultar negativa como consecuencia de tal minoración.

A tal fin, el contribuyente deberá poner en conocimiento de su pagador tal circunstancia, en la forma prevista en el artículo 88 del RIRPF.

RESOLUCIONES ADMINISTRATIVAS

Consulta vinculante de la Dirección General de Tributos (V0725-24), de 16 de abril de 2024

Asunto: aplicación de las especialidades de los artículos 64 y 75 de la LIRPF en caso de progenitor divorciado, sin custodia compartida y con régimen de visitas establecido, que satisface pensión de alimentos a sus dos hijos.

«(...) el Tribunal Económico-Administrativo Central, en adelante TEAC, en el recurso extraordinario de alzada para la unificación de criterio (00/10590/2022/00/00), ha establecido el siguiente criterio en resolución de 29 de mayo de 2023:

(...)

En este caso, no se adjunta al escrito de consulta, la sentencia judicial de divorcio ni el convenio regulador aprobado por dicha sentencia. No obstante, para resolver esta consulta, se parte de la premisa de que el consultante no tiene asignada la guarda y custodia de sus dos hijos, ni siquiera de forma compartida, y que está satisfaciendo anualidades por alimentos en favor de sus dos hijos por decisión judicial.

Por tanto, partiendo de dicha premisa, y en base al criterio establecido en la resolución del TEAC de 29 de mayo de 2023 que se acaba de reproducir, el consultante debe aplicar el régimen previsto para las anualidades por alimentos, pero no el mínimo por descendientes en su declaración de IRPF del ejercicio 2023 respecto a sus dos hijos. Por tanto, tampoco podrá aplicar el mínimo por discapacidad, ni la deducción por descendiente con discapacidad a cargo respecto a su hijo con discapacidad».

Consulta vinculante de la Dirección General de Tributos (V0510-25), de 28 de marzo de 2025

Asunto: incompatibilidad del mínimo por descendientes y las especialidades de los artículos 64 y 75 de la LIRPF, e imposibilidad de optar entre uno y otro según el criterio fijado por el TEAC a mediados de 2023.

«En este sentido, tal como se recoge en los fundamentos de derecho de la resolución para la unificación de criterio del TEAC de 29 de mayo de 2023:

"Resulta claro, pues, en nuestra opinión, que la nueva redacción dada a los artículos 58, 64 y 75 de la LIRPF por la Ley 26/2014 establece una incompatibilidad entre el mínimo por descendientes y las especialidades de los artículos 64 y 75 de la LIRPF referidas a las anualidades por alimentos en favor de los hijos por decisión judicial.

De modo que el progenitor con derecho al mínimo por descendientes que satisface anualidades por alimentos en favor de los hijos por decisión judicial no podrá aplicar las especialidades de los artículos 64 y 75 de la LIRPF. Y es que, en efecto, estos últimos preceptos reconocen el derecho a la atenuación de las escalas de gravamen estatal y autonómica a los contribuyentes 'que satisfagan anualidades por alimentos a sus hijos por decisión judicial sin derecho a la aplicación por estos últimos del mínimo por descendientes', por lo que el progenitor con derecho al mínimo por descendientes deberá aplicar este último y no podrá beneficiarse de lo dispuesto en los artículos 64 y 75 de la LIRPF.

Adviértase, pues, que la incompatibilidad entre incentivos fiscales no permite al progenitor que tiene derecho al mínimo por descendientes (por tener la guarda y custodia compartida, como en el caso que nos ocupa) y que también satisface anualidades por alimentos en favor de los hijos por decisión judicial (como sucede también en el supuesto aquí examinado) optar entre dicho mínimo o las especialidades de los artículos 64 y 75 de la LIRPF. Según el tenor literal de estos preceptos los contribuyentes que satisfagan anualidades por alimentos a sus hijos por decisión judicial sin derecho a la aplicación por estos últimos del mínimo por descendientes, aplicarán las especialidades contempladas en ellos para la atenuación de la escala de gravamen, por lo que, a contrario sensu, si tal derecho existe, como efectivamente sucede en el caso que se examina al tener el progenitor la guarda y custodia de los hijos de modo compartido, entonces han de aplicar necesariamente el mínimo por descendientes. Si el legislador hubiera querido permitir la opción entre uno u otro incentivo fiscal lo habría hecho, utilizando una expresión para los artículos 64 y 75 de la LIRPF del tipo siguiente: 'Los contribuyentes que satisfagan anualidades por alimentos a sus hijos por decisión judicial y no tengan derecho a la aplicación por estos últimos del mínimo por descendientes previsto en el artículo 58 de esta Ley o, teniéndolo, opten por no acogerse a él...', pero no es el caso.

En definitiva, pues, el progenitor que tiene la guarda y custodia exclusiva o compartida de los hijos y satisface alimentos por decisión judicial tiene derecho al mínimo por descendientes pero no a las especialidades de los artículos 64 y 75 de la LIRPF. En este sentido se ha pronunciado el TEAR de Murcia (Resolución de 28/10/2022 (RG 30-3005-2021)), el TEAR de Aragón (Resoluciones de 30/10/2020 (RG 22-56-2020 y ac) y de 30/4/2021 (RG 50-1970-2018 y 50-1879-2018)), el TEAR de Valencia (Resolución de 27/7/2022 (RG 03-1855-2021)) y el TEAR de Extremadura (RG 10-304-2021). Criterio asimismo mantenido por la Dirección General de Tributos, entre otras, en Consulta V2365-17 de 18/9/2017".

(...)

De acuerdo con lo anterior, en el presente caso, mientras el consultante ha tenido la guarda y custodia compartida por decisión judicial, respecto al hijo objeto de consulta mientras este ha sido menor de edad, sí que ha tenido derecho a la aplicación del mínimo por descendientes, prorrateándose por partes iguales entre ambos progenitores, y, en

> *consecuencia, no tiene derecho en ningún caso a aplicarse la especialidad aplicable para el cálculo del Impuesto, establecida en los artículos 64 y 75 de la Ley del Impuesto.*
>
> *Por otra parte, en caso de que se extinga la guarda y custodia sobre un hijo por alcanzar este la mayoría de edad se seguirá aplicando el mínimo por descendientes mientras que el contribuyente progenitor de que se trate mantenga la convivencia con el hijo.*
>
> *Por tanto, dado que, en este caso, se ha extinguido la guarda y custodia sobre el hijo objeto de consulta por ser este mayor de edad, su madre, que es la progenitora que convive con dicho hijo, puede aplicar el mínimo por descendientes por este, mientras que su padre -el consultante-, no tiene derecho a aplicar el mínimo por descendientes dado que no mantiene la convivencia con su hijo mayor».*

Incidencia en la declaración de la renta de pagador y perceptor en caso de pensión de alimentos abonada a persona distinta de los hijos

En el epígrafe anterior se abordó el régimen aplicable con respecto a las pensiones de alimentos que un progenitor pueda abonar a sus hijos, que serán las que normalmente se establezcan como consecuencia de una separación o divorcio matrimonial. Ahora bien, es posible que una persona deba abonar pensiones de alimentos en favor de otras personas. No en vano, **el artículo 143 del CC establece que estarán obligados recíprocamente a darse alimentos los cónyuges, los ascendientes y descendientes, y los hermanos también en ciertos términos** (solo se deben los auxilios necesarios para la vida, cuando los necesiten por cualquier causa que no sea imputable al alimentista, y se extenderán en su caso a los que precisen para su educación).

El tratamiento fiscal de estas pensiones de alimentos, tanto en el IRPF del pagador como en el del perceptor, es distinto del de las abonadas a los hijos:

- **Para el pagador** de las anualidades por alimentos, estas **podrán ser objeto de reducción en la base imponible**, de conformidad con el artículo 55 de la LIRPF, que dispone que «las pensiones compensatorias a favor del cónyuge y las anualidades por alimentos, con excepción de las fijadas en favor de los hijos del contribuyente, satisfechas ambas **por decisión judicial**, podrán ser objeto de reducción en la base imponible». En su consecuencia, reducirán la base imponible general de quien las abone, sin que pueda resultar negativa como consecuencia de tal disminución; y el remanente, si lo hubiera, reducirá la base imponible del ahorro, sin que esta pueda tampoco resultar negativa como consecuencia de esa disminución (apartados 1 y 2 del artículo 50 de la LIRPF).

- **Para la persona distinta de los hijos que perciba dichas anualidades por alimentos**, estos importes constituirán **rendimientos del trabajo no sometidos a retención**, según se desprende del artículo 17.2.f) de la LIRPF.

Por otro lado, conviene también destacar que **la percepción de pensiones de alimentos no exentas del IRPF puede tener incidencia en lo relativo a la obligación de presentar declaración por el IRPF**. No en vano, el artículo 96 de la LIRPF, que regula esta cuestión, señala que, en lugar del límite excluyente de 22.000 euros a que se refiere su apartado 2.a), resultará de aplicación el de 15.876 euros (desde 1 de enero de 2024, pues con carácter previo ese límite era de 15.000

euros —desde 1 de enero de 2023—) para los contribuyentes que perciban rendimientos íntegros del trabajo, cuando se obtengan anualidades por alimentos no exentas del IRPF o pensiones compensatorias del cónyuge.

A TENER EN CUENTA. El artículo 96.3 de la LIRPF, que recoge esta previsión, fue modificado por el Real Decreto-ley 4/2024, de 26 de junio, que elevó el límite mencionado de 15.000 a 15.876 con efectos desde el 1 de enero de 2024. Con carácter previo, la Ley 31/2022, de 23 de diciembre, ya lo había elevado de 14.000 a 15.000 euros, con efectos desde 1 de enero de 2023. Si bien el Real Decreto-ley 9/2024, de 23 de diciembre, también modificaba el citado artículo, fue derogado mediante resolución de 22 de enero de 2025, del Congreso de los Diputados, volviendo a estar vigente la redacción dada por el Real Decreto-ley 4/2024, de 26 de junio.

RESOLUCIÓN ADMINISTRATIVA

Consulta vinculante de la Dirección General de Tributos (V0111-21), de 28 de enero de 2021

Asunto: equiparación de las anualidades por alimentos fijadas en sentencia judicial a las establecidas en convenio regulador formulado ante el letrado de la Administración de Justicia (antiguo secretario judicial) o en escritura pública ante notario a los efectos del artículo 55 de la LIRPF.

«Por lo tanto, a partir de las modificaciones introducidas por la citada Ley 25/2015, el Código Civil equipara al decreto judicial de divorcio, el acuerdo de los cónyuges mediante la formulación de un convenio regulador ante el Secretario judicial o en escritura pública ante Notario.

Por lo que se refiere a la normativa tributaria, el artículo 55 de la Ley 35/2006, de 28 de noviembre, del Impuesto sobre la Renta de las Personas Físicas y de modificación parcial de las leyes de los Impuestos sobre Sociedades, sobre la Renta de no Residentes y sobre el Patrimonio (BOE de 29 de noviembre), en adelante LIRPF, establece que "las pensiones compensatorias a favor del cónyuge y las anualidades por alimentos, con excepción de las fijadas en favor de los hijos del contribuyente, satisfechas ambas por decisión judicial, podrán ser objeto de reducción en la base imponible".

La equiparación anterior, implica que el régimen establecido en el artículo 55 del Código Civil para las pensiones compensatorias a favor del cónyuge y las anualidades por alimentos, con excepción de las fijadas en favor de los hijos del contribuyente, satisfechas ambas por decisión judicial, debe extenderse a las acordadas en el convenio regulador formulado por los cónyuges ante el Secretario judicial o en escritura pública ante Notario, a que se refiere el artículo 87 del Código Civil».

2.2. Pensión compensatoria

Incidencia en la declaración de la renta de la pensión compensatoria tras separación o divorcio

Conforme al artículo 97 del CC, el **cónyuge al que la separación o el divorcio le produzca un desequilibrio económico en relación con la posición**

del otro, que implique un empeoramiento en su situación anterior en el matrimonio, tendrá derecho a una compensación que podrá consistir en una pensión temporal o por tiempo indefinido, o en una prestación única, según se determine en el convenio regulador o en la sentencia. A falta de acuerdo de los cónyuges, el juez determinará su importe en sentencia, teniendo en cuenta las circunstancias que enumera dicho precepto (entre ellas, por ejemplo, los acuerdos entre los cónyuges, la edad y estado de salud, la cualificación profesional y probabilidades de acceso a un empleo, etc.). En la propia resolución judicial o en el convenio regulador formalizado ante el letrado de la Administración de Justicia o el notario, se establecerán la periodicidad, forma de pago, bases de actualización, duración o momento de cese, así como las garantías para su efectividad.

En principio, la forma habitual de pago de la pensión compensatoria será mediante abonos periódicos de dinero, pero el artículo 99 del CC permite que en cualquier momento pueda acordarse la sustitución de la pensión fijada judicialmente o por convenio regulador formalizado en los términos que acaban de indicarse por la constitución de una renta vitalicia, el usufructo de determinados bienes o la entrega de un capital en bienes o en dinero.

Sea como fuere, y al igual que ya sucedía con las pensiones de alimentos, la fijación de una pensión compensatoria en favor de alguno de los excónyuges tendrá una serie de **consecuencias fiscales**, que alcanzarán tanto a la declaración de la renta de quien la pague como a la de quien la perciba.

Incidencia en la declaración de la renta del pagador de una pensión compensatoria

Según prevé el artículo 55 de la LIRPF, las pensiones compensatorias a favor del cónyuge satisfechas por decisión judicial **podrán ser objeto de reducción en la base imponible**. Ahora bien, y a pesar de referirse el precepto únicamente a las fijadas por decisión judicial, dicha posibilidad **se extiende también a los supuestos de establecimiento de la pensión mediante un convenio regulador formalizado ante el letrado de la Administración de Justicia o en escritura pública ante notario,** en el marco de una separación o divorcio de mutuo acuerdo.

No en vano, la propia Ley 15/2015, de 2 de julio, de la Jurisdicción Voluntaria, que introdujo y reguló en nuestro ordenamiento jurídico la separación o divorcio de mutuo acuerdo fuera del ámbito judicial, establece en el apartado segundo de su disposición adicional primera que «las referencias que figuren en normas de fecha anterior a esta Ley a separación o divorcio judicial se entenderán hechas a separación o divorcio legal. En el mismo sentido las referencias existentes a "separación de hecho por mutuo acuerdo que conste fehacientemente" deberán entenderse a la separación notarial». Sentido en el que también se ha pronunciado el Tribunal Supremo en su sentencia n.º 444/2021, de 25 de marzo, ECLI:ES:TS:2021:1289, donde fijó como doctrina legal la siguiente:

> «(...) la reducción en la base imponible del IRPF por el pago de pensiones compensatorias abarca también a los supuestos de fijación mediante un con-

venio regulador formalizado ante el letrado de la Administración de Justicia o el notario, en virtud del régimen de separación o divorcio de mutuo acuerdo».

Por tanto, la pensión compensatoria satisfecha, fijada según lo indicado, reducirá la base imponible general del excónyuge que la abone, sin que como consecuencia de esa disminución pueda resultar negativa. El remanente, en caso de haberlo, reducirá la base imponible del ahorro, sin que esta pueda tampoco resultar negativa como consecuencia de tal disminución. Así se desprende de los apartados 1 y 2 del artículo 50 de la LIRPF.

> **A TENER EN CUENTA.** Según el artículo 89 del CC, los efectos de la disolución del matrimonio por divorcio se producirán desde la firmeza de la sentencia o decreto que así lo declare o desde la manifestación del consentimiento de ambos cónyuges otorgado en escritura pública conforme a lo dispuesto en el artículo 87 del CC; no perjudicará a terceros de buena fe sino a partir de su respectiva inscripción en el registro civil. Sin embargo, el Tribunal Supremo en su sentencia n.° 1369/2024, de 22 de julio, ECLI:ES:TS:2024:4251, y posteriormente en la STS n.° 54/2025, de 21 de enero, ECLI:ES:TS:2025:330, señala que no debe atenderse únicamente a la literalidad del precepto y que el reconocimiento de consecuencias fiscales a un convenio regulador aprobado en sede judicial es posible, sin perjuicio de que la fuerza ejecutiva se despliegue tras su aprobación en sede judicial. En este sentido establece que: «A los efectos del artículo 55 de la Ley 35/2006, de 28 de noviembre, del Impuesto sobre la Renta de las Personas Físicas, la reducción en la base imponible por pensiones compensatorias a favor del cónyuge, satisfechas por decisión judicial, resulta **aplicable desde la fecha en que se suscribe el convenio regulador** entre las partes que hubiere establecido su pago, **siempre que la ulterior sentencia judicial que lo ratifique no modifique lo pactado** en dicho convenio regulador».

Incidencia en la declaración de la renta del perceptor de una pensión compensatoria

A los efectos del IRPF del excónyuge que perciba la pensión compensatoria, esta **tendrá la consideración de rendimiento del trabajo**, de acuerdo con el **artículo 17.2.f) de la LIRPF**.

Este contribuyente debe tener presente, además, que **la percepción de tales pensiones compensatorias puede tener incidencia a la hora de determinar si existe o no obligación de declarar en el IRPF**. No en vano, el artículo 96 de la LIRPF, que desarrolla esta cuestión, señala que, en lugar del límite excluyente de 22.000 euros a que se refiere su apartado 2.a), resultará de aplicación el de 15.876 euros (desde 1 de enero de 2024, pues con carácter previo ese límite era de 15.000 euros —desde 1 de enero de 2023—) para los contribuyentes que perciban rendimientos íntegros del trabajo, cuando se obtengan pensiones compensatorias del cónyuge o anualidades por alimentos no exentas del IRPF.

> **A TENER EN CUENTA.** El artículo 96.3 de la LIRPF, que recoge esta previsión, fue modificado por el Real Decreto-ley 4/2024, de 26 de junio, que elevó el límite mencionado de 15.000 a 15.876 con efectos desde el 1 de enero de 2024. Con carácter previo, la Ley 31/2022, de 23 de diciembre, ya lo había elevado de

14.000 a 15.000 euros, con efectos desde 1 de enero de 2023. Si bien el Real Decreto-ley 9/2024, de 23 de diciembre, también modificaba el citado artículo, fue derogado mediante resolución de 22 de enero de 2025, del Congreso de los Diputados, volviendo a estar vigente la redacción dada por el Real Decreto-ley 4/2024, de 26 de junio.

CUESTIONES

1. Alberto abona a su excónyuge una pensión compensatoria por el importe recogido en el convenio regulador formalizado ante notario, pero descontando la prima correspondiente a un seguro privado de salud de su expareja, que abona él directamente, con acuerdo de las partes. ¿Alberto podrá aplicar la reducción del artículo 55 de la LIRPF, prevista para las pensiones compensatorias, por la cantidad que paga en concepto de seguro?

El artículo 99 del CC admite la sustitución de la pensión por la entrega de un capital en bienes o en dinero, de modo que, si se sustituye una parte de la pensión compensatoria por el pago del seguro privado de salud, dicho abono se considerará como pensión compensatoria.

No en vano, la Dirección General de Tributos viene manteniendo a este respecto el criterio de que la sustitución a que hace referencia el artículo 99 del CC permite aplicar la reducción por pensión compensatoria del artículo 55 de la LIRPF, tal y como señala, por ejemplo, en su consulta vinculante (V2565-22), de 19 de diciembre de 2022, o más recientemente en la consulta vinculante (V0597-24), de 9 de abril de 2024. Por lo tanto, Alberto podrá aplicar la reducción por pensión compensatoria del artículo 55 de la LIRPF por la totalidad de las cantidades abonadas (lo que abona directamente al cónyuge como pensión más lo que abona por el seguro de salud). Paralelamente, para el excónyuge que perciba la pensión, dichos importes tendrán la consideración de rendimientos del trabajo, según el artículo 17.2.f) de la LIRPF.

2. Dos cónyuges se divorciaron fijando una pensión compensatoria de pago único en favor de uno de ellos, en convenio regulador formulado ante el letrado de la Administración de Justicia. ¿Podrá ser objeto de la reducción del artículo 55 de la LIRPF?

Sí, aunque la pensión compensatoria se fije como un pago único, también podrá ser objeto de reducción conforme al artículo 55 de la LIRPF. Así, por ejemplo, lo apuntó la Dirección General de Tributos en su consulta vinculante (V0605-20), de 30 de marzo de 2020, al señalar que «(...) la pensión compensatoria objeto de consulta, consistente en el presente caso en una prestación única satisfecha por el consultante a su excónyuge y establecida en el convenio regulador formalizado en el decreto del Letrado de la Administración de Justicia declarando el divorcio, podrá ser objeto de reducción en la base imponible —a efectos de la determinación de la base liquidable— en los términos que recoge el artículo 50 de la Ley del Impuesto (...)».

RESOLUCIONES ADMINISTRATIVAS

Consulta vinculante de la Dirección General de Tributos (V0717-24), de 16 de abril de 2024

Asunto: tratamiento en IRPF de varias mensualidades de la pensión compensatoria que el excónyuge deja de pagar alegando que se compensan con otros gastos satisfechos, cuestión que se encuentra judicializada.

«(...) para resolver esta consulta se va a partir de la premisa, si bien en el escrito de consulta no se expresa, que la pensión compensatoria establecida en convenio

regulador de divorcio que asciende a 425 euros mensuales según se manifiesta en dicho escrito, ha sido aprobada judicialmente por dicho importe —sin que se haya adjuntado al escrito de consulta, ni dicho convenio ni sentencia o auto judicial alguno de aprobación de dicho convenio regulado—.

Por otro lado, la pensión compensatoria es la definida en el artículo 97 del Código Civil, es decir, aquella pensión a la que tiene derecho el cónyuge al que la separación o divorcio produzca desequilibrio económico en relación con la posición del otro, que implique un empeoramiento en su situación anterior en el matrimonio.

La forma habitual de pago de las pensiones compensatorias es mediante pagos periódicos en dinero, si bien el Código Civil, en su artículo 99, prevé la posibilidad de que, en cualquier momento, pueda convenirse la sustitución de la pensión fijada judicialmente por la constitución de una renta vitalicia, el usufructo de determinados bienes o la entrega de un capital en bienes o en dinero.

Dicho lo anterior, en lo que a la materia tributaria se refiere señalar que el artículo 17.2.f) de la Ley 35/2006, de 28 de noviembre, del Impuesto sobre la Renta de las Personas Físicas y de modificación parcial de las leyes de los Impuestos sobre Sociedades, sobre la Renta de no Residentes y sobre el Patrimonio (BOE de 29 de noviembre), en adelante LIRPF, determina que tendrán la consideración de rendimientos del trabajo las pensiones compensatorias recibidas del cónyuge.

Respecto al periodo de su imputación, debe tenerse en cuenta que, la pensión compensatoria se imputará como regla general, en virtud del artículo 14.1.a), al periodo impositivo en que sea exigible por su perceptor. No obstante, si la pensión no ha sido satisfecha por encontrarse pendiente de resolución judicial la determinación del derecho a su percepción o su cuantía, los importes no satisfechos se imputarán al periodo impositivo en que aquella adquiera firmeza, de conformidad con lo establecido en el artículo 14.2.a) de la citada Ley.

Por tanto, de acuerdo con lo anterior la cuantía de 400 euros dejada de percibir por la consultante durante varios meses de 2023 en concepto de pensión compensatoria —siempre que esta haya sido establecida judicialmente por el importe de 425 euros—, deberá imputarse al ejercicio en el que la resolución judicial donde se establezca que su exmarido está obligado al pago de las cantidades debidas, adquiera firmeza».

Consulta vinculante de la Dirección General de Tributos (V0177-23), de 7 de febrero de 2023

Asunto: no cabe la reducción del artículo 55 de la LIRPF con respecto a los gastos del domicilio conyugal que ha de abonar el excónyuge titular de la vivienda al que no se le atribuye el uso, según lo fijado en el convenio regulador, al no constituir una pensión compensatoria conforme al artículo 97 del CC.

«(...) no se adjunta al escrito de consulta, la totalidad del convenio regulador ni la sentencia judicial que lo aprueba., por lo que se desconoce si alguno de los cónyuges está o no obligado al pago de una pensión compensatoria a favor de otro cónyuge de acuerdo con lo establecido en el artículo 97 del Código Civil. No obstante, el pago de los gastos objeto de consulta por parte del consultante, en ningún caso puede entenderse a tenor de lo establecido en dicho artículo, como pago, por parte del consultante, de pensión compensatoria a favor de su exmujer.

Por otro lado, el artículo 64 de la Ley del Impuesto, referente a especialidades aplicables en los supuestos de anualidades por alimentos a favor de los hijos, establece que:

(...)

En el mismo sentido se manifiesta el artículo 75 de la Ley del Impuesto para el cálculo de la cuota íntegra autonómica.

Por lo que se refiere en concreto a las pensiones por alimentos a favor de los hijos, el artículo 142 del citado Código Civil, establece lo siguiente:

"Se entiende por alimentos todo lo que es indispensable para el sustento, habitación, vestido y asistencia médica.

Los alimentos comprenden también la educación e instrucción del alimentista mientras sea menor de edad y aún después, cuando no haya terminado su formación por causa que no le sea imputable.

Entre los alimentos se incluirán los gastos de embarazo y parto, en cuanto no estén cubiertos de otro modo".

Conforme a lo expuesto, se señala que los pagos efectuados por el consultante en concepto de gastos de la vivienda familiar donde habitan su ex-cónyuge y sus hijos en común, no se entienden a tenor de la normativa civil transcrita como pensiones por alimentos a favor de los hijos, por lo que el consultante no puede aplicar respecto a los mismos el régimen de especialidades previsto en los artículos 64 y 75 de la Ley del Impuesto.

Debe por último señalarse que, el pago de los gastos objeto de consulta no tienen la consideración de gasto deducible en el Impuesto, sino de aplicación de renta y, en consecuencia, no deben reflejarse en la declaración del Impuesto sobre la Renta».

LAS PENSIONES DE ALIMENTOS Y COMPENSATORIAS EN EL IRPF DE SU PAGADOR Y DE SU PERCEPTOR

PENSIÓN DE ALIMENTOS

PENSIÓN COMPENSATORIA

A favor de los **hijos**

A favor de **otras personas**

Para pagador (progenitor):

Régimen especialidades arts. 64 y 75 LIRPF para cálculo cuota íntegra si no se tiene derecho a la aplicación del mínimo por descendientes del art. 58 de la LIRPF.

Para perceptor (hijos):

Exentas de IRPF conforme al art. 7.k) de la LIRPF.

Para pagador:

Reducción en la base imponible de acuerdo con el art. 55 de la LIRPF.

Para perceptor:

Rendimientos del trabajo [art. 17.2.f) de la LIRPF].

Para excónyuge pagador:

Reducción en la base imponible de acuerdo con el art. 55 de la LIRPF.

Para excónyuge perceptor:

Rendimientos del trabajo [art. 17.2.f) de la LIRPF].

Habrá que tenerlas en cuenta especialmente para determinar si existe o no obligación de presentar declaración IRPF (art. 96 de la LIRPF).

2.3. Compensación económica por trabajo para la casa en caso de separación de bienes

Incidencia en la declaración de la renta de la compensación económica por trabajo doméstico entre cónyuges en casos de separación de bienes

En virtud de lo dispuesto en el **artículo 1438 del CC**, en el caso de que los cónyuges contrajesen matrimonio en régimen de separación de bienes, deberán contribuir al sostenimiento de las cargas del matrimonio, especificando que el trabajo para la casa será computado como contribución a las cargas y dará derecho a obtener una compensación que podrá ser acordada por las partes o impuesta por un juez.

Por lo que se refiere a la incidencia de esta clase de compensaciones en el IRPF, según el apartado 3.d) del artículo 33 de la LIRPF, se estimará que **no** existe **ganancia o pérdida patrimonial**:

> «d) **En la extinción del régimen económico matrimonial de separación de bienes**, cuando por imposición legal o resolución judicial se produzcan compensaciones, dinerarias o mediante la adjudicación de bienes, por causa distinta de la pensión compensatoria entre cónyuges.
>
> Las compensaciones a que se refiere esta letra d) no darán derecho a reducir la base imponible del pagador ni constituirá renta para el perceptor.
>
> El supuesto al que se refiere esta letra d) no podrá dar lugar, en ningún caso, a las actualizaciones de los valores de los bienes o derechos adjudicados».

Es decir, la compensación prevista en el artículo 1438 del CC, establecida en **sentencia o en el convenio ratificado judicialmente**:

- **Para el perceptor: no constituye renta.**
- **Para el cónyuge obligado a satisfacerla: no reduce su base imponible.**

En este sentido se ha pronunciado la Dirección General de Tributos, por ejemplo, en su consulta vinculante (V1523-24), de 20 de junio de 2024.

CUESTIÓN

¿Qué ocurre si en vez de una compensación consistente en una cantidad de dinero, se entrega un bien inmueble?

En estos casos tampoco constituiría renta para el perceptor, ni reduciría la base imponible del cónyuge obligado, y así lo recoge la consulta vinculante de la DGT (V0597-24), de 9 de abril de 2024:

«De acuerdo con lo anterior, a efectos del Impuesto sobre la Renta de la Personas Físicas, la cuantía de la compensación prevista en el artículo 1438 del Código Civil –en este caso, se trataría de la entrega de una vivienda recientemente construida a la cónyuge del consultante–, establecida en la sentencia o en el convenio ratificado judicialmente correspondiente al procedimiento de divorcio, no constituye renta para su perceptor ni reduce la base imponible del cónyuge obligado a satisfacerla».

2.4. Mínimo por descendientes

¿Cómo se aplicará el mínimo por descendientes en el IRPF tras el divorcio o la separación?

El mínimo personal y familiar constituye la parte de la base liquidable que, por destinarse a satisfacer las necesidades básicas personales y familiares del contribuyente, no se somete a tributación por el IRPF. El mínimo personal y familiar será el resultado de sumar el mínimo del contribuyente y los **mínimos por descendientes**, ascendientes y discapacidad, incrementados o disminuidos a efectos de cálculo del gravamen autonómico en los importes que hayan sido aprobados por la comunidad autónoma.

Por lo que se refiere al mínimo por descendientes, el artículo 58 de la LIRPF señala que será el resultado de aplicar, por cada hijo **menor de 25 años o con discapacidad, cualquiera que sea su edad,** que conviva con el contribuyente y no obtenga rentas anuales, excluidas las exentas, superiores a 8.000 euros, las siguientes cantidades:

- 2.400 euros anuales por el primero.
- 2.700 euros anuales por el segundo.
- 4.000 euros anuales por el tercero.
- 4.500 euros anuales por el cuarto y siguientes.

Cuando el descendiente sea menor de tres años, el mínimo anterior se aumentará en 2.800 euros anuales. En los casos de adopción o acogimiento, tanto preadoptivo como permanente, dicho aumento se producirá, con independencia de la edad del menor, en el período impositivo en que se inscriba en el registro civil y en los dos siguientes. Si la inscripción no fuese necesaria, el aumento se podrá practicar en el período impositivo en que se produzca la resolución judicial o administrativa correspondiente y en los dos siguientes.

Por lo demás, y de cara a la aplicación de este mínimo:

- Se asimilarán a los descendientes las personas vinculadas al contribuyente por razón de tutela y acogimiento, en los términos previstos en la legislación civil aplicable.
- Se asimilará a la convivencia con el contribuyente, la dependencia respecto de este último salvo cuando resulte de aplicación lo dispuesto en los artículos 64 y 75 de la LIRPF (especialidades aplicables en los supuestos de anualidades por alimentos a favor de los hijos).

Así las cosas, y tal y como viene señalando la Dirección General de Tributos, la norma tributaria considera que el concepto de descendiente que da derecho a la aplicación del mínimo por descendientes y, en su caso, a la aplicación del mínimo por discapacidad de dicho descendiente, comprende a «los hijos, nietos, bisnietos, etc., que descienden del contribuyente y que están unidos a éste por vínculo de parentesco en línea recta por consanguinidad, por adopción y, por asimilación, a estos efectos, cuando se trate de vinculación por razón de tutela o acogimiento, en los términos previstos en la legislación civil aplicable» [consulta vinculante de la Dirección General de Tributos (V1607-24), de 3 de julio de 2024].

A TENER EN CUENTA. La Ley 8/2021, de 2 de junio, modificó el Código Civil de forma que la tutoría queda para los menores no emancipados en situación de desamparo o no sujetos a patria potestad, mientras que para las personas mayores de edad se ha sustituido la figura de la tutela y las incapacitaciones civiles por las medidas de acompañamiento para el ejercicio de la capacidad jurídica de las personas que lo precisen. Estas medidas de acompañamiento son, además de las de naturaleza voluntaria, la guarda de hecho, la curatela y el defensor judicial. Por lo tanto, hoy en día, las referencias a la tutela deberán entenderse en los sentidos mencionados para las situaciones constituidas al amparo del nuevo régimen, aunque también comprenderán las situaciones de tutela previas que todavía no se hayan sustituido por las nuevas medidas adaptadas a la Ley 8/2021, de 2 de junio.

Además, para la aplicación del mínimo por descendientes, deben considerarse también las reglas que establece el artículo 61 de la LIRPF, a cuyo tenor:

«Para la determinación del importe de los mínimos a que se refieren los artículos 57, 58, 59 y 60 de esta Ley, se tendrán en cuenta las siguientes normas:

1.ª Cuando dos o más contribuyentes tengan derecho a la aplicación del mínimo por descendientes, ascendientes o discapacidad, respecto de los mismos ascendientes o descendientes, su importe se prorrateará entre ellos por partes iguales.

No obstante, cuando los contribuyentes tengan distinto grado de parentesco con el ascendiente o descendiente, la aplicación del mínimo corresponderá a los de grado más cercano, salvo que éstos no tengan rentas anuales, excluidas las exentas, superiores a 8.000 euros, en cuyo caso corresponderá a los del siguiente grado.

2.ª No procederá la aplicación del mínimo por descendientes, ascendientes o discapacidad, cuando los ascendientes o descendientes que generen el derecho a los mismos presenten declaración por este Impuesto con rentas superiores a 1.800 euros.

3.ª La determinación de las circunstancias personales y familiares que deban tenerse en cuenta a efectos de lo establecido en los artículos 57, 58, 59 y 60 de esta Ley, se realizará atendiendo a la situación existente en la fecha de devengo del Impuesto.

4.ª No obstante lo dispuesto en el apartado anterior, en caso de fallecimiento de un descendiente o ascendiente que genere el derecho al mínimo por descendientes o ascendientes, la cuantía será de 2.400 euros anuales o 1.150 euros anuales por ese descendiente o ascendiente, respectivamente.

5.ª Para la aplicación del mínimo por ascendientes, será necesario que éstos convivan con el contribuyente, al menos, la mitad del período impositivo o, en el caso de fallecimiento del ascendiente antes de la finalización de este, la mitad del período transcurrido entre el inicio del período impositivo y la fecha de fallecimiento».

Visto todo lo anterior, cabe estudiar con particular detenimiento los tres requisitos que quizás puedan resultar más problemáticos o dudosos a la hora de aplicar el mínimo por descendientes:

- Que el **descendiente no tenga en el ejercicio fiscal correspondiente, rentas anuales, excluidas las exentas, superiores a 8.000 euros**. El concepto de renta al que se hace referencia es el apuntado por la Dirección General de Tributos en su consulta vinculante (V3250-13), de 5 de noviembre de 2013; tal y como ese mismo órgano ha reiterado en múltiples consultas posteriores [por ejemplo, puede acudirse a las consultas vinculantes (V0567-25), de 31 de marzo de 2025, (V0369-24), de 12 de marzo de 2024, o (V2054-23), de 13 de julio de 2023; y, de manera análoga, a la resolución del Tribunal Económico-Administrativo Central n.º 4976/2011, de 27 de junio de 2013]:

  «(...) el concepto de renta anual, a estos efectos, está constituido por la suma algebraica de los rendimientos netos (del trabajo, capital mobiliario e inmobiliario, y de actividades económicas), de imputaciones de rentas y de las ganancias y pérdidas patrimoniales computadas en el año, sin aplicar las reglas de integración y compensación. Ahora bien, los rendimientos deben computarse por su importe neto, esto es, una vez deducidos los gastos pero sin aplicación de las reducciones correspondientes, salvo en el caso de rendimientos del trabajo, en los que se podrán tener en cuenta la reducción prevista en el artículo 18 de la LIRPF al aplicarse con carácter previo a la deducción de gastos».

- Que el **descendiente no presente declaración por el IRPF en el ejercicio, con rentas superiores a 1.800 euros**. A este respecto, habrá que atender al mismo concepto de renta que acaba de exponerse en el punto anterior. Además, deben considerarse ciertas precisiones para los supuestos de tributación conjunta con los hijos;

básicamente, como pone de manifiesto la consulta vinculante de la Dirección General de Tributos (V1167-23), de 8 de mayo de 2023:

«En definitiva, en el caso de una pareja que convive con su hijo menor de edad, si uno de los padres tributa conjuntamente con el hijo, dicho progenitor aplicaría íntegramente el mínimo por descendientes correspondiente a ese hijo, y el otro progenitor no tiene derecho al mínimo al presentar el hijo declaración, siempre que ese último tengan rentas superiores a 1.800 euros, de acuerdo con lo dispuesto en el artículo 61.2ª de la Ley del Impuesto.

En caso de no tener el hijo rentas superiores a 1.800 euros, el mínimo por descendiente se distribuiría entre los padres con los que conviva el descendiente por partes iguales (50 % cada uno), aún cuando uno de ellos tribute conjuntamente con el hijo.

En este último supuesto, si uno de los progenitores no aplica el mínimo por descendientes que le corresponde (50 %), el otro progenitor no tiene derecho a la aplicación en su totalidad del señalado mínimo por descendientes».

• Que el **descendiente conviva con el contribuyente**. En ese sentido, y como bien se apuntó en líneas anteriores, se equipara a la convivencia la **dependencia económica** en ciertos términos. En concreto, en el caso del mínimo por descendientes, se asimila a la convivencia con el contribuyente la dependencia respecto de este último, salvo cuando resulte de aplicación el régimen de especialidades previstas para los supuestos de anualidades por alimentos a favor de los hijos. Así, la resolución del Tribunal Económico-Administrativo Central n.º 10590/2022, de 29 de mayo de 2023, dictada en unificación de criterio, fijó lo siguiente:

«Tras la entrada en vigor de la Ley 26/2014, de 27 de noviembre, no resulta posible la aplicación simultánea, en el mismo período impositivo, del mínimo por descendientes del artículo 58 de la LIRPF y del régimen previsto para las anualidades por alimentos en favor de los hijos por decisión judicial en los artículos 64 y 75 de dicha norma.

De este modo:

- Los progenitores que tengan asignada la guarda y custodia compartida de los hijos tendrán derecho a la aplicación del mínimo por descendientes, que se prorrateará por partes iguales, no siendo posible la aplicación del régimen previsto para las anualidades por alimentos por el progenitor que, en su caso, las satisfaga.

- El progenitor que satisfaga anualidades por alimentos en favor de los hijos y que no tenga asignada la guarda y custodia de éstos, ni siquiera de forma compartida, aplicará el régimen previsto para las anualidades por alimentos pero no el mínimo por descendientes.

- El progenitor que sin tener asignada la guarda y custodia de los hijos, ni siquiera de forma compartida, y sin satisfacer anualidades por alimentos en favor de estos por decisión judicial, contribuye, no obstante, al mantenimiento económico de aquéllos, tendrá derecho a la aplicación del mínimo por descendientes con base en el criterio de dependencia al que se refiere el artículo 58 de la LIRPF, mínimo que deberá ser prorrateado por partes iguales con el progenitor que tenga la guarda y custodia».

En el mismo sentido, en los supuestos de guarda y custodia compartida de los hijos tras una sentencia de nulidad, separación o divorcio, la resolución del Tribunal Económico-Administrativo Central n.º 8646/2022, de 29 de mayo de 2023, estableció como criterio que el derecho a la aplicación del mínimo por descendientes del artículo 58 LIRPF corresponde a ambos progenitores por partes iguales, con independencia del tiempo concreto de convivencia con uno u otro.

Finalmente, cabe resaltar que la concurrencia de la situación de convivencia o del requisito de dependencia económica constituye una cuestión de hecho que tendrá que ser probada por cualquier medio de prueba admitido en derecho, conforme al artículo 106 de la LGT.

CUESTIONES

1. Dos progenitores divorciados tienen asignada la guarda y custodia compartida de sus tres hijos menores de edad en virtud de la sentencia de divorcio, sin fijarse pensión de alimentos. El más pequeño de los hijos tiene dos años. Ninguno de los hijos percibe rentas en el ejercicio ni presenta declaración por el IRPF. Suponiendo que se cumplan los requisitos oportunos para ello, ¿qué mínimo por descendientes podrá aplicarse cada uno de los progenitores en su declaración individual de la renta?

Siguiendo el criterio fijado en la resolución del Tribunal Económico-Administrativo Central n.º 8646/2022, de 29 de mayo de 2023, en los supuestos de guarda y custodia compartida de los hijos tras una sentencia de nulidad, separación o divorcio, el derecho a la aplicación del mínimo por descendientes del artículo 58 de la LIRPF corresponde a ambos progenitores por partes iguales, con independencia del tiempo concreto de convivencia con uno u otro.

Por lo tanto, para el cálculo del gravamen estatal, de acuerdo con el artículo 58 de la LIRPF, los progenitores podrán aplicarse los siguientes importes del mínimo por descendientes:

- 2.400 euros anuales por el primer hijo: cada progenitor se aplicará en su declaración el 50 %, esto es, 1.200 euros.

- 2.700 euros anuales por el segundo hijo: cada progenitor se aplicará en su declaración el 50 %, esto es, 1.350 euros.

- 4.000 euros anuales por el tercer hijo: cada progenitor se aplicará en su declaración el 50 %, esto es, 2.000 euros.

- 2.800 euros anuales como incremento por hijo menor de tres años: cada progenitor se aplicará en su declaración el 50 %, esto es, 1.400 euros.

De ese modo, en el tramo estatal, cada progenitor podrá aplicarse en su declaración de la renta individual un mínimo por descendientes de 5.950 euros.

Para el cálculo del gravamen autonómico, habrá que atender a los importes del mínimo por descendientes que, en su caso, haya aprobado la comunidad autónoma correspondiente. Si la comunidad autónoma no ha ejercido competencias normativas a este respecto, se aplicarán también en este tramo los importes previstos en la LIRPF.

2. Juan, divorciado desde febrero de 2024, no ha aplicado el mínimo por descendientes en la declaración de la renta de 2023 debido a que su hijo, de 16 años entonces, percibió ingresos anuales superiores a 8.000 euros. Desde diciembre de 2023 su hijo ya no percibe ningún tipo de renta. Además, debido al convenio regulador y pese a no tener asignada la guardia y custodia del menor y no satisfacer anualidades por alimentos en favor de este por decisión judicial, Juan contribuye al mantenimiento de su hijo. ¿Puede aplicar el mínimo por descendientes en su declaración de la renta correspondiente al ejercicio 2024 pese a no haberlo hecho en el ejercicio anterior?

Sí, Juan podrá aplicar el mínimo por descendientes respecto de su hijo en virtud de los artículos 58 y 61 de la LIRPF siempre que este no perciba rentas anuales superiores a 8.000 euros, excluidas las exentas, y no presente declaración del IRPF con rentas superiores a 1.800 euros.

Además, la resolución del Tribunal Económico-Administrativo Central n.º 8646/2022, de 29 de mayo de 2023, establece que pese a no tener asignada la guardia y custodia de sus hijos y no satisfacer anualidades por alimentos en favor de estos por decisión judicial, el contribuyente podrá aplicar el mínimo por descendientes, que se prorrateará por partes iguales con el progenitor que tenga la guarda y custodia del menor.

Por su parte, la Dirección General de Tributos, en su consulta vinculante (V0369-24), de 12 de marzo de 2024, establece que un contribuyente podrá aplicar el mínimo por descendientes pese a no haberlo aplicado en el ejercicio anterior siempre que se cumplan los requisitos establecidos en la LIRPF.

3. ¿Puede un contribuyente que tiene la guarda y custodia de su hijo menor por sentencia judicial de divorcio continuar aplicando el mínimo por descendientes cuando, por motivos de estudios de su hijo, este se empadrona temporalmente con su madre?

Sí, pues como recuerda la Dirección General de Tributos, en su consulta vinculante (V1324-22), de 10 de junio de 2022, «tal como se establece en consulta vinculante V1136-09, de 19 de mayo, la ausencia de un hijo de forma esporádica de la vivienda habitual durante los períodos lectivos del curso escolar no rompe el requisito de convivencia exigido para poder aplicar el contribuyente el mínimo por descendientes».

RESOLUCIONES ADMINISTRATIVAS

Consulta vinculante de la Dirección General de Tributos (V0510-25), de 28 de marzo de 2025

Asunto: incompatibilidad del mínimo por descendientes y las especialidades por anualidades por alimentos a favor de los hijos.

«(...) el tratamiento previsto por la Ley del Impuesto para las anualidades por alimentos a favor de los hijos por decisión judicial (artículos 64 y 75), sólo es aplicable cuando los progenitores no tengan derecho a aplicar el mínimo por descendientes por ellos.

En este sentido, tal como se recoge en los fundamentos de derecho de la resolución para la unificación de criterio del Tribunal Económico-Administrativo Central, en adelante TEAC, de 29 de mayo de 2023:

"Resulta claro, pues, en nuestra opinión, que la nueva redacción dada a los artículos 58, 64 y 75 de la LIRPF por la Ley 26/2014 establece una incompatibilidad entre el mínimo por descendientes y las especialidades de los artículos 64 y 75 de la LIRPF referidas a las anualidades por alimentos en favor de los hijos por decisión judicial.

De modo que el progenitor con derecho al mínimo por descendientes que satisface anualidades por alimentos en favor de los hijos por decisión judicial no podrá aplicar las especialidades de los artículos 64 y 75 de la LIRPF. Y es que, en efecto, estos últimos preceptos reconocen el derecho a la atenuación de las escalas de gravamen estatal y autonómica a los contribuyentes "que satisfagan anualidades por alimentos a sus hijos por decisión judicial sin derecho a la aplicación por estos últimos del mínimo por descendientes", por lo que el progenitor con derecho al mínimo por descendientes deberá aplicar este último y no podrá beneficiarse de lo dispuesto en los artículos 64 y 75 de la LIRPF.

Adviértase, pues, que la incompatibilidad entre incentivos fiscales no permite al progenitor que tiene derecho al mínimo por descendientes (por tener la guarda y custodia compartida, como en el caso que nos ocupa) y que también satisface anualidades por alimentos en favor de los hijos por decisión judicial (como sucede también en el supuesto aquí examinado) optar entre dicho mínimo o las especialidades de los artículos 64 y 75 de la LIRPF. Según el tenor literal de estos preceptos los contribuyentes que satisfagan anualidades por alimentos a sus hijos por decisión judicial sin derecho a la aplicación por estos últimos del mínimo por descendientes, aplicarán las especialidades contempladas en ellos para la atenuación de la escala de gravamen, por lo que, a contrario sensu, si tal derecho existe, como efectivamente sucede en el caso que se examina al tener el progenitor la guarda y custodia de los hijos de modo compartido, entonces han de aplicar necesariamente el mínimo por descendientes. Si el legislador hubiera querido permitir la opción entre uno u otro incentivo fiscal lo habría hecho, utilizando una expresión para los artículos 64 y 75 de la LIRPF del tipo siguiente: "Los contribuyentes que satisfagan anualidades por alimentos a sus hijos por decisión judicial y no tengan derecho a la aplicación por estos últimos del mínimo por descendientes previsto en el artículo 58 de esta Ley o, teniéndolo, opten por no acogerse a él.....", pero no es el caso.

En definitiva, pues, el progenitor que tiene la guarda y custodia exclusiva o compartida de los hijos y satisface alimentos por decisión judicial tiene derecho al mínimo por descendientes pero no a las especialidades de los artículos 64 y 75 de la LIRPF. En este sentido se ha pronunciado el TEAR de Murcia (Resolución de 28/10/2022 (RG 30-3005-2021)), el TEAR de Aragón (Resoluciones de 30/10/2020 (RG 22-56-2020 y ac) y de 30/4/2021 (RG 50-1970-2018 y 50-1879-2018)), el TEAR de Valencia (Resolución de 27/7/2022 (RG 03-1855-2021)) y el TEAR de Extremadura (RG 10-304-2021). Criterio asimismo mantenido por la Dirección General de Tributos, entre otras, en Consulta V2365-17 de 18/9/2017.".

(...)

De acuerdo con lo anterior, en el presente caso, mientras el consultante ha tenido la guarda y custodia compartida por decisión judicial, respecto al hijo objeto de consulta mientras este ha sido menor de edad, sí que ha tenido derecho a la aplicación del mínimo por descendientes, prorrateándose por partes iguales entre ambos progenitores, y, en consecuencia, no tiene derecho en ningún caso a aplicarse la especialidad aplicable para el cálculo del Impuesto, establecida en los artículos 64 y 75 de la Ley del Impuesto».

Consulta vinculante de la Dirección General de Tributos (V0369-24), de 12 de marzo de 2024

Asunto: posibilidad de aplicar el mínimo por descendientes cuando el hijo obtiene rentas en el ejercicio y no está obligado a presentar declaración de la renta.

«Partiendo de la hipótesis de que en este caso se cumple el requisito exigido de convivencia con su hija, si bien esto no se dice expresamente en su escrito de consulta, el consultante tendrá derecho a la aplicación del mínimo por descendientes por

su hija en el ejercicio 2023, siempre que ésta no tenga rentas anuales, excluidas las exentas, superiores a 8.000 euros, y que no presente declaración de IRPF en 2023 con rentas superiores a 1.800 euros,—con independencia de que el consultante no pudiera aplicar el mínimo por descendientes por la hija objeto de consulta en su declaración de IRPF-2022—.

En este caso no se da información alguna en su escrito de consulta de las posibles fuentes de renta que pueda tener la hija del consultante en 2023, por lo que, aunque su hija no presentara su declaración de IRPF-2023 —según el consultante no está obligada a ello, de acuerdo con lo establecido en el artículo 96 de la LIRPF—, se desconoce si se cumpliría el requisito de que esta no tenga rentas anuales en 2023, excluidas las exentas, superiores a 8.000 euros.

Por el contrario, en caso de que la hija mayor presente declaración de IRPF, a pesar de no estar obligada a ello, si la renta que la misma declara es superior a 1.800 euros, el consultante, en ningún caso tendrá derecho al mínimo por descendientes por ésta. Por otro lado, en caso de que la renta que declare su hija no sea superior a 1.800 euros, para tener derecho al mínimo por descendientes, se debe cumplir también el requisito de que la hija no tenga rentas anuales en 2023, excluidas las exentas, superiores a 8.000 euros.

(...)

Por último, en caso de que el consultante tenga derecho al mínimo por descendientes por su hija, de acuerdo con la norma 1ª del artículo 61 de la LIRPF, si el otro progenitor también tuviera derecho a la aplicación del mínimo por descendientes por dicha hija, su importe se prorrateará entre ellos por partes iguales».

Consulta vinculante de la Dirección General de Tributos (V1059-23), de 27 de abril de 2023

Asunto: aplicación del mínimo por descendientes y por discapacidad en IRPF si el contribuyente fallece a mediados de año.

«(...) sólo existe un caso en que el período impositivo es inferior al año natural, que es cuando se produzca el fallecimiento del contribuyente en un día distinto al 31 de diciembre. En tal caso, en el día del fallecimiento termina el período impositivo, que habrá durado, por tanto, desde el 1 de enero hasta el día del fallecimiento.

No obstante lo anterior, en cuanto a la aplicación de los mínimos se refiere, la LIRPF no otorga ninguna regla especial para el supuesto de que el período impositivo sea inferior al año, en caso de fallecimiento del contribuyente, por lo que en la declaración individual de IRPF del contribuyente fallecido resultan aplicables las mismas cuantías en su importe total, sin necesidad de efectuar prorrateo alguno en función del número de días del período impositivo —desde el 1 de enero hasta la fecha del fallecimiento—.

Para resolver esta consulta, si bien no se dice expresamente en el escrito de consulta, se parte de la premisa de que los dos hijos con discapacidad objeto de consulta, son comunes al padre de la consultante y su cónyuge.

Por tanto, en el caso planteado en la presente consulta, en que fallece uno de los progenitores a lo largo del período impositivo, el mínimo por descendientes por los dos hijos en común, se prorrateará en todo caso entre los padres (al 50 % cada uno), aunque el otro progenitor supérstite tribute conjuntamente con los dos hijos con discapacidad y estos tengan rentas superiores a 1.800 euros, pues se considera que a las fechas de devengo del Impuesto los dos progenitores tienen derecho a su aplicación.

Por tanto, el contribuyente fallecido podrá aplicar en su declaración de IRPF correspondiente al ejercicio 2022, el 50 % tanto del mínimo por descendientes como del mínimo por discapacidad en relación con sus dos hijos con discapacidad —de la lectura del escrito de consulta se deduce los dos hijos ya tenían reconocido legalmente su grado de discapacidad igual o superior al 33 % desde una fecha anterior a 1 de enero de 2022—».

2.5. Tributación conjunta con los hijos

¿Cuál de los progenitores podrá tributar en IRPF conjuntamente con los hijos en caso de divorcio o separación?

Conforme a lo establecido en el **artículo 82 de la LIRPF**, podrán tributar de forma conjunta las personas que formen parte de alguna de las siguientes modalidades de unidad familiar:

- La unidad familiar integrada por los cónyuges no separados legalmente y, si los hubiera:

  » Los hijos menores, con excepción de los que, con el consentimiento de los padres, vivan independientes de estos.

  » Los hijos mayores de edad incapacitados judicialmente sujetos a patria potestad prorrogada o rehabilitada (mientras no se dicte resolución que sustituya ese régimen de conformidad con la Ley 8/2021, de 2 de junio) o, en su caso, los hijos mayores de edad con discapacidad para los que se establezca la curatela representativa en los mismos supuestos en los que, con carácter previo a la Ley 8/2021, de 2 de junio, se establecía la patria potestad prorrogada o rehabilitada de acuerdo con el ahora derogado artículo 171 del Código Civil, ejercida por las mismas personas a quienes habría correspondido la patria potestad si el hijo fuera menor de edad.

> **A TENER EN CUENTA**. El antiguo artículo 171 del CC (suprimido por la Ley 8/2021, de 2 de junio, con efectos de 3 de septiembre de 2021) establecía lo siguiente en su primer párrafo: «La patria potestad sobre los hijos que hubieran sido incapacitados quedará prorrogada, por ministerio de la Ley, al llegar aquéllos a la mayor edad. Si el hijo mayor de edad soltero que viviere en compañía de sus padres o de cualquiera de ellos fuere incapacitado se rehabilitará la patria potestad, que será ejercida por quien correspondiere si el hijo fuera menor de edad. La patria potestad prorrogada en cualquiera de estas dos formas se ejercerá con sujeción a lo especialmente dispuesto en la resolución de incapacitación y, subsidiariamente, en las reglas del presente título».

- En los **casos de separación legal, o cuando no existiera vínculo matrimonial**, la formada por el **padre o la madre y todos los hijos que convivan con uno u otro y que reúnan los requisitos** indicados para la modalidad anterior.

En cualquier caso, nadie podrá formar parte de dos unidades familiares al mismo tiempo. Por tanto, no es viable que ambos progenitores presenten declaración conjunta con los hijos si no están casados.

Las personas físicas integradas en una unidad familiar pueden optar por tributar conjuntamente en el IRPF siempre que todos sus miembros sean contribuyentes por este impuesto. La opción por la tributación conjunta en un ejercicio no vinculará para los siguientes períodos impositivos y deberá abarcar a todos los miembros de la unidad familiar. Si uno de los miembros de la unidad familiar presenta declaración individual, el resto de los miembros deberá presentar, en su caso, su renta por dicho régimen, no pudiendo presentar declaración conjunta.

Como hemos señalado, para los casos de separación o de ausencia de vínculo matrimonial, la unidad familiar será la formada por uno de los progenitores con todos los hijos con los que conviva. Por tanto, no podrán realizar declaración conjunta con esos hijos ambos progenitores. El criterio de la Dirección General de Tributos para estos supuestos, expresado en diferentes ocasiones, como en las consultas vinculantes (V0566-25), de 31 de marzo de 2025; (V0409-24), de 14 de marzo de 2024; o (V3015-21), de 3 de diciembre de 2021; entre otras, es que **en los supuestos de separación o divorcio matrimonial o ausencia de vínculo matrimonial, la opción por la tributación conjunta corresponderá a quien tenga atribuida la guarda y custodia de los hijos a la fecha de devengo del impuesto**, al tratarse del progenitor que convive con ellos.

Para los supuestos de **guarda y custodia compartida**, la opción por la tributación conjunta puede ejercitarla cualquiera de los dos progenitores, optando el otro por declarar de forma individual. La decisión de quién podrá aplicar la tributación conjunta excede del ámbito tributario, debiendo ponerse de acuerdo ambos progenitores. De hecho, cada vez es más habitual encontrar convenios reguladores que establecen quién tributará de forma conjunta con los menores o que contemplan que la tributación conjunta con los hijos se realizará por años alternos (un año con un progenitor y al siguiente con el otro).

En caso de que no se justifique la existencia previa de mutuo acuerdo entre los progenitores sobre quien tributará conjuntamente con los hijos, deberán tributar en régimen de tributación individual (resolución del TEAC n.º 2172/2023, de 19 de julio de 2024).

A TENER EN CUENTA. El artículo 84 de la LIRPF establece una serie de normas aplicables en la tributación conjunta. En esta modalidad de tributación serán aplicables las reglas generales del impuesto sobre determinación de la renta de los contribuyentes, determinación de las bases imponible y liquidable y determinación de la deuda tributaria, pero con las especialidades que se fijan en dicho precepto. Por ejemplo, y entre otras particularidades, con respecto a los mínimos personales y familiares se señala lo siguiente:

- En cualquiera de las modalidades de unidad familiar, se aplicará, con independencia del número de miembros, el importe del mínimo del contribuyente del artículo 57.1 de la LIRPF, incrementado o disminuido en su caso para el cálculo del gravamen autonómico en los términos del artículo 56.3 de la LIRPF.

- En ningún caso procederá la aplicación del mínimo a que se refiere el artículo 57.2 de la LIRPF (mínimo del contribuyente con edad superior a 65 o 75 años) y del mínimo establecido en el artículo 60.1 (mínimo por discapacidad del contribuyente) de la LIRPF por los hijos, sin perjuicio de la cuantía que proceda por el mínimo por descendientes y discapacidad.

CUESTIONES

1. Ana y Felipe han presentado demanda de divorcio en diciembre de 2024. La sentencia de divorcio está fechada en mayo de 2025. ¿Podrán tributar de forma conjunta en el ejercicio 2024?

Sí, dado que el apartado 3 del artículo 82 de la LIRPF señala que la determinación de los miembros de la unidad familiar se realizará atendiendo a la situación existente a 31 de diciembre de cada año. Por tanto, como a 31 de diciembre continuaban legalmente casados, podrían presentar la declaración de forma conjunta.

2. Tras un divorcio en el que se acuerda la custodia compartida, ¿es necesario que el menor se encuentre empadronado con el progenitor que va a realizar la declaración conjunta?

No, y así se desprende de la consulta vinculante de la Dirección General de Tributos (V2203-22), de 21 de octubre de 2022, en la que se apunta que, en los supuestos de guarda y custodia compartida, la opción de la tributación conjunta puede ejercitarla cualquiera de los dos progenitores independientemente del lugar donde esté empadronado el menor, optando el otro por declarar de forma individual.

RESOLUCIONES ADMINISTRATIVAS

Consulta vinculante de la Dirección General de Tributos (V0725-24), de 16 de abril de 2024

Asunto: tributación conjunta con los hijos en caso de separación o divorcio matrimonial.

«Es criterio de este Centro Directivo (entre otras, V2233-09 o V1598-09), que en los supuestos de separación o divorcio matrimonial o ausencia de vínculo matrimonial, la opción por la tributación conjunta que se regula el artículo 82 y siguientes de la Ley 35/2006, de 28 de noviembre, del Impuesto sobre la Renta de las Personas Físicas y de modificación parcial de las leyes de los Impuestos sobre Sociedades, sobre la Renta de no Residentes y sobre el Patrimonio (BOE de 29 de noviembre), en adelante LIRPF, corresponderá a quien tenga atribuida la guarda y custodia de los hijos a la fecha de devengo del Impuesto, al tratarse del progenitor que convive con aquéllos. En los supuestos de guarda y custodia compartida, la opción de la tributación conjunta puede ejercitarla cualquiera de los dos progenitores, optando el otro por declarar de forma individual, si bien no puede entrarse a determinar por parte de este Centro Directivo de a quien le corresponde el derecho a ejercitar tal opción».

Consulta vinculante de la Dirección General de Tributos (V1167-23), de 8 de mayo de 2023

Asunto: tributación conjunta en IRPF con los hijos cuando los padres no están casados.

«(...) en ausencia de vínculo matrimonial sólo un miembro de la pareja podrá formar unidad familiar con los hijos, a los efectos de presentar declaración conjunta, optando el otro por declarar de forma individual.

En definitiva, en el caso de una pareja que convive con su hijo menor de edad, si uno de los padres tributa conjuntamente con el hijo, dicho progenitor aplicaría íntegramente el mínimo por descendientes correspondiente a ese hijo, y el otro progenitor no tiene derecho al mínimo al presentar el hijo declaración, siempre que ese último tengan rentas superiores a 1.800 euros, de acuerdo con lo dispuesto en el artículo 61.2ª de la Ley del Impuesto.

En caso de no tener el hijo rentas superiores a 1.800 euros, el mínimo por descendiente se distribuiría entre los padres con los que conviva el descendiente por partes iguales (50 % cada uno), aún cuando uno de ellos tribute conjuntamente con el hijo.

En este último supuesto, si uno de los progenitores no aplica el mínimo por descendientes que le corresponde (50 %), el otro progenitor no tiene derecho a la aplicación en su totalidad del señalado mínimo por descendientes».

Consulta vinculante de la Dirección General de Tributos (V0344-23), de 20 de febrero de 2023

Asunto: tributación conjunta en caso de divorcio con guarda y custodia compartida de la hija común, conviviendo la madre además con otra hija fruto de una relación anterior.

«Es criterio de este Centro Directivo (entre otras, V2233-09 o V1598-09), que en los supuestos de separación o divorcio matrimonial o ausencia de vínculo matrimonial, la opción por la tributación conjunta corresponderá a quien tenga atribuida la guarda y custodia de los hijos a la fecha de devengo del Impuesto, al tratarse del progenitor que convive con aquéllos. En los supuestos de guarda y custodia compartida, la opción de la tributación conjunta puede ejercitarla cualquiera de los dos progenitores, optando el otro por declarar de forma individual, si bien no puede entrarse a determinar por parte de este Centro Directivo de a quien le corresponde el derecho a ejercitar tal opción.

Debe recordarse, no obstante, que nadie podrá formar parte de dos unidades familiares al mismo tiempo.

En este caso, en que existe guarda y custodia compartida, dado que ambos progenitores han llegado a un acuerdo por el que la hija en común realice en 2022 declaración conjunta con su padre, ello implicaría que, tal como se expuso en el párrafo anterior, la madre tendría ineludiblemente que declarar de forma individual, pues la declaración por el Impuesto en su modalidad de tributación conjunta debería incorporar a la misma todos los hijos menores de edad, ya sean comunes o no, con excepción de los que, con el consentimiento de los padres, vivan independientes de éstos. Por tanto, en ese caso, la unidad familiar no estaría formada sólo por su mujer y la hija menor fruto de otra relación, sino que estaría formada por éstos y también la hija menor en común con el consultante fruto de su matrimonio. En este caso, la hija del consultante formaría parte de dos unidades familiares a la vez, estando por tanto en contradicción con el apartado 2 del artículo 82 de la LIRPF.

En este sentido, debe señalarse que las competencias de este Centro Directivo quedan limitadas a la interpretación de la normativa tributaria, no correspondiéndole la comprobación, investigación o fijación de dichos hechos, al corresponder a los órganos de gestión e inspección de la Agencia Estatal de Administración Tributaria.

Por último, se advierte que en caso de que ambos progenitores presentasen a la vez declaración conjunta con los hijos menores en común, los órganos que tienen atribuidas las competencias de comprobación e inspección de la Administración Tributaria, podrán regularizar la situación tributaria».

Resolución del Tribunal Económico-Administrativo Central n.º 3890/2022, de 28 de marzo de 2023

Asunto: irrevocabilidad de la opción por tributación individual o conjunta y modificación sustancial de las circunstancias.

«Como regla general, la opción por la tributación conjunta o individual en el Impuesto sobre la Renta de las Personas Físicas es irrevocable una vez finalizado el pe-

ríodo reglamentario de presentación de la autoliquidación. Esta irrevocabilidad debe interpretarse y entenderse «rebus sic stantibus» es decir, estando así las cosas o mientras estas no cambien. De forma que en caso de que se produzca una modificación sustancial en las circunstancias que llevaron al ejercicio de una u otra opción, deberá otorgarse al contribuyente la posibilidad de mudar la opción inicialmente emitida a través de los procedimientos previstos a tal efecto por el ordenamiento jurídico —esto es, vía rectificación de autoliquidación, declaración complementaria o en el marco de un procedimiento de comprobación—, siempre y cuando la citada modificación no sea imputable al obligado tributario.

Unificación de criterio

Confirma criterio de fecha 31-01-2023, RG 2499/2021».

2.6. Casos prácticos

Caso práctico | IRPF, aplicación de las especialidades por alimentos a los hijos y/o mínimo por descendientes tras divorcio

PLANTEAMIENTO

Pedro está divorciado y abona una determinada cantidad como pensión de alimentos en favor de su hijo, que convive con la madre. Pedro no tiene la guarda y custodia del hijo en ninguna medida. El hijo no obtiene rentas de ninguna clase ni presenta declaración del IRPF.

En su declaración de la renta, ¿Pedro podrá acogerse al mínimo por descendientes del artículo 58 de la LIRPF o le serán de aplicación las especialidades por anualidades de alimentos a los hijos de los artículos 64 y 75 de la LIRPF? ¿Cabe la posibilidad de que se apliquen ambos?

RESPUESTA

No cabe la aplicación simultánea, en el mismo período impositivo, del mínimo por descendientes (artículo 58 de la LIRPF) y del régimen previsto para las anualidades por alimentos en favor de los hijos (artículos 64 y 75 de la LIRPF). En este caso, como Pedro satisface una pensión de alimentos en favor de su hijo, pero no tiene asignada su guarda y custodia (ni siquiera de forma compartida), aplicará el régimen previsto para las anualidades por alimentos y no el mínimo por descendientes.

El apartado 1 del artículo 58 de la LIRPF, que regula el mínimo por descendientes, asimila el requisito de convivencia al de dependencia económica en los siguientes términos:

«1. El mínimo por descendientes será, por cada uno de ellos menor de veinticinco años o con discapacidad cualquiera que sea su edad, **siempre que conviva con el contribuyente** y no tenga rentas anuales, excluidas las exentas, superiores a 8.000 euros, de:

2.400 euros anuales por el primero.

2.700 euros anuales por el segundo.

4.000 euros anuales por el tercero.

4.500 euros anuales por el cuarto y siguientes.

A estos efectos, se asimilarán a los descendientes aquellas personas vinculadas al contribuyente por razón de tutela y acogimiento, en los términos previstos en la legislación civil aplicable. Asimismo, **se asimilará a la convivencia con el contribuyente, la dependencia respecto de este último salvo cuando resulte de aplicación lo dispuesto en los artículos 64 y 75 de esta Ley»**.

Por su parte, los artículos 64 y 75 de la LIRPF establecen las especialidades aplicables en los supuestos de anualidades por alimentos a favor de los hijos:

Artículo 64 de la LIRPF

«Los contribuyentes que satisfagan las anualidades por alimentos a sus hijos previstas en la letra k) del artículo 7 sin derecho a la aplicación por estos últimos del mínimo por descendientes previsto en el artículo 58, cuando el importe de aquellas sea inferior a la base liquidable general, aplicarán la escala prevista en el número 1.º del apartado 1 del artículo 63 separadamente al importe de las anualidades por alimentos y al resto de la base liquidable general. La cuantía total resultante se minorará en el importe derivado de aplicar la escala prevista en el número 1.º del apartado 1 del artículo 63, a la parte de la base liquidable general correspondiente al mínimo personal y familiar incrementado en 1.980 euros anuales, sin que pueda resultar negativa como consecuencia de tal minoración».

Artículo 75 de la LIRPF

«Los contribuyentes que satisfagan las anualidades por alimentos a sus hijos previstas en la letra k) del artículo 7 sin derecho a la aplicación por estos últimos del mínimo por descendientes previsto en el artículo 58, cuando el importe de aquellas sea inferior a la base liquidable general, aplicarán la escala prevista en el número 1.º del apartado 1 del artículo anterior separadamente al importe de las anualidades por alimentos y al resto de la base liquidable general. La cuantía total resultante se minorará en el importe derivado de aplicar la escala prevista en el número 1.º del apartado 1 del artículo 74 a la parte de la base liquidable general correspondiente al mínimo personal y familiar que resulte de los incrementos o disminuciones a que se refiere el artículo 56.3, incrementado en 1.980 euros anuales, sin que pueda resultar negativa como consecuencia de tal minoración».

A TENER EN CUENTA. Los artículos 64 y 75 de la LIRPF han sido modificados por la Ley Orgánica 1/2025, de 2 de enero, con entrada en vigor el 3 de abril de 2025, quedando en los términos expuestos. El objetivo de la reforma fue coordinarlos con los cambios que la misma norma introdujo en el artículo 7.k) de la LIRPF (donde se modificó la redacción para eliminar cualquier duda sobre la aplicación del mismo a las anualidades fijadas en los convenios reguladores formalizados ante el letrado o la letrada de la Administración de Justicia o en escritura pública ante notario, recordando, además, que dicho convenio puede ser el resultado de cualquier medio adecuado de solución de controversias). En el caso de los artículos 64 y 75 de la LIRF, lo que se hizo fue simplemente incorporar una referencia genérica a las anualidades por alimentos a los hijos previstas en la letra k) del artículo 7 de la LIRPF, sin que se alterase en realidad su contenido.

Según ha señalado el Tribunal Económico-Administrativo Central, tras la entrada en vigor de la Ley 26/2014, de 27 de noviembre, no es posible la aplicación simultánea, en el mismo período impositivo, del mínimo por descendientes del artículo 58 de la LIRPF y del régimen previsto para las anualidades por alimentos en favor de los hijos en los artículos 64 y 75 de la LIRPF. De ese modo, atendiendo al criterio fijado en la resolución del TEAC n.º 10590/2022, de 29 de mayo de 2023, dictada en unificación de criterio:

> «- Los progenitores que tengan asignada la guarda y custodia compartida de los hijos tendrán derecho a la aplicación del mínimo por descendientes, que se prorrateará por partes iguales, no siendo posible la aplicación del régimen previsto para las anualidades por alimentos por el progenitor que, en su caso, las satisfaga.
> - El progenitor que satisfaga anualidades por alimentos en favor de los hijos y que no tenga asignada la guarda y custodia de éstos, ni siquiera de forma compartida, aplicará el régimen previsto para las anualidades por alimentos pero no el mínimo por descendientes.
> - El progenitor que sin tener asignada la guarda y custodia de los hijos, ni siquiera de forma compartida, y sin satisfacer anualidades por alimentos en favor de estos por decisión judicial, contribuye, no obstante, al mantenimiento económico de aquéllos, tendrá derecho a la aplicación del mínimo por descendientes con base en el criterio de dependencia al que se refiere el artículo 58 de la LIRPF, mínimo que deberá ser prorrateado por partes iguales con el progenitor que tenga la guarda y custodia».

Por lo tanto, Pedro tendrá que aplicar el régimen establecido para las anualidades por alimentos, no el mínimo por descendientes.

Caso práctico | Cálculo de la cuota íntegra del IRPF aplicando las especialidades por anualidades por alimentos a favor de los hijos

PLANTEAMIENTO

Nerea, de 40 años, está divorciada y reside en Cantabria. En el ejercicio 2024 abonó pensiones de alimentos a sus hijos por importe de 9.500 euros, según lo fijado en convenio regulador ratificado judicialmente. Su base liquidable general fue de 27.500 euros y tuvo, además, 4.000 euros de base liquidable del ahorro.

Va a aplicarse el régimen de especialidades en supuestos de anualidades por alimentos a favor de los hijos, de los artículos 64 y 75 de la LIRPF, y únicamente puede aplicarse el mínimo del contribuyente en su declaración de la renta.

¿Cuál será su cuota íntegra del impuesto?

RESPUESTA

En su redacción aplicable al ejercicio 2024, el artículo 64 de la LIRPF especifica que «los contribuyentes que satisfagan anualidades por alimentos a sus hijos por decisión judicial sin derecho a la aplicación por estos últimos del mínimo por descendientes previsto en el artículo 58 de esta Ley, cuando el importe de aquéllas sea inferior a la base liquidable general, aplicarán la escala prevista en el número 1.º del apartado 1 del artículo 63 de esta Ley separadamente al importe de las anualidades por alimentos y al resto de la base liquidable general. La cuantía total resultante se minorará en el importe derivado de aplicar la escala prevista en el número 1.º del apartado 1 del artículo 63 de esta Ley, a la parte de la base liquidable general correspondiente al mínimo personal y familiar incrementado en 1.980 euros anuales, sin que pueda resultar negativa como consecuencia de tal minoración». En sentido análogo se pronuncia el artículo 75 de la LIRPF de cara al cálculo de la cuota íntegra autonómica.

> **A TENER EN CUENTA.** Los artículos 64 y 75 de la LIRPF han sido modificados por la Ley Orgánica 1/2025, de 2 de enero, con entrada en vigor el 3 de abril de 2025, para coordinarlos con los cambios que la misma norma introdujo en el artículo 7.k) de la LIRPF (donde se modificó la redacción para eliminar cualquier duda sobre la aplicación del mismo a las anualidades fijadas en los convenios reguladores formalizados ante el letrado o la letrada de la Administración de Justicia o en escritura pública ante notario, recordando, además, que dicho convenio puede ser el resultado de cualquier medio adecuado de solución de controversias). En el caso de los artículos 64 y 75 de la LIRPF, lo que se hizo fue simplemente incorporar una referencia genérica a las anualidades por alimentos a los hijos previstas en la letra k) del artículo 7 de la LIRPF, sin que se alterase en realidad su contenido. En cualquier caso, el texto del precepto que acaba de reproducirse no recoge dichas modificaciones, puesto que el **supuesto práctico se refiere al ejercicio 2024.**

Así las cosas, el procedimiento para determinar la cuota íntegra del impuesto de Nerea será el siguiente:

1. Renta general

La aplicación del régimen de especialidades previsto en los artículos 64 y 75 de la LIRPF supone que **Nerea pueda aplicar las escalas estatal y autonómica del impuesto separadamente a las anualidades por alimentos a favor de los hijos y al resto de su base liquidable general**. Por tanto, para aplicar la escala del impuesto a la base liquidable general deben distinguirse dos partes en la misma:

- La base liquidable general A, correspondiente a las anualidades por alimentos a los hijos, que asciende a 9.500 euros.
- La base liquidable general B, que abarcaría el resto, esto es, 18.000 euros (27.500 - 9.500 euros).

Aplicación de las escalas generales del impuesto a la base A (9.500 euros)

a) Escala estatal

Se aplica la escala del artículo 63 de la LIRPF vigente para el ejercicio 2024:

- Para una base liquidable general de hasta 12.450 euros se aplicaría un tipo del 9,5 %: 9.500 x 9,5 % = 902,50 euros.

b) Escala autonómica

Se aplica la escala del artículo 1 del Decreto Legislativo 62/2008, de 19 de junio, por el que se aprueba el texto refundido de la Ley de Medidas Fiscales en materia de Tributos cedidos por el Estado, vigente para el ejercicio 2024:

- Para una base liquidable general de hasta 13.000 euros se aplicaría un tipo del 8,5 %: 9.500 x 8,5 % = 807,50 euros.

Aplicación de las escalas generales del impuesto a la base B (18.000 euros)

a) Escala estatal

Se aplica la escala del artículo 63 de la LIRPF vigente para el ejercicio 2024:

- Para una base liquidable general de hasta 12.450 euros se aplicaría un tipo del 9,5 %: 12.450 euros x 9,5 % = 1.182,75 euros.
- Y a la parte de la base liquidable que excede de 12.450 euros se le aplicará un tipo del 12 %: (18.000 - 12.450 euros) x 12 % = 666 euros.
- Total: 1.182,75 + 666 euros = 1.848,75 euros.

b) Escala autonómica

Se aplica la escala del artículo 1 del Decreto Legislativo 62/2008, de 19 de junio, por el que se aprueba el texto refundido de la Ley de Medidas Fiscales en materia de Tributos cedidos por el Estado, vigente para el ejercicio 2024:

- Para una base liquidable general de hasta 13.000 euros se aplicaría un tipo del 8,5 %: 13.000 euros x 8,5 % = 1.105 euros.
- Y a la parte de la base liquidable que excede de 13.000 euros se le aplicará un tipo del 11 %: (18.000 - 13.000 euros) x 11 % = 550 euros.
- Total: 1.105 + 550 euros = 1.655 euros.

Determinación de las cuotas resultantes de la aplicación de la escala estatal y autonómica a la base liquidable general

- Cuota íntegra estatal resultante: 902,50 + 1.848,75 euros = 2.751,25 euros.
- Cuota íntegra autonómica resultante: 807,50 + 1.655 euros = 2.462,50 euros.

Aplicación de las escalas generales al mínimo personal y familiar incrementado en 1.980 euros

A continuación, se aplica a la parte de la base liquidable general correspondiente al mínimo personal y familiar la misma escala:

a) Tramo estatal

A Nerea le corresponde aplicar el mínimo del contribuyente, previsto en el artículo 57 de la LIRPF para el tramo estatal (5.550 euros), incrementado en 1.980 euros de conformidad con el artículo 64 de la LIRPF. Por tanto:

- Hasta 12.450 euros se aplicaría un tipo del 9,5 %: 7.530 euros x 9,5 % = 715,35 euros.

b) Tramo autonómico

Dado que Cantabria no regula un mínimo personal y familiar propio, resultará de aplicación el importe estatal, previsto en el artículo 57 de la LIRPF (5.550 euros). Además, según prevé el artículo 75 de la LIRPF, dicha cantidad se incrementará en 1.980 euros. Por tanto:

- Hasta 13.000 euros se aplicaría un tipo del 8,5 %: 7.530 euros x 8,5 % = 640,05 euros.

Determinación de las cuotas íntegras generales estatal y autonómica

De las cuotas iniciales obtenidas con la aplicación de la escala, se resta la cuota correspondiente al mínimo personal y familiar:

a) Tramo estatal

- Cuota íntegra general estatal: 2.751,25 - 715,35 = 2.035,90 euros.

b) Tramo autonómico

- Cuota íntegra general autonómica: 2.462,50 - 640,05 = 1.822,45 euros.

2. Renta del ahorro

Se indica que la base liquidable del ahorro de Nerea asciende a 4.000 euros.

Determinación de las cuotas íntegras estatal y autonómica del ahorro

a) Tramo estatal

Se aplica la escala del artículo 66 de la LIRPF vigente para el ejercicio 2024:

- Para una base liquidable de hasta 6.000 euros se aplicaría un tipo del 9,5 %: 4.000 euros x 9,5 % = 380 euros.

Dado que no existe mínimo personal y familiar que aplicar en la base del ahorro, por haberse agotado en la base general del impuesto (artículo 56.2 de la LIRPF), la cuota íntegra estatal del ahorro será de 380 euros.

b) Tramo autonómico

Se aplica la escala del artículo 76 de la LIRPF vigente para el ejercicio 2024:

- Para una base liquidable de hasta 6.000 euros se aplicaría un tipo del 9,5 %: 4.000 euros x 9,5 % = 380 euros.

Dado que no existe mínimo personal y familiar que aplicar en la base del ahorro, por haberse agotado en la base general del impuesto (artículo 56.2 de la LIRPF), la cuota íntegra estatal del ahorro será de 380 euros.

3. Determinación de las cuotas íntegras

- Cuota íntegra estatal (resultado de sumar la de la renta general y la del ahorro): 2.035,90 + 380 = 2.415,90 euros.
- Cuota íntegra autonómica (resultado de sumar la de la renta general y la del ahorro): 1.822,45 + 380 = 2.202,45 euros.

Caso práctico | IRPF, pensión compensatoria sustituida por la entrega de un inmueble

PLANTEAMIENTO

Pablo y Lucía tenían un convenio de divorcio en el que se había fijado una pensión compensatoria a uno de los cónyuges. Posteriormente, acordaron la sustitución de dicha pensión compensatoria por la entrega de un bien inmueble. ¿El cónyuge que recibe el bien tiene que declararlo en su IRPF? ¿El cónyuge que entrega el bien en pago de la pensión compensatoria puede deducírselo en su IRPF?

RESPUESTA

El pago de la pensión compensatoria al cónyuge mediante la entrega de un bien inmueble da al pagador derecho a aplicar la reducción del artículo 55 de la LIRPF. Para el cónyuge que la cobre, tendrá la consideración de rendimientos de trabajo de acuerdo con el artículo 17.2.f) de la LIRPF.

Conforme al artículo 55 de la LIRPF, «las pensiones compensatorias a favor del cónyuge y las anualidades por alimentos, con excepción de las fijadas en favor de los hijos del contribuyente, satisfechas ambas por decisión judicial, podrán ser objeto de reducción en la base imponible».

La pensión compensatoria sería la definida en el primer párrafo del artículo 97 del Código Civil, a cuyo tenor:

> «El cónyuge al que la separación o el divorcio produzca un desequilibrio económico en relación con la posición del otro, que implique un empeoramiento en su situación anterior en el matrimonio, tendrá derecho a una compensación que podrá consistir en una pensión temporal o por tiempo indefinido, o en una prestación única, según se determine en el convenio regulador o en la sentencia».

La forma habitual de abono de las pensiones compensatorias es mediante pagos periódicos en dinero, si bien el artículo 99 del Código Civil prevé la posibilidad de que, en cualquier momento, pueda convenirse la sustitución de la pensión fijada judicialmente o por convenio regulador por la constitución de una renta vitalicia, el usufructo de determinados bienes o la entrega de un capital en bienes o en dinero.

Así las cosas, la Dirección General de Tributos viene manteniendo el criterio de que la sustitución a que hace referencia el artículo 99 del CC permite aplicar la reducción por pensión compensatoria del artículo 55 de la LIRPF. Así se reconoce, por ejemplo, en su consulta vinculante (V0597-24), de 9 de abril de 2024. Por tanto, el pago de la pensión compensatoria al cónyuge mediante la entrega de un bien inmueble da derecho a la reducción de la base imponible general del pagador, sin que pueda resultar negativa como consecuencia de esta disminución. El remanente, en el supuesto de que existiera, podrá reducir la base imponible del ahorro sin que esta, igualmente, pueda resultar negativa como consecuencia de dicha minoración, de conformidad con lo dispuesto en los apartados 1 y 2 del artículo 50 de la LIRPF.

Para el cónyuge que recibe la pensión compensatoria a través de la entrega del bien, la pensión tendrá la consideración de rendimientos de trabajo de conformidad con el artículo 17.2.f) de la LIRPF. A dicho respecto, la consulta vinculante de la DGT (V0779-13), de 13 de marzo de 2013, ya señalaba: «La sustitución de una pensión compensatoria por la entrega de un bien inmueble en ningún caso desvirtúa su calificación como rendimientos del trabajo para su perceptor, si bien, al percibirse en un único pago, la entrega, en sustitución de una pensión, tendría la consideración de rendimiento del trabajo en especie, conforme al artículo 42 de la Ley del Impuesto, siendo la valoración de la misma como antes se señaló por el valor de mercado del inmueble, artículo 43 de la Ley, y obtenido de forma notoriamente irregular en el tiempo, de acuerdo con lo dispuesto en el artículo 11.1.e) del Reglamento del Impuesto sobre la Renta de las Personas Físicas, aprobado por el Real Decreto 439/2007, de 30 de marzo (BOE de 31 de marzo)».

A estos efectos, tratándose de la entrega de un bien inmueble, la valoración de la pensión compensatoria se efectuará por el valor de mercado del mismo, conforme al artículo 43 de la LIRPF.

Caso práctico | Regularización en IRPF de la devolución de importes de una pensión compensatoria

PLANTEAMIENTO

Un contribuyente ha sido condenado por sentencia judicial que devino firme a finales de 2024 a devolver los importes de la pensión compensatoria que percibió de su cónyuge en 2024 y 2023, por cobro indebido. En la autoliquidación del IRPF de 2023 había declarado la pensión cobrada como rendimientos del trabajo, pero la de 2024 todavía no la había presentado.

¿Cómo tendrá que regularizar su situación tributaria a estos efectos?

RESPUESTA

La regularización de la situación tributaria, para excluir los importes indebidamente percibidos, podrá efectuarse rectificando la autoliquidación del período en el que se declararon como rendimientos del trabajo, de conformidad con el artículo 120.3 de la LGT.

Conforme al artículo 17.2.f) de la LIRPF, las pensiones compensatorias percibidas del cónyuge tienen la consideración de rendimientos del trabajo a los efectos de dicho impuesto. Como regla general, esta clase de rendimiento se imputará temporalmente en el IRPF, según el artículo 14.1.a) de la LIRPF, «al período impositivo en que sean exigibles por su perceptor».

En el supuesto planteado, el contribuyente es condenado por sentencia judicial a la devolución de las cantidades que percibió en 2024 y 2023 en concepto de pensión compensatoria, por haber sido cobradas de manera indebida, de modo que esa devolución no tendrá incidencia en la declaración del IRPF correspondiente al ejercicio en el que recayó la sentencia ni tampoco en la de aquel en el que se efectúa la devolución. Al tratarse de importes indebidamente percibidos que se reintegran a su pagador, la devolución tendrá incidencia en las autoliquidaciones del impuesto correspondientes a los ejercicios en los que la pensión se incluyó como rendimiento íntegro del trabajo. Y dicha circunstancia solo se produjo, en realidad, en el período impositivo 2023, puesto que el importe de la pensión compensatoria correspondiente a 2024 no llegó a incorporarse a la autoliquidación.

Así las cosas, la regularización de la situación tributaria, para excluir los importes indebidamente percibidos, podrá efectuarse de conformidad con lo indicado en el apartado 3 del artículo 120 de la LGT, a cuyo tenor:

> «3. Cuando un obligado tributario considere que una autoliquidación ha perjudicado de cualquier modo sus intereses legítimos, podrá instar la rectificación de dicha autoliquidación de acuerdo con el procedimiento que se regule reglamentariamente. No obstante, cuando lo establezca la normativa propia del tributo, la rectificación deberá ser realizada por el obligado tributario mediante la presentación de una autoliquidación rectificativa, conforme a lo dispuesto en el apartado 4 de este artículo.
> Cuando la rectificación de una autoliquidación origine una devolución derivada de la normativa del tributo y hubieran transcurrido seis meses sin que se hubiera ordenado el pago por causa imputable a la Administración tributaria, ésta abonará el interés de demora del artículo 26 de esta Ley sobre el importe de la devolución que proceda, sin necesidad de que el obligado lo solicite. A estos efectos, el plazo de seis meses comenzará a contarse a partir de la finalización del plazo para la presentación de la autoliquidación o, si éste hubiese concluido, a partir de la presentación de la solicitud de rectificación o de la autoliquidación rectificativa.
> Cuando la rectificación de una autoliquidación origine la devolución de un ingreso indebido, la Administración tributaria abonará el interés de demora en los términos señalados en el apartado 2 del artículo 32 de esta Ley.

No obstante, cuando la rectificación de una autoliquidación implique una minoración del importe a ingresar de la autoliquidación previa y no origine una cantidad a devolver, se mantendrá la obligación de pago hasta el límite del importe a ingresar resultante de la rectificación».

A TENER EN CUENTA. Esta redacción del apartado 3 del artículo 120 de la LGT es fruto de la modificación operada por la Ley 13/2023, de 24 de mayo, con entrada en vigor el 26 de mayo de 2023. Esta norma incorporó la referencia a la nueva figura de la autoliquidación rectificativa, llamada a sustituir, en aquellos tributos en los que así se establezca, el anterior sistema dual de autoliquidación complementaria y solicitud de rectificación. En el ámbito del IRPF, el Real Decreto 117/2024, de 30 de enero, reguló la autoliquidación rectificativa a través del artículo 67 bis del RIRPF, cuya aplicación efectiva quedó a espera de la orden que aprobase los modelos correspondientes, cosa que ha hecho la Orden HAC/242/2025, de 13 de marzo, con entrada en vigor el 15 de marzo de 2025. Según indica la AEAT en el Manual de Renta 2024, este nuevo sistema se configura como el procedimiento general de modificación de declaraciones de IRPF correspondientes al período impositivo 2024. Sin embargo, las modificaciones de declaraciones correspondientes a períodos impositivos anteriores a 2024 se efectuarán de acuerdo con el sistema anterior.

Caso práctico | Obligación de presentar declaración de la renta percibiendo pensión compensatoria del excónyuge

PLANTEAMIENTO

En 2024, Miriam percibió 12.000 euros correspondientes a su pensión de jubilación contributiva del INSS, no exenta de IRPF. A mayores, también cobró 4.900 euros en concepto de pensión compensatoria, abonados por su excónyuge de conformidad con el convenio regulador formalizado en su día.

Si carece de otros rendimientos, ¿estará obligada a presentar la declaración del IRPF correspondiente al ejercicio 2024?

RESPUESTA

Las distintas rentas que percibe Miriam tienen la consideración de rendimientos del trabajo a los efectos del IRPF, así que de conformidad con el apartado 3 del artículo 96 de la LIRPF, en caso de percibir únicamente rendimientos íntegros del trabajo, si se cobra una pensión compensatoria, existirá obligación de presentar la declaración correspondiente al ejercicio 2024 cuando el importe total de los rendimientos íntegros del trabajo sea superior a 15.876 euros. Miriam excede ese límite, así que deberá presentar la declaración de la renta de 2024.

En primer lugar, para establecer si existe o no obligación de declarar en el IRPF, debe determinarse la calificación que reciben a efectos del impuesto los rendimientos obtenidos por Miriam:

- La **pensión de jubilación** que cobra del INSS tendrá la consideración de **rendimientos del trabajo**, de conformidad con el artículo 17.2.a) de la LIR-

PF, que atribuye tal carácter, entre otras, a «las pensiones y haberes pasivos percibidos de los regímenes públicos de la Seguridad Social y clases pasivas y demás prestaciones públicas por situaciones de incapacidad, jubilación, accidente, enfermedad, viudedad, o similares, sin perjuicio de lo dispuesto en el artículo 7 de esta Ley» (regla 1.ª del precepto).

- La **pensión compensatoria que le satisface su excónyuge también se considerará como rendimiento del trabajo**, a tenor del artículo 17.2.f) de la LIRPF, que califica como tales «las pensiones compensatorias recibidas del cónyuge y las anualidades por alimentos, sin perjuicio de lo dispuesto en el artículo 7 de esta Ley».

Sentado lo anterior, procede acudir al **artículo 96 de la LIRPF**, que regula la obligación de declarar en el impuesto, señalando lo siguiente:

«1. Los contribuyentes estarán obligados a presentar y suscribir declaración por este Impuesto, con los límites y condiciones que reglamentariamente se establezcan.

2. No obstante, no tendrán que declarar los contribuyentes que obtengan rentas procedentes exclusivamente de las siguientes fuentes, en tributación individual o conjunta:

a) Rendimientos íntegros del trabajo, con el límite de 22.000 euros anuales. (...)

3. El límite a que se refiere la letra a) del apartado 2 anterior será de 15.876 euros para los contribuyentes que perciban rendimientos íntegros del trabajo en los siguientes supuestos:

a) Cuando procedan de más de un pagador. No obstante, el límite será de 22.000 euros anuales en los siguientes supuestos:

1.º Si la suma de las cantidades percibidas del segundo y restantes pagadores, por orden de cuantía, no supera en su conjunto la cantidad de 1.500 euros anuales.

2.º Cuando se trate de contribuyentes cuyos únicos rendimientos del trabajo consistan en las prestaciones pasivas a que se refiere el artículo 17.2.a) de esta Ley y la determinación del tipo de retención aplicable se hubiera realizado de acuerdo con el procedimiento especial que reglamentariamente se establezca.

b) **Cuando se perciban pensiones compensatorias del cónyuge** o anualidades por alimentos diferentes de las previstas en el artículo 7 de esta ley.

c) Cuando el pagador de los rendimientos del trabajo no esté obligado a retener de acuerdo con lo previsto reglamentariamente.

d) Cuando se perciban rendimientos íntegros del trabajo sujetos a tipo fijo de retención.

(...)».

A TENER EN CUENTA. El apartado 3 de este artículo 96 de la LIRPF fue modificado por el Real Decreto-ley 4/2024, de 26 de junio, que elevó el límite que en él se recoge de 15.000 a 15.876 euros anuales, con efectos desde el 1 de enero de 2024. Con carácter previo, ese límite era de 15.000 euros anuales, como resultado de la reforma operada en el precepto por la LPGE para 2023, con efectos desde el 1 de enero de 2023.

Por lo tanto, en caso de percibir únicamente rendimientos íntegros del trabajo, si se cobra una pensión compensatoria, existirá obligación de presentar la declaración de la renta correspondiente al ejercicio 2024 cuando el importe total de los rendimientos íntegros del trabajo sea superior a 15.876 euros (mientras que para el ejercicio 2022, el límite era de 14.000 euros; y para el ejercicio 2023, de 15.000 euros). En el supuesto planteado, Miriam percibe en total 16.900 euros (12.000 correspondiente a la pensión de jubilación y 4.900 correspondientes a la pensión compensatoria), así que tendría obligación de presentar la declaración del IRPF de 2024.

Caso práctico | ¿Cabe la reducción en IRPF por la pensión compensatoria que siguen abonando los herederos a la muerte del excónyuge pagador?

PLANTEAMIENTO

Miguel falleció a finales de 2024, estando obligado a abonar una pensión compensatoria a su excónyuge en virtud de un convenio regulador de divorcio ratificado en sede judicial varios años antes. En el convenio regulador se fijaba a favor de su expareja una pensión compensatoria vitalicia, que Miguel abonaría mensualmente.

Tras su fallecimiento, y siguiendo lo prescrito en el testamento, uno de sus herederos continúa pagando mes a mes la cantidad correspondiente a la beneficiaria de la pensión compensatoria vitalicia.

¿El heredero que efectúa los pagos puede aplicarse la reducción establecida en el artículo 55 de la LIRPF?

RESPUESTA

En este caso, parece que se mantendría el derecho del perceptor de la pensión compensatoria a seguir cobrándola (artículo 101 del CC), por lo que el heredero obligado al pago podrá aplicar la reducción en la base imponible prevista en el artículo 55 de la LIRPF. Paralelamente, los importes que cobre el excónyuge del fallecido tendrán la consideración de rendimientos de trabajo a los efectos de su IRPF [artículo 17.2.f) de la LIRPF].

La pensión compensatoria se define en el primer párrafo del artículo 97 del CC, que señala que «el cónyuge al que la separación o el divorcio produzca un desequilibrio económico en relación con la posición del otro, que implique un empeoramiento en su situación anterior en el matrimonio, tendrá derecho a una compensación que podrá consistir en una pensión temporal o por tiempo indefinido, o en una prestación única, según se determine en el convenio regulador o en la sentencia».

El derecho a tal pensión se extingue por el cese de la causa que lo motivó, por contraer el acreedor nuevo matrimonio o por vivir maritalmente con otra persona, tal y como dispone el artículo 101 del CC. Ahora bien, no se extinguirá por el solo hecho de la muerte del deudor; aunque los herederos de este podrán solicitar al juez su reducción o supresión cuando el caudal hereditario no pudiera satisfacer las necesidades de la deuda o afectara a sus derechos en la legítima.

En este caso, y según se indica en el supuesto de hecho, después de fallecer el cónyuge deudor, uno de los herederos continúa abonando la pensión compensatoria a su beneficiario. Se entiende, por tanto, que no se ha solicitado en sede judicial la supresión o reducción de la pensión compensatoria según lo indicado. En esa medida, la persona beneficiaria de la pensión compensatoria sigue manteniendo su derecho a percibirla y la pensión que se le abona sigue manteniendo su carácter de tal conforme al artículo 97 del CC; por lo que su tratamiento tributario en el IRPF no se altera por el hecho de que el cónyuge obligado al pago haya fallecido, tal y como ha indicado la Dirección General de Tributos en su consulta vinculante (V2549-22), de 15 de diciembre de 2022.

Esto supone que:

- Para quien la perciba, tendrá la consideración de rendimiento del trabajo, a tenor del artículo 17.2.f) de la LIRPF.

- Para quien la abone (ahora, el heredero obligado al pago), podrá ser objeto de reducción en la base imponible del IRPF conforme al artículo 55 de la LIRPF.

Caso práctico | Mínimo por descendientes en IRPF en casos de guarda y custodia atribuida a un solo progenitor

PLANTEAMIENTO

Carlos y María se divorciaron en 2024, disponiendo la sentencia de divorcio que la guarda y custodia de los hijos menores habidos del matrimonio correspondería a María, con quien conviven desde entonces. Carlos cuenta con un régimen de visitas, pero sin guardia y custodia compartida, y abona una pensión de alimentos a favor de los menores.

¿Carlos podrá aplicar el mínimo por descendientes por los hijos comunes en alguna medida? ¿Podrá aplicarlo María íntegramente?

RESPUESTA

María, que tiene la guarda y custodia y convive con los hijos, podrá aplicar el mínimo por descendientes del artículo 58 de la LIRPF si se dan los requisitos para ello. Carlos, al no tener la guarda y custodia (ni siquiera compartida) y satisfacer una pensión de alimentos a los hijos, no podrá aplicar el mínimo por descendientes y aplicará el régimen previsto para las anualidades por alimentos en los artículos 64 y 75 de la LIRPF.

Según el artículo 58.1 de la LIRPF:

«1. El mínimo por descendientes será, por cada uno de ellos menor de veinticinco años o con discapacidad cualquiera que sea su edad, siempre que conviva con el contribuyente y no tenga rentas anuales, excluidas las exentas, superiores a 8.000 euros, de:
2.400 euros anuales por el primero.
2.700 euros anuales por el segundo.
4.000 euros anuales por el tercero.
4.500 euros anuales por el cuarto y siguientes.
A estos efectos, se asimilarán a los descendientes aquellas personas vinculadas al contribuyente por razón de tutela y acogimiento, en los términos previstos en la legislación civil aplicable. Asimismo, se asimilará a la convivencia con el contribuyente, la dependencia respecto de este último salvo cuando resulte de aplicación lo dispuesto en los artículos 64 y 75 de esta Ley».

Por su parte, el artículo 64 de la LIRPF, referido a las especialidades aplicables en los supuestos de anualidades por alimentos a favor de los hijos, establece que «los contribuyentes que satisfagan las anualidades por alimentos a sus hijos previstas en la letra k) del artículo 7 sin derecho a la aplicación por estos últimos del mínimo por descendientes previsto en el artículo 58, cuando el importe de aquellas sea inferior a la base liquidable general, aplicarán la escala prevista en el número 1.º del apartado 1 del artículo 63 separadamente al importe de las anualidades por alimentos y al resto de la base liquidable general. La cuantía total resultante se minorará en el importe derivado de aplicar la escala prevista en el número 1.º del apartado 1 del artículo 63, a la parte de la base liquidable general correspondiente al mínimo personal y familiar incrementado en 1.980 euros anuales, sin que pueda resultar negativa como consecuencia de tal minoración». El artículo 75 de la LIRPF se pronuncia en términos análogos, a los efectos del cálculo de la cuota íntegra autonómica.

A TENER EN CUENTA. Los artículos 64 y 75 de la LIRPF han sido modificados por la Ley Orgánica 1/2025, de 2 de enero, con entrada en vigor el 3 de abril de 2025, para coordinarlos con los cambios que la misma norma introdujo en el artículo 7.k) de la LIRPF (donde se modificó la redacción para eliminar cualquier duda sobre la aplicación del mismo a las anualidades fijadas en los convenios reguladores formalizados ante el letrado o la letrada de la Administración de Justicia o en escritura pública ante notario, recordando, además, que dicho convenio puede ser el resultado de cualquier medio adecuado de solución de controversias). En el caso de los artículos 64 y 75 de la LIRPF, lo que se hizo fue simplemente incorporar una referencia genérica a las anualidades por alimentos a los hijos previstas en la letra k) del artículo 7 de la LIRPF, sin que se alterase en realidad su contenido. El tenor del artículo 64 antes reproducido sería el resultante de la reforma.

Por su parte, la resolución del Tribunal Económico-Administrativo Central n.º 10590/2022, de 29 de mayo de 2023, dictada en unificación de criterio, fijó lo siguiente:

«Tras la entrada en vigor de la Ley 26/2014, de 27 de noviembre, no resulta posible la aplicación simultánea, en el mismo período impositivo, del mínimo por descendientes del artículo 58 de la LIRPF y del régimen previsto para las anualidades por alimentos en favor de los hijos por decisión judicial en los artículos 64 y 75 de dicha norma.

De este modo:

- Los progenitores que tengan asignada la guarda y custodia compartida de los hijos tendrán derecho a la aplicación del mínimo por descendientes, que se prorrateará por partes iguales, no siendo posible la aplicación del régimen previsto para las anualidades por alimentos por el progenitor que, en su caso, las satisfaga.

- **El progenitor que satisfaga anualidades por alimentos en favor de los hijos y que no tenga asignada la guarda y custodia de éstos, ni siquiera de forma compartida, aplicará el régimen previsto para las anualidades por alimentos pero no el mínimo por descendientes.**

- El progenitor que sin tener asignada la guarda y custodia de los hijos, ni siquiera de forma compartida, y sin satisfacer anualidades por alimentos en favor de estos por decisión judicial, contribuye, no obstante, al mantenimiento económico de aquéllos, tendrá derecho a la aplicación del mínimo por descendientes con base en el criterio de dependencia al que se refiere el artículo 58 de la LIRPF, mínimo que deberá ser prorrateado por partes iguales con el progenitor que tenga la guarda y custodia».

Caso práctico | Mínimo por descendientes en IRPF y custodia compartida

PLANTEAMIENTO

Sergio y Patricia se han divorciado. En el convenio regulador aprobado en sentencia tienen atribuida la guarda y custodia compartida del hijo común, sin establecimiento de pensión de alimentos. ¿Podría cada uno aplicarse en su totalidad el mínimo por descendientes?

RESPUESTA

No, procederá el prorrateo del mínimo por descendientes entre Patricia y Sergio por partes iguales, con independencia de quién sea el progenitor con el que el hijo se en-cuentre a 31 de diciembre y del tiempo concreto de convivencia del hijo con cada uno.

El apartado 1 del artículo 58 de la LIRPF señala:

> «El mínimo por descendientes será, por cada uno de ellos menor de veinti-cinco años o con discapacidad cualquiera que sea su edad, siempre que con-viva con el contribuyente y no tenga rentas anuales, excluidas las exentas, superiores a 8.000 euros, de:
> 2.400 euros anuales por el primero.
> 2.700 euros anuales por el segundo.
> 4.000 euros anuales por el tercero.
> 4.500 euros anuales por el cuarto y siguientes.
> A estos efectos, se asimilarán a los descendientes aquellas personas vin-culadas al contribuyente por razón de tutela y acogimiento, en los términos previstos en la legislación civil aplicable. Asimismo, se asimilará a la conviven-cia con el contribuyente, la dependencia respecto de este último salvo cuando resulte de aplicación lo dispuesto en los artículos 64 y 75 de esta Ley».

Por su parte, el artículo 61 de la LIRPF dispone:

> «Para la determinación del importe de los mínimos a que se refieren los artí-culos 57, 58, 59 y 60 de esta Ley, se tendrán en cuenta las siguientes normas:
> 1.ª Cuando dos o más contribuyentes tengan derecho a la aplicación del mínimo por descendientes, ascendientes o discapacidad, respecto de los mis-mos ascendientes o descendientes, su importe se prorrateará entre ellos por partes iguales.
> No obstante, cuando los contribuyentes tengan distinto grado de parentes-co con el ascendiente o descendiente, la aplicación del mínimo corresponderá a los de grado más cercano, salvo que éstos no tengan rentas anuales, exclui-das las exentas, superiores a 8.000 euros, en cuyo caso corresponderá a los del siguiente grado.
> (...)».

Por tanto, dado que ambos progenitores tienen derecho a la aplicación del mínimo por descendientes, este se prorrateará entre ellos a partes iguales. Así, la resolución del Tribunal Económico-Administrativo Central n.º 10590/2022, de 29 de mayo de 2023, indicó lo siguiente:

> «Como bien señala la Directora recurrente el derecho a la aplicación del mí-nimo por descendientes se determina de manera única por todo el período im-positivo. Es decir, la norma no reconoce el derecho al mínimo por descendien-

tes por períodos temporales dentro del período impositivo, como si el obligado tributario tuviera derecho a dicho mínimo durante los meses de convivencia con los hijos y no lo tuviera en absoluto durante el tiempo de no convivencia. Prueba de ello es que el derecho al mínimo por descendientes cuando la guarda y custodia compartida no conlleva un reparto igualitario del tiempo de convivencia con los hijos, se prorratea, sin embargo, por partes iguales por los progenitores, tal como hemos afirmado en la resolución de esta misma fecha (RG 8646/2022) dictada en unificación de criterio. Tal como indica la Directora del Departamento de Gestión Tributaria de la AEAT en su escrito de alegaciones "Si bien es cierto que, en determinados supuestos, el importe del mínimo por descendientes se deberá prorratear entre ambos progenitores, este hecho no implica que solo se tenga derecho al citado mínimo únicamente durante una parte del periodo impositivo, sino que se tiene derecho a su aplicación, pero de manera compartida con el otro progenitor".

(...)

Tras la entrada en vigor de la Ley 26/2014, de 27 de noviembre, no resulta posible la aplicación simultánea, en el mismo período impositivo, del mínimo por descendientes del artículo 58 de la LIRPF y del régimen previsto para las anualidades por alimentos en favor de los hijos por decisión judicial en los artículos 64 y 75 de dicha norma.

De este modo:

- **Los progenitores que tengan asignada la guarda y custodia compartida de los hijos tendrán derecho a la aplicación del mínimo por descendientes, que se prorrateará por partes iguales**, no siendo posible la aplicación del régimen previsto para las anualidades por alimentos por el progenitor que, en su caso, las satisfaga.

- El progenitor que satisfaga anualidades por alimentos en favor de los hijos y que no tenga asignada la guarda y custodia de éstos, ni siquiera de forma compartida, aplicará el régimen previsto para las anualidades por alimentos pero no el mínimo por descendientes.

- El progenitor que sin tener asignada la guarda y custodia de los hijos, ni siquiera de forma compartida, y sin satisfacer anualidades por alimentos en favor de estos por decisión judicial, contribuye, no obstante, al mantenimiento económico de aquéllos, tendrá derecho a la aplicación del mínimo por descendientes con base en el criterio de dependencia al que se refiere el artículo 58 de la LIRPF, mínimo que deberá ser prorrateado por partes iguales con el progenitor que tenga la guarda y custodia».

En el mismo sentido, la resolución del TEAC n.º 8646/2022, de 29 de mayo de 2023, estableció como criterio que, en los supuestos de guarda y custodia compartida de los hijos tras una sentencia de nulidad, separación o divorcio, el derecho a la aplicación del mínimo por descendientes del artículo 58 LIRPF corresponde a ambos progenitores por partes iguales, con independencia del tiempo concreto de convivencia con uno u otro.

Caso práctico | Tributación conjunta con los hijos en IRPF en caso de separación y custodia compartida

PLANTEAMIENTO

Irene tiene una hija menor de edad. El año pasado se separó legalmente del padre de la pequeña acordando un régimen de guarda y custodia compartida y que sería el padre quien presentara declaración conjunta con la hija común. ¿Podrá Irene también presentar la declaración de la renta conjunta con su hija?

RESPUESTA

No. Al estar los progenitores separados legalmente y tratarse de un supuesto de guarda y custodia compartida, como existe un acuerdo previo entre los progenitores para que la hija presente declaración conjunta con el padre, la madre tendrá que declarar de forma individual.

El artículo 82 de la LIRPF dispone:

> «1. Podrán tributar conjuntamente las personas que formen parte de alguna de las siguientes modalidades de unidad familiar:
> 1.ª La integrada por los cónyuges no separados legalmente y, si los hubiera:
> a) Los hijos menores, con excepción de los que, con el consentimiento de los padres, vivan independientes de éstos.
> b) Los hijos mayores de edad incapacitados judicialmente sujetos a patria potestad prorrogada o rehabilitada.
> 2.ª En los casos de separación legal, o cuando no existiera vínculo matrimonial, la formada por el padre o la madre y todos los hijos que convivan con uno u otro y que reúnan los requisitos a que se refiere la regla 1.ª de este artículo.
> 2. Nadie podrá formar parte de dos unidades familiares al mismo tiempo.
> 3. La determinación de los miembros de la unidad familiar se realizará atendiendo a la situación existente a 31 de diciembre de cada año».

El Tribunal Económico-Administrativo Central fijó como criterio en su resolución n.º 2172/2023, de 19 de julio de 2024, que, en casos de separación legal o ausencia de vínculo matrimonial en los que la guarda y custodia de los hijos sea compartida, si no se justifica la existencia de mutuo acuerdo entre los progenitores para que a la tributación conjunta se acoja uno u otro (mutuo acuerdo que deberá ser previo a la presentación de las declaraciones), los dos progenitores, y también todos los hijos, deberán tributar en régimen de tributación individual, como obliga la imperativa redacción de los apartados 1.2.ª y 2 del artículo 82 de la LIRPF, no siendo por ello aplicable en estos casos la reducción del artículo 84.2.4.º de la LIRPF.

En este supuesto sí habría acuerdo previo entre ambos progenitores para que la hija en común realice declaración conjunta con su padre, por lo que la madre tendría que declarar de forma individual.

Caso práctico | Reducción por tributación conjunta de progenitor divorciado con los hijos comunes

PLANTEAMIENTO

Joel convive con su único hijo, menor de edad, con respecto al cual ostenta la guarda y custodia exclusiva, atribuida por la sentencia judicial de divorcio. Va a presentar declaración del IRPF conjunta con el menor y se pregunta si tendrá derecho a alguna reducción por tributación conjunta.

RESPUESTA

Al tratarse de la segunda de las modalidades de unidad familiar del artículo 82 de la LIRPF y no existir convivencia con el otro progenitor, podrá aplicar la reducción de 2.150 euros anuales que establece el artículo 84.2.4.º de la LIRPF, en la forma que indica el propio precepto.

El artículo 82 de la LIRPF se refiere a la tributación conjunta en los siguientes términos:

«1. Podrán tributar conjuntamente las personas que formen parte de alguna de las siguientes modalidades de unidad familiar:

1.ª La integrada por los cónyuges no separados legalmente y, si los hubiera:

a) Los hijos menores, con excepción de los que, con el consentimiento de los padres, vivan independientes de éstos.

b) Los hijos mayores de edad incapacitados judicialmente sujetos a patria potestad prorrogada o rehabilitada.

2.ª En los casos de separación legal, o cuando no existiera vínculo matrimonial, la formada por el padre o la madre y todos los hijos que convivan con uno u otro y que reúnan los requisitos a que se refiere la regla 1.ª de este artículo.

2. Nadie podrá formar parte de dos unidades familiares al mismo tiempo.

3. La determinación de los miembros de la unidad familiar se realizará atendiendo a la situación existente a 31 de diciembre de cada año».

Por su parte, el artículo 84 de la LIRPF establece las normas aplicables en la tributación conjunta y prevé:

«1. En la tributación conjunta serán aplicables las reglas generales del impuesto sobre determinación de la renta de los contribuyentes, determinación de las bases imponible y liquidable y determinación de la deuda tributaria, con las especialidades que se fijan en los apartados siguientes.

2. Los importes y límites cuantitativos establecidos a efectos de la tributación individual se aplicarán en idéntica cuantía en la tributación conjunta, sin que proceda su elevación o multiplicación en función del número de miembros de la unidad familiar.

No obstante:

(...)

3.º En la primera de las modalidades de unidad familiar del artículo 82 de esta ley, la base imponible, con carácter previo a las reducciones previstas en los artículos 51, 53 y 54 y en la disposición adicional undécima de esta Ley, se reducirá en 3.400 euros anuales. A tal efecto, la reducción se aplicará, en primer lugar, a la base imponible general sin que pueda resultar negativa como consecuencia de tal minoración. El remanente, si lo hubiera, minorará la base imponible del ahorro, que tampoco podrá resultar negativa.

4.º En la segunda de las modalidades de unidad familiar del artículo 82 de esta ley, la base imponible, con carácter previo a las reducciones previstas en los artículos 51, 53 y 54 y en la disposición adicional undécima de esta Ley, se reducirá en 2.150 euros anuales. A tal efecto, la reducción se aplicará, en primer lugar, a la base imponible general sin que pueda resultar negativa como consecuencia de tal minoración. El remanente, si lo hubiera, minorará la base imponible del ahorro, que tampoco podrá resultar negativa.

No se aplicará esta reducción cuando el contribuyente conviva con el padre o la madre de alguno de los hijos que forman parte de su unidad familiar.

(...)».

En el supuesto planteado, se trataría de la segunda de las modalidades de unidad familiar del artículo 82 de la LIRPF (la formada por el padre y el único hijo menor de edad, con el que convive). Por lo tanto, según el artículo 84.2.4.º de la LIRPF, y al no existir convivencia con el otro progenitor, podrá practicarse la reducción de 2.150 euros anuales en los términos que indica el precepto, ya reproducido.

Cabe mencionar también el criterio seguido por la Dirección General de Tributos, por ejemplo en su consulta vinculante (V0566-25), de 31 de marzo de 2025, según el cual la opción por la tributación conjunta, en caso de que la guarda y custodia de los hijos la tenga solo uno de los progenitores, «(...) corresponderá a quien tenga atribuida la guarda y custodia de los hijos a la fecha de devengo del Impuesto, al tratarse del progenitor que convive con aquéllos».

Caso práctico | ¿Puede aplicarse el régimen de anualidades por alimentos al pago de la cuota de teléfono del hijo?

PLANTEAMIENTO

Un contribuyente abona en concepto de pensión de alimentos 350 euros mensuales y 30 euros a mayores por los gastos de teléfono del hijo, además del 50 % de los gastos extraordinarios. Todos estos gastos aparecen recogidos en el convenio regulador firmado por ambos progenitores y ratificado posteriormente. ¿Puede aplicar el régimen previsto en la LIRPF para las anualidades de alimentos al pago de la cuota de teléfono del hijo y a los gastos extraordinarios?

RESPUESTA

Sí, el régimen previsto para las anualidades de alimentos será aplicable no solo a la pensión de alimentos, sino también al pago de la cuota de teléfono y a los gastos extraordinarios, y así se recoge, por ejemplo, en la consulta vinculante de la Dirección General de Tributos (V2036-24), de 23 de septiembre de 2024.

En el ámbito tributario, las anualidades por alimentos fijadas a favor de los hijos no podrán reducir la base imponible general, según lo establecido en el artículo 55 de la LIRPF, al señalar textualmente dicho precepto que: «Las pensiones compensatorias a favor del cónyuge y las anualidades por alimentos, con excepción de las fijadas en favor de los hijos del contribuyente, satisfechas ambas por decisión judicial, podrán ser objeto de reducción en la base imponible».

Sin embargo, estas anualidades sí serán tenidas en cuenta a la hora de calcular la **cuota íntegra estatal y autonómica del IRPF**. Hay que recordar que el artículo 64 de la LIRPF dispone:

> «Los contribuyentes que satisfagan las anualidades por alimentos a sus hijos previstas en la letra k) del artículo 7 sin derecho a la aplicación por estos últimos del mínimo por descendientes previsto en el artículo 58, cuando el importe de aquellas sea inferior a la base liquidable general, aplicarán la escala prevista en el número 1.º del apartado 1 del artículo 63 separadamente al importe de las anualidades por alimentos y al resto de la base liquidable general. La cuantía total resultante se minorará en el importe derivado de aplicar la escala prevista en el número 1.º del apartado 1 del artículo 63, a la parte de la base liquidable general correspondiente al mínimo personal y familiar incrementado en 1.980 euros anuales, sin que pueda resultar negativa como consecuencia de tal minoración».

En el caso de la cuota íntegra autonómica la LIRPF se pronuncia en el mismo sentido en su artículo 75.

A estos efectos hay que destacar que para la aplicación del régimen de anualidades por alimentos a favor de los hijos se toma en cuenta el importe dinerario que efectivamente se haya satisfecho en concepto de anualidad por alimentos, incluyendo los gastos extraordinarios de asistencia médica y de educación e instrucción de los hijos; en virtud de lo dispuesto en el artículo 142 del CC que considera alimentos todo lo indispensable para el sustento, habitación, vestido y asistencia médica, además de la educación e instrucción del alimentista en cuanto no finalice su formación por causa que no le sea imputable. Esto implica que mientras exista la obligación por parte del contribuyente de pagar la pensión de alimentos y el 50 % de los gastos extraordinarios, y estos efectivamente se satisfagan, podrán aplicarse las especialidades establecidas en los artículos 64 y 75 de la LIRPF.

En consonancia con todo lo expuesto, Tributos en su **consulta vinculante (V2036-24) de 23 de septiembre de 2024**, concluye, en un caso en el que el contribuyente abonaba pensión de alimentos, gastos extraordinarios y cuotas de telefonía móvil en virtud de lo dispuesto en el convenio regulador, que podría aplicar el mentado régimen de especialidades a las cantidades efectivamente abonadas por esos conceptos. En ese sentido, deberá probar por cualquier medio de prueba admitido en derecho el pago efectivo de esos importes.

3.
¿QUÉ HACER CON LA VIVIENDA FAMILIAR? ESTUDIO ESPECIAL DE LAS PRINCIPALES OPCIONES Y SUS CONSECUENCIAS FISCALES

Diferentes opciones con respecto a la vivienda común tras la ruptura y sus implicaciones fiscales

Uno de los supuestos que más problemática suele generar en las separaciones de parejas o divorcios es la adjudicación del uso de la vivienda a uno de los miembros de la expareja.

Al margen de la casuística civil en la materia, la realidad es que las decisiones que tomen las parejas o, en su caso, lo que dictamine la sentencia en relación con la que fuera vivienda común tiene diferentes implicaciones fiscales, que es conveniente conocer.

En el caso de que se adjudique a uno de los excónyuges el uso de la vivienda familiar, para este continuará siendo su vivienda habitual, por lo que la tratará como tal en su declaración de la renta. Sin embargo, ¿qué sucederá si se le adjudica al otro?

Por un lado, el artículo 85 de la LIRPF regula la **imputación de rentas inmobiliarias** en el siguiente sentido:

> «1. En el supuesto de los bienes inmuebles urbanos, calificados como tales en el artículo 7 del texto refundido de la Ley del Catastro Inmobiliario, aprobado por el Real Decreto Legislativo 1/2004, de 5 de marzo, así como en el caso de los inmuebles rústicos con construcciones que no resulten indispensables para el desarrollo de explotaciones agrícolas, ganaderas o forestales, no afectos en ambos casos a actividades económicas, ni generadores de rendimientos del capital, **excluida la vivienda habitual** y el suelo no edificado, tendrá la consideración de renta imputada la cantidad que resulte de aplicar el 2 por ciento al valor catastral, determinándose proporcionalmente al número de días que corresponda en cada período impositivo.
> (...)».

Y, por su parte, el artículo 96 del Código Civil atribuye el derecho de uso de la vivienda familiar a los hijos y al cónyuge en cuya compañía queden, en defecto de acuerdo aprobado por la autoridad judicial.

Así las cosas, la Dirección General de Tributos ha señalado, por ejemplo, en su consulta vinculante (V1870-23), de 28 de junio de 2023, que:

> «(...) la actual indefinición sobre la naturaleza jurídica del derecho de uso sobre la vivienda familiar previsto en el artículo 96 del Código Civil, es criterio de este Centro Directivo que **no procede la imputación de rentas inmobiliarias prevista en el artículo 85 de la LIRPF por la vivienda familiar cuyo uso se atribuye a la expareja y, en su caso, a los hijos en cuya compañía queden, aunque ésta no constituya vivienda habitual del otro progenitor**.
>
> Lo dispuesto en el párrafo anterior resultará igualmente de aplicación en el presente caso, al atribuirse en la sentencia señalada el uso del inmueble a la expareja y a los hijos en cuya compañía queden, **aun cuando no existiera vínculo matrimonial** alguno».

Por tanto, en tales casos, el progenitor a quien no se atribuye el uso de la vivienda familiar no deberá imputar renta alguna en su IRPF por dicho inmueble, existiendo una casilla específica en la declaración del impuesto para referenciar dicha situación.

3.1. Venta o transmisión

Consecuencias fiscales de la transmisión de la vivienda tras la separación o divorcio

|| Adjudicación de la titularidad a uno de los excónyuges en la || liquidación de gananciales

A efectos del **IRPF**, cuando la vivienda se adjudique a uno de los excónyuges en la liquidación de la sociedad de gananciales, la misma no supondrá una ganancia o pérdida patrimonial. Así, el apartado 2 del artículo 33 de la LIRPF establece:

> «2. Se estimará que **no existe alteración en la composición del patrimonio**:
>
> a) En los supuestos de división de la cosa común.
>
> b) **En la disolución de la sociedad de gananciales** o en la extinción del régimen económico matrimonial de participación.
>
> c) En la disolución de comunidades de bienes o en los casos de separación de comuneros.
>
> Los supuestos a que se refiere este apartado no podrán dar lugar, en ningún caso, a la actualización de los valores de los bienes o derechos recibidos».

Por lo tanto, **la disolución de la sociedad de gananciales, en principio, no generará ganancia o pérdida patrimonial para el cotitular que deja de ser propietario, pero tampoco supondrá una actualización del valor del inmueble**. Es decir, si posteriormente se transmitiese dicho inmueble, la ganancia o pérdida patrimonial se calculará en base al valor de adquisición que tuvo el inmueble para dicha sociedad de gananciales.

No obstante, **sí se entenderá producida alteración patrimonial** y deberá tributarse por la misma, **en los casos en los que se produzca una actualización del valor del bien recibido, como ocurre cuando el copropietario recibe una compensación en metálico por un importe superior a la cuota que le correspondía en el condominio.**

En este sentido, la sentencia del Tribunal Supremo en recurso n.º 2040/2005, de 3 de noviembre de 2010, ECLI:ES:TS:2010:5891, estableció:

> «Por otra parte, si bien es cierto que el artículo 20.1 de la Ley 44/1978, de 8 de septiembre, del Impuesto sobre la Renta de las Personas Físicas entiende que «no se estimará que existen incrementos o disminuciones patrimoniales en los supuestos de división de cosa común, disolución de sociedades de gananciales y, en general, disolución de comunidades o separación de comuneros», el artículo 79 del Reglamento del Impuesto, aprobado por Real Decreto 2384/1981, de 3 de agosto, se preocupa de señalar que en estos casos, «los bienes y derechos recibidos por el sujeto pasivo se incorporan al patrimonio por el mismo valor por el que se hubiese computado el derecho enajenado o computado», de tal forma que, si como aquí ocurre, la incorporación al patrimonio lo es por un valor superior al de adquisición actualizado fiscalmente, sí que se habrá producido un incremento patrimonial susceptible de calificarse como renta, en el momento de la división de la comunidad, y no, como sería en el caso de que la incorporación lo fuese por el mismo valor, en cuyo caso el incremento quedaría deferido al momento en que adquirente enajenase el bien».

Dicha sentencia también señala que no resulta aplicable la doctrina sentada en relación a la adjudicación de cosa común en el ITPyAJD al Impuesto sobre la Renta de las Personas Físicas, ya que «en el IRPF, el hecho imponible en los casos de incrementos patrimoniales tiene lugar por el propio incremento, que no se produciría si se diese a los bienes objeto de la división el mismo valor de adquisición, pero no cuando ese valor es superior, ya que en ese caso, es obvio, que ese aumento económico si ha alcanzado realidad, máxime cuando, como ocurre en el caso de autos, el exceso se cubre con dinero procedente de uno de los titulares».

Este pronunciamiento ha sido ratificado por la sentencia del Tribunal Supremo n.º 1634/2023, de 5 de diciembre, ECLI:ES:TS:2023:5535, en la que además declaró:

> «En el fundamento de derecho tercero de la sentencia a la que nos venimos remitiendo, la de 10 de octubre de 2022, RC. 5110/2020, fijamos una doctrina judicial que ahora reiteramos, que es la siguiente: «la compensación percibida por un comunero, a quien no se adjudica el bien cuando se

disuelve el condominio, comportará para dicho comunero la existencia de una ganancia patrimonial sujeta al IRPF, cuando exista una actualización del valor de ese bien entre el momento de su adquisición y el de su adjudicación y esa diferencia de valor sea positiva»».

Por lo que respeta al **ITPyAJD**, el artículo 45 de la LITPyAJD señala:

«Los beneficios fiscales aplicables en cada caso a las tres modalidades de gravamen a que se refiere el artículo 1 de la presente Ley serán los siguientes:
(...)
B) Estarán exentas:
(...)
3. Las aportaciones de bienes y derechos verificados por los cónyuges a la sociedad conyugal, las adjudicaciones que a su favor y en pago de las mismas se verifiquen a su disolución y las transmisiones que por tal causa se hagan a los cónyuges en pago de su haber de gananciales.
(...)».

Mientras que el apartado 3 del artículo 32 del RITPyAJD, por su parte, establece que no motivarán liquidación por la modalidad de transmisiones patrimoniales onerosas los excesos de adjudicación declarados que resulten de las adjudicaciones de bienes que sean efecto patrimonial de la disolución del matrimonio o del cambio de su régimen económico, cuando sean consecuencia necesaria de la adjudicación a uno de los cónyuges de la vivienda habitual del matrimonio.

Por otra parte, el artículo 3.1.b) de la LISD establece que la adquisición de bienes y derechos por donación o cualquier otro negocio jurídico a título gratuito, *inter vivos,* constituye el hecho imponible del ISD. Por tanto, en la medida en que se produzca un exceso de adjudicación a uno de los excónyuges sin contraprestación, podría entenderse producido el hecho imponible del ISD. Ahora bien, la sentencia del Tribunal Supremo n.° 963/2022, de 12 de julio, ECLI:ES:TS:2022:3083, señala que **no se produce supuesto de hecho del ISD en la adjudicación de la vivienda habitual, cualquiera que sea el régimen económico matrimonial que se disuelva, dado que no se da la voluntad de donar.** Así, la mencionada sentencia dispone:

«(...) Por ende, a la pregunta sobre que nos interroga el auto de admisión, consistente en:
"[...] Determinar si, en el marco de la extinción de un condominio, provocado por la disolución del matrimonio, el exceso de adjudicación de la vivienda habitual a uno de los cónyuges, no compensado económicamente, se sujeta al Impuesto sobre Sucesiones y Donaciones —ex artículo 3.1.b) LISD— o, por el contrario, comporta la realización del hecho imponible del Impuesto sobre Transmisiones Patrimoniales Onerosas y Actos Jurídicos Documentados y, en concreto, en la modalidad de Transmisiones Patrimoniales Onerosas o de Actos Jurídicos Documentados y si, en su caso, resulta de aplicación el supuesto de no sujeción especial previsto en el artículo 32.3 RITPAJD [...]",

hemos de responder del siguiente modo:

1) **Es aplicable a los excesos de adjudicación en casos de división de la cosa común el Texto refundido de la Ley del Impuesto sobre Transmisiones Patrimoniales y Actos Jurídicos Documentados**, aprobado en Real Decreto Legislativo 1/1993, de 24 de septiembre —TRLITPyAJD—, así como su reglamento, Real Decreto 828/1995, de 29 de mayo, por el que se aprueba el Reglamento del Impuesto sobre Transmisiones Patrimoniales y Actos Jurídicos Documentados. **Tal aplicabilidad descarta la caracterización del exceso de adjudicación como donación, así como su gravamen en tal concepto, al faltar, entre otros requisitos, el animus donandi.**

2) Los excesos de adjudicación están específicamente regulados, con carácter general, esto es, al margen de que provengan de una disolución matrimonial o de otras causas de división de la cosa común, en el artículo 7.2.B) del TRLITPyAJD, excluyéndolos por tanto del ámbito objetivo del ISD.

3) Acotada la modalidad tributaria aplicable, el art. 32 del Reglamento del impuesto considera un caso de no sujeción, aunque podría ser controvertible que su naturaleza de exención, dada la fórmula empleada en el enunciado reglamentario, como este Tribunal Supremo ha señalado, en alguna ocasión, afirmando que se trata de una exención —el de los excesos de adjudicación declarados que resulten de las adjudicaciones de bienes que sean efecto patrimonial de la disolución del matrimonio o del cambio de su régimen económico—, cuando sean consecuencia necesaria de la adjudicación a uno de los cónyuges de la vivienda habitual del matrimonio, como aquí sucede.

Efecto de la doctrina enunciada es la necesidad de declarar que no ha lugar al recurso de casación promovido, toda vez que la sentencia de instancia rechaza la impugnación, por la Generalidad de Cataluña, de la resolución del TEAR de Cataluña que aplicó el artículo 32 del RITP, pese a caracterizar como donación el exceso de adjudicación a la esposa examinado. Es más correcta, y determinante en todo caso del fallo de esta sentencia de casación, el criterio sostenido por la Sala homóloga de Cataluña, que descarta el carácter de donación del citado exceso de adjudicación, dada la falta de animus donandi y la ausencia de un acto unilateral de voluntad de donar, que no puede estar presente en un convenio que, por su propia esencia, es bilateral y convenido entre los cónyuges que disuelven el matrimonio y, con ello, el patrimonio común».

Por lo que se refiere al **IIVTNU**, dicho impuesto grava el incremento de valor que experimenten los terrenos de naturaleza urbana y se ponga de manifiesto a consecuencia de la transmisión de la propiedad de los terrenos por cualquier título o de la constitución o transmisión de cualquier derecho real de goce, limitativo del dominio, sobre los referidos terrenos. No obstante, el artículo 104 de la LRHL, apartado 3, dispone:

«3. No se producirá la sujeción al impuesto en los supuestos de aportaciones de bienes y derechos realizadas por los cónyuges a la sociedad conyugal, adjudicaciones que a su favor y en pago de ellas se verifiquen y transmisiones que se hagan a los cónyuges en pago de sus haberes comunes.

Tampoco se producirá la sujeción al impuesto en los supuestos de transmisiones de bienes inmuebles entre cónyuges o a favor de los hijos, como consecuencia del cumplimiento de sentencias en los casos de nulidad, separación o divorcio matrimonial, sea cual sea el régimen económico matrimonial (...)».

En este sentido, el Tribunal Supremo ha declarado reiteradamente que la división de la cosa común y la consiguiente adjudicación a cada comunero en proporción a su interés en la comunidad de las partes resultantes no es una transmisión patrimonial propiamente dicha, sino una mera especificación o concreción de un derecho abstracto preexistente. No obstante, cuando a un comunero se le adjudique más de lo que le corresponda por su cuota de participación en la cosa común, el exceso que reciba no es algo que tuviese con anterioridad, por lo que su adjudicación sí constituirá una transmisión patrimonial. Por tanto:

- Si se produce exceso en la adjudicación y no media ningún tipo de compensación, se tratará de una transmisión de carácter gratuito y tributará por el IIVTNU, siendo sujeto pasivo el adquirente.

- Si se produce exceso en la adjudicación y el comunero al que se le adjudique el exceso compensa a los otros comuneros en metálico, se trata de una transmisión de la propiedad a título oneroso, que tributará por el IIVTNU, siendo sujeto pasivo el transmitente.

No obstante, se exceptuarían los casos en los que el exceso surja de dar cumplimiento a lo dispuesto en los artículos 821, 829, 1056 (segundo) y 1062 (primero) del Código Civil. Dichos preceptos responden al principio general establecido en el artículo 1062 del Código Civil de que cuando la cosa común sea indivisible, ya sea por su propia naturaleza o porque pueda desmerecer mucho por la división, la única forma de extinción de la comunidad es adjudicarla a uno de los comuneros con la obligación de abonar a los otros el exceso en metálico. En dichos supuestos no se considerará que existe transmisión patrimonial onerosa, y no determinará la sujeción al IIVTNU. Ahora bien, al no producirse sujeción al IIVTNU, no se devenga del impuesto, por lo que si posteriormente quien se adjudica así la titularidad plena procede a vender el inmueble, tributará por el IIVTNU desde el momento en el que había adquirido el inmueble y no desde el momento de la disolución del condominio.

|| Venta a la expareja de la parte de titularidad de la vivienda común

En este supuesto, debemos distinguir entre aquellas exparejas que no estaban casadas y aquellas que lo estaban en separación de bienes.

En el caso de **parejas no casadas** que compartían la titularidad de un inmueble, la atribución de la titularidad de la parte del mismo de uno a favor del otro será una **disolución del condominio**, como ocurriría en el caso de terceros que tengan bienes en común y disuelvan dicha cotitularidad. A este respecto se ha pronunciado el Tribunal Supremo en la sentencia n.º 1269/2022, de 10 de octubre de 2022, ECLI:ES:TS:2022:3585, en la que fija como criterio:

«(...) que la compensación percibida por un comunero, a quien no se adjudica el bien cuando se disuelve el condominio, comportará para dicho comunero la existencia de una ganancia patrimonial sujeta al IRPF, cuando exista una actualización del valor de ese bien entre el momento de su adquisición y el de su adjudicación y esa diferencia de valor sea positiva».

Por tanto, si no existen más bienes comunes y se adjudica el inmueble al cotitular a cambio de una contraprestación, dándose los requisitos indicados, para el comunero que percibe la contraprestación se producirá una ganancia o pérdida patrimonial por la que deberá tributar en IRPF, calculándose la misma conforme a lo dispuesto en los artículos 34 y 35 de la LIRPF.

Por lo que se refiere al **Impuesto sobre Transmisiones Patrimoniales**, el Tribunal Supremo en su sentencia n.° 1790/2020, de 17 de diciembre, ECLI:ES:TS:2020:4398, señala:

> «Sin embargo, al adjudicarse a uno de los copropietarios un bien inmueble indivisible extinguiéndose, en consecuencia, el condominio que existía sobre el mismo, emerge el supuesto de no sujeción que, como excepción prevé el artículo 7.2 B TRITPAJD, por cuanto, en estos casos, aquél participe que resultó adjudicatario, ya era titular dominical de una determinada participación y, a través de una única convención —como acontece en el caso que nos ocupa— se le adjudica la totalidad del pleno dominio, mediante la compensación en dinero equivalente a su respectiva participación al otro propietario del inmueble, no existiendo, por ende, exceso de adjudicación.
>
> Dicho en otras palabras, en estos casos no existe transmisión patrimonial sino, simplemente, la especificación de un derecho preexistente.
>
> No se trata, por tanto, de una operación que tenga encaje en el artículo 7 TRITPAJD referido al hecho imponible de la modalidad de transmisiones patrimoniales onerosas.
>
> Sí se tributará, en cambio, por la modalidad de actos jurídicos documentados, no ya solo por la cuota fija (artículo 31.1 TRITPyAJD), cuestión que es indiscutida, sino por la cuota gradual, puesto que concurren todos los requisitos previstos en el artículo 31.2 TRITPyAJD (...)».

Por tanto, **la disolución del condominio por la adjudicación a un miembro de la expareja con compensación al otro no tributará en ITPyAJD por la modalidad de transmisiones patrimoniales onerosas, pero sí por la de actos jurídicos documentados.**

En el caso de **régimen económico matrimonial de separación de bienes**, debe tenerse en cuenta lo dispuesto en el artículo 1438 del Código Civil:

> «Los cónyuges contribuirán al sostenimiento de las cargas del matrimonio. A falta de convenio lo harán proporcionalmente a sus respectivos recursos económicos. El trabajo para la casa será computado como contribución a las cargas y dará derecho a obtener una compensación que el Juez señalará, a falta de acuerdo, a la extinción del régimen de separación».

El artículo 33.3.d) de la LIRPF señala:

> «3. Se estimará que no existe ganancia o pérdida patrimonial en los siguientes supuestos:
> (...)
> d) En la extinción del régimen económico matrimonial de separación de bienes, cuando por imposición legal o resolución judicial se produzcan compensa-

ciones, dinerarias o mediante la adjudicación de bienes, por causa distinta de la pensión compensatoria entre cónyuges.

Las compensaciones a que se refiere esta letra d) no darán derecho a reducir la base imponible del pagador ni constituirá renta para el perceptor.

El supuesto al que se refiere esta letra d) no podrá dar lugar, en ningún caso, a las actualizaciones de los valores de los bienes o derechos adjudicados».

Por tanto, **si la entrega de la parte de titularidad de uno de los excónyuges a favor del otro a cambio de una contraprestación se produce como consecuencia de la extinción del régimen económico matrimonial de separación de bienes en los términos que indica ese precepto, ya sea por imposición legal o por resolución judicial, no se producirá ganancia o pérdida patrimonial para el que transmite la propiedad del inmueble.** Ahora bien, el Tribunal Supremo en su sentencia n.° 1269/2022, de 10 de octubre, ECLI:ES:TS:2022:3585, estableció:

«(...) la compensación percibida por un comunero, a quien no se adjudica el bien cuando se disuelve el condominio, comportará para dicho comunero la existencia de una ganancia patrimonial sujeta al IRPF, cuando exista una actualización del valor de ese bien entre el momento de su adquisición y el de su adjudicación y esa diferencia de valor sea positiva».

Por tanto, **en los casos de división de la cosa común respetando la cuota de participación, no hay alteración patrimonial, pero sí la habrá cuando se produzca una actualización del valor del bien recibido, como ocurriría cuando el copropietario recibe una compensación en metálico por un importe superior a la cuota que le correspondía en el condominio.**

|| Venta de la vivienda a un tercero

En el caso de que se decida no adjudicar a ninguno de los titulares el bien y proceder a vendérselo a un tercero, estaremos ante una compraventa que estará sujeta a los correspondientes impuestos.

Así, para los titulares generará una ganancia o pérdida patrimonial, en función de si el valor de transmisión es mayor o no que el valor de adquisición. Igualmente, deberán hacer frente, en su caso, al pago del Impuesto sobre el Incremento del Valor de los Terrenos de Naturaleza Urbana (IIVTNU).

El adquirente, por su parte, deberá hacer frente al Impuesto sobre Transmisiones Patrimoniales y Actos Jurídicos Documentados (ITPyAJD).

RESOLUCIONES ADMINISTRATIVAS

Consulta vinculante de la Dirección General de Tributos (V0892-24), de 23 de abril de 2024

Asunto: tratamiento en IRPF en caso de liquidación de la sociedad de gananciales con adjudicación de la vivienda habitual a uno de los cónyuges.

«(...) la disolución de una comunidad de bienes y la posterior adjudicación a cada uno de los comuneros de su correspondiente participación en la comunidad no constituye ninguna alteración en la composición de sus respectivos patrimonios que pudiera dar lugar a una ganancia o pérdida patrimonial, siempre y cuando la adjudica-

ción se corresponda con la respectiva cuota de titularidad. En estos supuestos no se podrán actualizar los valores de los bienes o derechos recibidos, que conservarán los valores de adquisición originarios, y, a efectos de futuras transmisiones, las fechas de adquisición originarias.

Solo en el caso de que se atribuyesen a uno de los comuneros (cónyuges en este caso) bienes o derechos por mayor valor que el correspondiente a su cuota de titularidad, existiría una alteración patrimonial en el otro cónyuge, generándose una ganancia o pérdida patrimonial, independientemente de que exista o no exista compensación en metálico, cuyo importe se determinará, de acuerdo con lo dispuesto en el artículo 34 de la Ley del Impuesto, por diferencia entre los valores de adquisición y de transmisión, valores que vienen definidos en los artículos 35 y 36 de la Ley del Impuesto, para las transmisiones onerosas y lucrativas, respectivamente.

Sentado lo anterior, en lo que respecta al valor de adquisición de la vivienda que fue adjudicada a la consultante tras la disolución del condominio, a efectos de calcular la ganancia o pérdida patrimonial que se generará con su transmisión, el artículo 35 de la LIRPF establece lo siguiente en el caso de transmisiones onerosas:

(...)».

Consulta vinculante de la Dirección General de Tributos (V1797-20), de 5 de junio de 2020

Asunto: tributación en IIVTNU por la disolución del condominio de dos cónyuges sobre dos viviendas, con adjudicación de una de ellas a cada uno.

«En el supuesto que se examina, la comunidad de bienes constituida por los dos excónyuges (comuneros) es titular de dos bienes inmuebles urbanos (las dos viviendas), por lo que ambos comuneros son cotitulares por mitades indivisas de los dos inmuebles.

La disolución de la comunidad de bienes que se pretende consiste en la adjudicación a cada uno de los comuneros del pleno dominio sobre una de las viviendas. Dado que ambas viviendas tienen distinto valor, uno de los comuneros (el excónyuge de la consultante) compensará en metálico al otro por la diferencia de valor.

En este caso no se producirá la sujeción al IIVTNU, ya que se cumplen los requisitos expuestos anteriormente para ello.

Al no producirse, en este supuesto, la sujeción al IIVTNU con ocasión de la adjudicación de la propiedad de un terreno de naturaleza urbana a cada uno de los comuneros, no se devenga del impuesto, lo que habrá que tener en cuenta en la futura transmisión del terreno adjudicado que esté sujeta a dicho impuesto, a los efectos del cómputo del período de generación del incremento de valor del terreno para la determinación de la base imponible del impuesto, ya que dicho cómputo no se ve interrumpido por causa de aquellas transmisiones derivadas de operaciones que no originan el devengo del impuesto, por lo que se entenderá que el inmueble ahora adjudicado a cada uno de los comuneros fue adquirido en la fecha en que se produjo la anterior transmisión sujeta (cuando ambos cónyuges adquirieron la respectiva vivienda) y no en la fecha en que se produce la adjudicación del pleno dominio por extinción del condominio».

Consulta vinculante de la Dirección General de Tributos (V1318-19), de 6 de junio de 2019

Asunto: tributación en IIVTNU en relación con la adjudicación de la vivienda familiar en el marco de la disolución de la sociedad de gananciales.

«En el caso objeto de consulta, ambos cónyuges, casados en régimen legal de gananciales, habían adquirido en su día la propiedad de un bien inmueble urbano. En fecha 08/04/2019 y como consecuencia de la sentencia firme que aprueba el cuaderno

particional de la liquidación de la sociedad de gananciales, se adjudicó al consultante el 100 % del pleno dominio de dicho bien inmueble.

Esta adjudicación por disolución y liquidación de la sociedad de gananciales no está sujeta al IIVTNU en virtud de lo dispuesto en el artículo 104.3 del TRLRHL antes transcrito.

Ahora bien, dado que dicha adjudicación no está sujeta al IIVTNU, en la posterior transmisión que pretende realizar el consultante en fecha 10/06/2019, a efectos de la determinación de la base imponible del IIVTNU, habrá que tener en cuenta que, en esta nueva transmisión, el período de puesta de manifiesto del incremento de valor de los terrenos de naturaleza urbana a los efectos de la aplicación del porcentaje anual que corresponda, será el comprendido entre la fecha del devengo del Impuesto que se liquide (la compraventa de 10/06/2019) y la del devengo de la anterior transmisión de la propiedad del terreno que sí estuvo sujeta al IIVTNU. Es decir, la fecha de inicio de dicho período de generación será la fecha en la que ambos cónyuges adquirieron el inmueble por compraventa (u otro título) y no la fecha en la que se le adjudica al consultante el 100% del pleno dominio por disolución y liquidación de la sociedad de gananciales.

En cuanto al valor del terreno a efectos de la determinación de la base imponible, será el valor que tenga a efectos del Impuesto sobre Bienes Inmuebles (el valor catastral) en la fecha del devengo (la fecha de la transmisión por compraventa)».

Venta de la vivienda y exención de la ganancia patrimonial por reinversión en IRPF

El artículo 38 de la LIRPF dispone en su apartado 1:

«1. Podrán excluirse de gravamen las ganancias patrimoniales obtenidas por la transmisión de la vivienda habitual del contribuyente, siempre que el **importe total obtenido por la transmisión se reinvierta en la adquisición de una nueva vivienda habitual** en las condiciones que reglamentariamente se determinen.

Cuando el importe reinvertido sea inferior al total de lo percibido en la transmisión, únicamente se excluirá de tributación la parte proporcional de la ganancia patrimonial obtenida que corresponda a la cantidad reinvertida».

Y, por su parte, el artículo 41 del RIRPF:

«1. Podrán gozar de exención las ganancias patrimoniales que se pongan de manifiesto en la transmisión de la vivienda habitual del contribuyente cuando el importe total obtenido se reinvierta en la adquisición de una nueva vivienda habitual, en las condiciones que se establecen en este artículo. Cuando para adquirir la vivienda transmitida el contribuyente hubiera utilizado financiación ajena, se considerará, exclusivamente a estos efectos, como importe total obtenido el resultante de minorar el valor de transmisión en el principal del préstamo que se encuentre pendiente de amortizar en el momento de la transmisión.

(...)

3. La reinversión del importe obtenido en la enajenación deberá efectuarse, de una sola vez o sucesivamente, en un período no superior a dos

años desde la fecha de transmisión de la vivienda habitual o en un año desde la fecha de transmisión de las acciones o participaciones.

En particular, se entenderá que la reinversión se efectúa dentro de plazo cuando la venta de la vivienda habitual se hubiese efectuado a plazos o con precio aplazado, siempre que el importe de los plazos se destine a la finalidad indicada dentro del período impositivo en que se vayan percibiendo.

Cuando, conforme a lo dispuesto en los párrafos anteriores, la reinversión no se realice en el mismo año de la enajenación, el contribuyente vendrá obligado a hacer constar en la declaración del Impuesto del ejercicio en el que se obtenga la ganancia de patrimonio su intención de reinvertir en las condiciones y plazos señalados.

Igualmente darán derecho a la exención por reinversión las cantidades obtenidas en la enajenación que se destinen a satisfacer el precio de una nueva vivienda habitual que se hubiera adquirido en el plazo de los dos años anteriores a la transmisión de aquélla.

4. En el caso de que el importe de la reinversión fuera inferior al total obtenido en la enajenación, solamente se excluirá de gravamen la parte proporcional de la ganancia patrimonial que corresponda a la cantidad efectivamente invertida en las condiciones de este artículo.

5. El incumplimiento de cualquiera de las condiciones establecidas en este artículo determinará el sometimiento a gravamen de la parte de la ganancia patrimonial correspondiente.

En tal caso, el contribuyente imputará la parte de la ganancia patrimonial no exenta al año de su obtención, practicando autoliquidación complementaria, con inclusión de los intereses de demora, y se presentará en el plazo que medie entre la fecha en que se produzca el incumplimiento y la finalización del plazo reglamentario de declaración correspondiente al período impositivo en que se produzca dicho incumplimiento».

Es decir, la ganancia patrimonial que se ponga de manifiesto por la transmisión de la vivienda habitual se verá reducida por la reinversión de la misma en la adquisición de una nueva vivienda habitual.

Como vemos, se exige que **tanto la vivienda transmitida como la adquirida tengan la condición de vivienda habitual** del contribuyente. Respecto del concepto de vivienda habitual, el artículo 41 bis del RIRPF señala:

«1. A los efectos previstos en los artículos 7.t), 33.4.b), y 38 de la Ley del Impuesto se considera vivienda habitual del contribuyente la edificación que constituya su residencia durante un plazo continuado de, al menos, tres años.

No obstante, se entenderá que la vivienda tuvo el carácter de habitual cuando, a pesar de no haber transcurrido dicho plazo, se produzca el fallecimiento del contribuyente o concurran otras circunstancias que necesariamente exijan el cambio de domicilio, tales como celebración de matrimonio, separación matrimonial, traslado laboral, obtención del primer empleo, o cambio de empleo, u otras análogas justificadas.

2. Para que la vivienda constituya la residencia habitual del contribuyente debe ser habitada de manera efectiva y con carácter permanente por el

propio contribuyente, en un plazo de doce meses, contados a partir de la fecha de adquisición o terminación de las obras.

No obstante, se entenderá que la vivienda no pierde el carácter de habitual cuando se produzcan las siguientes circunstancias:

Cuando se produzca el fallecimiento del contribuyente o concurran otras circunstancias que necesariamente impidan la ocupación de la vivienda, en los términos previstos en el apartado 1 de este artículo.

Cuando éste disfrute de vivienda habitual por razón de cargo o empleo y la vivienda adquirida no sea objeto de utilización, en cuyo caso el plazo antes indicado comenzará a contarse a partir de la fecha del cese.

Cuando la vivienda hubiera sido habitada de manera efectiva y permanente por el contribuyente en el plazo de doce meses, contados a partir de la fecha de adquisición o terminación de las obras, el plazo de tres años previsto en el apartado anterior se computará desde esta última fecha.

3. A los exclusivos efectos de la aplicación de las exenciones previstas en los artículos 33.4. b) y 38 de la Ley del Impuesto, se entenderá que el contribuyente está transmitiendo su vivienda habitual cuando, con arreglo a lo dispuesto en este artículo, dicha edificación constituya su vivienda habitual en ese momento o hubiera tenido tal consideración hasta cualquier día de los dos años anteriores a la fecha de transmisión».

Por tanto, en términos generales, se considera vivienda habitual aquella que el contribuyente habita de manera efectiva y con carácter permanente, durante un plazo continuado de al menos tres años, y debe haber comenzado a ser su vivienda habitual en los 12 meses siguientes a su adquisición o desde la finalización de las obras.

Además, como vemos, a los efectos de la exención por reinversión, el artículo 41 bis.3 del RIRPF determina que se entenderá que el contribuyente está transmitiendo su vivienda habitual cuando la edificación constituya su vivienda habitual en ese momento o hubiera tenido tal consideración hasta cualquier día de los dos años anteriores a la transmisión.

No obstante, el propio artículo 41 bis del RIRPF prevé que la vivienda conserve su carácter de habitual cuando se produzca el fallecimiento del contribuyente o **concurran otras circunstancias que necesariamente impidan la ocupación de la vivienda.** Hasta no hace mucho, la Dirección General de Tributos no entendía incluidos, dentro de esas circunstancias que impiden la ocupación efectiva, el divorcio o la separación; así, por ejemplo, en su consulta vinculante (V1026-23), de 26 de abril de 2023, señalaba lo siguiente:

«Según la información contenida en el escrito de consulta, la vivienda constituyó la residencia habitual del consultante desde el año 1995, hasta el año 2007, momento en el que se trasladó a otra vivienda hasta el 5 de enero de 2023. En dicha fecha regresa a su vivienda, manifestando el consultante y su ex cónyuge su intención de enajenarla durante el año 2023 para proceder a la liquidación del haber ganancial.

Respecto a lo anterior, una vez que el consultante haya dejado de residir efectivamente en su vivienda, que hubo alcanzado para él la consideración de habitual, con independencia de la causa que hubiera determinado el cese en la residencia efectiva (enfermedad, desempleo, traslado laboral, divorcio, separaciones, nacimiento de un hijo, etc.), dispone del plazo de dos años, para su venta sin pérdida del derecho a la correspondiente exención. En consecuencia, si como describe en su escrito de consulta la enajenación de la vivienda se produce en 2023, esta no tendrá la consideración de habitual y por tanto no podrá beneficiarse de la exención en caso de obtener una ganancia patrimonial por la venta».

Sin embargo, este escenario cambió con la sentencia del Tribunal Supremo n.º 553/2023, de 5 de mayo, ECLI:ES:TS:2023:2021, en la que el Alto Tribunal estableció **como criterio jurisprudencial interpretativo que, en las situaciones de separación, divorcio o nulidad del matrimonio que hubieren determinado el cese de la ocupación efectiva como vivienda habitual para el cónyuge que ha de abandonar el domicilio habitual por tales causas, el requisito de ocupación efectiva de la vivienda habitual en el momento de la transmisión o en cualquier día de los dos años anteriores a la misma, exigidos por el artículo 41 bis.3 del RIRPF, se entenderá cumplido cuando tal situación concurra en el cónyuge que permaneció en la misma.**

Esta sentencia viene a equiparar los derechos del miembro de la pareja a la que se adjudique el uso de la vivienda con los de aquel que deja de residir en ella por cesar la convivencia entre ambos; eliminando así la desigualdad que se producía para el que se veía privado del uso de la vivienda y, en ciertos casos, de la exención de la ganancia patrimonial por reinversión en vivienda habitual.

Por otra parte, con respecto a la exención de la ganancia patrimonial, el artículo 41 del RIRPF señala que, en los supuestos en los que para adquirir la vivienda habitual se hubiese empleado financiación ajena, a efectos de la exención, se considerará como importe total obtenido el resultante de minorar el valor de transmisión en el principal del préstamo pendiente de amortizar en el momento de la transmisión.

Se equipara adquisición de la vivienda y rehabilitación de la misma, cuando las obras cumplan alguno de los siguientes requisitos:

- Se trate de actuaciones subvencionadas en materia de rehabilitación de viviendas en los términos previstos en el Real Decreto 233/2013, de 5 de abril, por el que se regula el Plan Estatal de fomento del alquiler de viviendas, la rehabilitación edificatoria, y la regeneración y renovación urbanas, 2013-2016.

- Las actuaciones tengan por objeto principal la reconstrucción de la vivienda mediante la consolidación y tratamiento de estructura, fachadas o cubiertas u otras análogas, y el coste global de dichas actuaciones exceda del 25 %:

  » Del precio de adquisición, si esta tuvo lugar en los dos años inmediatamente anteriores al inicio de las obras.

  » Del valor de mercado de la vivienda al inicio de las obras, si la vivienda se hubiese adquirido más de dos años antes de dichas obras.

A TENER EN CUENTA. Si el importe de la reinversión fuera inferior al total obtenido en la enajenación, solamente se excluirá de gravamen la parte proporcional de la ganancia patrimonial que corresponda a la cantidad efectivamente invertida (artículo 41.4 del RIRPF).

RESOLUCIONES ADMINISTRATIVAS

Consulta vinculante de la Dirección General de Tributos (V0892-24), de 23 de abril de 2024

Asunto: importe que se ha de reinvertir a efectos de la exención por reinversión en vivienda habitual (IRPF) en caso de venta de la vivienda habitual adjudicada a uno de los cónyuges en la liquidación de la sociedad de gananciales.

«(...) para resolver esta consulta se parte de la premisa de que la consultante ha residido en la vivienda desde que la adquirió junto con su cónyuge en régimen de sociedad de gananciales, y que, además, ya ha transcurrido el período mínimo exigido de permanencia en dicha vivienda de tres años continuados.

En la disolución de la sociedad de gananciales en 2024, a la consultante se le adjudicó el total de la vivienda habitual. Previamente, en 2023, tanto ella como su expareja cancelaron el importe de la hipoteca que utilizaron para adquirir la vivienda que se va a transmitir.

Por tanto, en cuanto a su consulta sobre el importe que se debe reinvertir, de acuerdo con el artículo 41.1 del RIRPF, será el valor de transmisión, esto es, el precio de venta minorado en los gastos inherentes a la transmisión que hubieran sido satisfechos por el vendedor (artículo 35.2 de la LIRPF). Sin embargo, en caso de que dicha vivienda se hubiese adquirido utilizando financiación ajena, el importe que se considera a estos efectos, será la diferencia entre el importe de la transmisión y el principal del préstamo pendiente de amortizar en el momento de la referida transmisión (en este caso, se indica que la hipoteca estaba cancelada previamente).

En el caso de que el importe de la reinversión fuera inferior al total obtenido en la enajenación, solamente se excluirá de gravamen la parte proporcional de la ganancia patrimonial que corresponda a la cantidad efectivamente reinvertida.

Finalmente, resta por indicar que la ganancia o pérdida patrimonial derivada de la transmisión de la vivienda se integrará en la base imponible del ahorro en la forma prevista en el artículo 49 de la Ley del Impuesto».

Resolución del Tribunal Económico-Administrativo Central n.º 2456/2015, de 18 de septiembre de 2018

Asunto: inicio cómputo plazo de tres años de residencia continuada para que la vivienda pueda ser considerada como habitual a efectos de la exención por reinversión en vivienda habitual en IRPF.

«(...) se puede concluir que la normativa exige desde el punto de vista literal dos condiciones para que una vivienda tenga el carácter de «vivienda habitual», a saber:

a) Que constituya la residencia del contribuyente durante un plazo continuado de, al menos, 3 años.

b) Que sea habitada de manera efectiva y con carácter permanente por el propio contribuyente, en un plazo de doce meses, contados a partir de la fecha de adquisición.

Las dos condiciones están conectadas entre sí. La vivienda, para ser vivienda habitual, debe en primer lugar ser habitada en un plazo de 12 meses desde su adquisición y, una vez cumplido este requisito, debe ser habitada durante al menos un plazo de tres años desde la fecha de su adquisición. Resulta, por tanto, que el tiempo de residencia de 3 años ha de contarse desde que la vivienda se adquirió.

A efectos de la exención por reinversión no cabe, por tanto, considerar que la transmisión que hace un contribuyente de su vivienda es una transmisión de vivienda habitual si desde la fecha de adquisición hasta la de venta no han transcurrido al menos 3 años —a salvo las excepciones que la propia normativa prevé al requisito de permanencia mencionado, cuando concurran algunas circunstancias que "necesariamente exija" el cambio de domicilio— y ello aunque llevara viviendo en ella anteriormente a su adquisición y por otro título distinto al de propiedad un tiempo superior a 3 años o un tiempo inferior a 3 años pero que sumado al que va entre la adquisición y la venta supusiera una residencia habitual en dicha vivienda de al menos 3 años.

Este TEAC, en resolución de 06-10-2000 (RG 1565/1997) en recurso extraordinario de alzada para la unificación de criterio interpuesto por el Director General de Tributos del Ministerio de Economía y Hacienda ha abordado esta cuestión. Aunque la legislación a la que se refiere era la constituida por la Ley 18/1991 y el RD 1841/1991 es plenamente aplicable su criterio con la legislación actualmente vigente, dada la similitud de la redacción de los preceptos relevantes. Establece el criterio de que para que una vivienda tenga la consideración de habitual el plazo de residencia continuada durante tres años debe computarse en todo caso con posterioridad a la adquisición de la vivienda. Dice la resolución:

(...)

El requisito legal de la residencia habitual por tres años continuados se predica respecto de la edificación y ya resulta chocante que una misma cosa indivisible, una vivienda que se habita ab initio en su totalidad a título de pleno dominio, aunque compartido, pueda a la vez constituir la vivienda habitual por distinto lapso de tiempo y, en definitiva constituir y no constituir a la vez vivienda habitual para un mismo individuo. En los supuestos de división de la cosa común no se produce propiamente la transmisión de un bien sino la concreción de la cuota ideal en un bien. El acto impugnado admite que la disolución de la comunidad y la posterior adjudicación no constituye ninguna alteración en la composición de sus patrimonios que pudiera dar lugar a una ganancia patrimonial, siempre y cuando la adjudicación se corresponda con la respectiva cuota de titularidad, que no se cuestiona. En tales circunstancias, atendiendo a la finalidad de los beneficios fiscales de exención por reinversión en vivienda habitual y deducción por adquisición de vivienda habitual, en los supuestos de indivisibilidad y en los que el obligado tributario ininterrumpidamente ha residido en la vivienda, entendemos que el cómputo del plazo de tres años no puede fragmentarse por distintas partes y no ha de estarse a la fecha en que se produjo el acto interno de la comunidad, sino desde la adquisición de la cuota indivisa».

3.2. Arrendamiento

¿Qué supondrá el alquiler de la vivienda a efectos tributarios para la expareja?

Una vez que la pareja decide separarse puede acordar alquilar la que era la vivienda habitual común y así obtener un rendimiento.

En estos casos, la vivienda deja de considerarse vivienda habitual, al dejar de residir ambos en la vivienda común. **Por los rendimientos que se obtengan de dicho arrendamiento, cada uno de ellos tributará en IRPF como rendimientos del capital inmobiliario en función del porcentaje de participación que tenga en la vivienda en cuestión.**

El artículo 22 de la LIRPF señala:

«1. Tendrán la consideración de rendimientos íntegros procedentes de la titularidad de bienes inmuebles rústicos y urbanos o de derechos reales que recaigan sobre ellos, todos los que se deriven del arrendamiento o de la constitución o cesión de derechos o facultades de uso o disfrute sobre aquéllos, cualquiera que sea su denominación o naturaleza.

2. Se computará como rendimiento íntegro el importe que por todos los conceptos deba satisfacer el adquirente, cesionario, arrendatario o subarrendatario, incluido, en su caso, el correspondiente a todos aquellos bienes cedidos con el inmueble y excluido el Impuesto sobre el Valor Añadido o, en su caso, el Impuesto General Indirecto Canario».

De los rendimientos que abone el inquilino se podrán deducir, como gastos necesarios para la obtención del rendimiento, entre otros, los siguientes:

- Los intereses que, en su caso, abonen por el préstamo de adquisición o mejora del inmueble, así como otros gastos de financiación. No podrán deducirse la totalidad de la cuota hipotecaria que abonen, solo la parte correspondiente a los intereses que paguen por dicho préstamo.

- Gastos de reparación y conservación del inmueble. Tendrán tal consideración, de acuerdo con el artículo 13.a) del RIRPF, los efectuados regularmente con la finalidad de mantener el uso normal de los bienes materiales, como el pintado, revoco o arreglo de instalaciones; y los de sustitución de elementos, como instalaciones de calefacción, ascensor, puertas de seguridad u otros. Sin embargo, no serán deducibles por este concepto las cantidades destinadas a ampliación o mejora.

- Gastos de comunidad.

- Gastos de formalización del contrato de arrendamiento, tales como los abonados a la inmobiliaria, o bien las cantidades abonadas por la realización del certificado de eficiencia energética o por la redacción del contrato de arrendamiento.

- Gastos de defensa jurídica. Se podrán deducir las cantidades abonadas por la defensa jurídica vinculada o que incida en el arrendamiento, como, por ejemplo, por la reclamación de rentas impagadas.

- Otras cantidades devengadas por terceros por servicios personales, tales como administración, vigilancia, portero, si fuesen abonados directamente por los arrendadores.

- Servicios y suministros, tales como agua, luz o gas.

- Primas de contratos de seguro, bien sean de responsabilidad civil, incendio, robo, rotura de cristales u otros de naturaleza análoga, sobre la vivienda.

- Tributos y recargos no estatales, así como tasas y recargos estatales que incidan en el arrendamiento. Así, podrán deducirse, por ejemplo, el IBI que grava el inmueble arrendado o la tasa por registro del certificado energético, necesario para proceder al arrendamiento, en caso de que haya sido abonado por los arrendadores.

- Saldos de dudoso cobro, conforme al artículo 13.e) del RIRPF. Podrá deducirse los saldos de dudoso cobro siempre que esta circunstancia quede suficientemente justificada, requisito que se entenderá cumplido cuando el deudor se halle en situación de concurso y cuando, entre el momento de la primera gestión de cobro realizada por el contribuyente y el de la finalización del período impositivo hubiesen transcurrido más de seis meses, y no se hubiese producido una renovación de crédito. Cuando un saldo dudoso fuese cobrado posteriormente a su deducción, se computará como ingreso en el ejercicio en el que se produzca dicho cobro.

- Amortización del inmueble y de los inmuebles accesorios arrendados con el principal. Las cantidades destinadas a la amortización del inmueble y de los demás bienes cedidos con el mismo, siempre que respondan a su depreciación efectiva. En el caso de los bienes inmuebles, se considera que se cumple el requisito de efectividad cuando la amortización anual no exceda del 3 % sobre el mayor de los siguientes valores:

  » Coste de adquisición satisfecho.

  » Valor catastral, excluido el valor del suelo.

  La amortización acumulada no podrá superar el valor de adquisición del inmueble arrendado.

- Amortización de los bienes muebles cedidos con el inmueble. Serán amortizables los bienes muebles que se cedan conjuntamente con el inmueble, tales como mobiliario, enseres o electrodomésticos, que sean susceptibles de utilización por tiempo superior a un año. Se entenderá que la amortización anual deducible por cada uno de los bienes cedidos cumple el requisito de efectividad cuando su importe no exceda del resultado de aplicar a sus respectivos costes de adquisición satisfechos los coeficientes de amortización que correspondan de acuerdo con la tabla de amortizaciones simplificada aprobada por la Orden de 27 de marzo de 1998, la cual establece como coeficiente máximo de amortización para instalaciones, mobiliario y enseres el 10 %.

Conforme al artículo 23.2 de la LIRPF (en su redacción resultante de la Ley 12/2023, de 24 de mayo, con entrada en vigor el 1 de enero de 2024), en los contratos de arrendamiento de vivienda celebrados a partir de la entrada en vigor de la Ley 12/2023, de 24 de mayo, por el derecho a la vivienda, **el arrendador de inmuebles destinados a vivienda reducirá su rendimiento neto positivo:**

- En un 90 % cuando se hubiera formalizado por el mismo arrendador un nuevo contrato de arrendamiento sobre una vivienda situada en una zona de mercado residencial tensionado, en el que la renta inicial se hubiera rebajado en más de un 5 % en relación con la última renta del anterior contrato de arrendamiento de la misma vivienda, una vez aplicada, en su caso, la cláusula de actualización anual del contrato anterior.

- En un 70 % cuando, no cumpliéndose los requisitos anteriores, se produzca alguna de las siguientes circunstancias:

  » El contribuyente hubiera alquilado por primera vez la vivienda, siempre que se encuentre situada en una zona de mercado residencial tensionado y el arrendatario tenga una edad comprendida entre 18 y 35 años. Cuando existan varios arrendatarios de una misma vivienda, esta reducción se aplicará sobre la parte del rendimiento neto que proporcionalmente corresponda a los arrendatarios que cumplan los requisitos mencionados.

  » Cuando el arrendatario sea una Administración pública o entidad sin fines lucrativos a las que sea de aplicación el régimen especial del título II de la Ley 49/2002, de 23 de diciembre, que destine la vivienda al alquiler social con una renta mensual inferior a la establecida en el programa de ayudas al alquiler del plan estatal de vivienda, o al alojamiento de personas en situación de vulnerabilidad económica a que se refiere la Ley 19/2021, de 20 de diciembre, por la que se establece el ingreso mínimo vital, o cuando la vivienda esté acogida a algún programa público de vivienda o calificación en virtud del cual la Administración competente establezca una limitación en la renta del alquiler.

- En un 60 % cuando, no cumpliéndose los requisitos para aplicar las reducciones anteriores, la vivienda hubiera sido objeto de rehabilitación que hubiera finalizado en los dos años anteriores a la fecha de la celebración del contrato de arrendamiento.

- En un 50 %, en cualquier otro caso.

Los requisitos indicados deberán cumplirse en el momento de celebrar el contrato de arrendamiento, siendo la reducción aplicable mientras se sigan cumpliendo los mismos.

Por otra parte, las reducciones solo resultarán aplicables sobre los rendimientos netos positivos que hayan sido calculados por el contribuyente en una autoliquidación presentada antes de que se haya iniciado un procedimiento de verificación de datos, de comprobación limitada o de inspección que incluya en su objeto la comprobación de tales rendimientos. En ningún caso resultarán de aplicación respecto de la parte de los rendimientos netos positivos derivada de ingresos no incluidos o de gastos indebidamente deducidos en la autoliquidación del contribuyente y que se regularicen en alguno de los procedimientos que acaban de citarse, incluso cuando esas circunstancias hayan sido declaradas o aceptadas por el contribuyente durante la tramitación del procedimiento; y tampoco resultarán de aplicación en relación con aquellos contratos de arrendamiento que incumplan lo dispuesto en el artículo 17 de la Ley de Arrendamientos Urbanos, apartado 6.

Las zonas de mercado residencial tensionado a las que podrá resultar de aplicación lo previsto en este apartado serán las recogidas en la resolución que, de acuerdo con lo dispuesto en la legislación estatal en materia de vivienda, apruebe el correspondiente ministerio.

Por otra parte, la disposición transitoria trigésima octava de la LIRPF, añadida también por la Ley 12/2023, de 24 de mayo, determina que a los rendimientos netos positivos de capital inmobiliario derivados de **contratos de arrendamiento de vivienda que se hubieran celebrado con anterioridad a la entrada en vigor de la Ley 12/2023, de 24 de mayo**, les resultará de aplicación la reducción prevista en el apartado 2 del artículo 23 de la LIRPF en su redacción vigente a 31 de diciembre de 2021, a cuyo tenor:

«2. En los supuestos de arrendamiento de bienes inmuebles destinados a vivienda, el rendimiento neto positivo calculado con arreglo a lo dispuesto en el apartado anterior, se reducirá en un 60 por ciento. Esta reducción sólo resultará aplicable sobre los rendimientos netos positivos que hayan sido calculados por el contribuyente en una autoliquidación presentada antes de que se haya iniciado un procedimiento de verificación de datos, de comprobación limitada o de inspección que incluya en su objeto la comprobación de tales rendimientos.

En ningún caso resultará de aplicación la reducción respecto de la parte de los rendimientos netos positivos derivada de ingresos no incluidos o de gastos indebidamente deducidos en la autoliquidación del contribuyente y que se regularicen en alguno de los procedimientos citados en el párrafo anterior, incluso cuando esas circunstancias hayan sido declaradas o aceptadas por el contribuyente durante la tramitación del procedimiento».

A TENER EN CUENTA. La D.F. 2.ª de la Ley 12/2023, de 24 de mayo, modificó el artículo 23.2 de la LIRPF «con efectos para los contratos de arrendamiento de vivienda celebrados a partir de la entrada en vigor de esta ley», quedando la reducción que en él se regula en los términos antes analizados. Por su parte, la disposición final novena de la Ley 12/2023, de 24 de mayo, precisa que «la presente ley entrará en vigor el día siguiente al de su publicación en el "Boletín Oficial del Estado", excepto la disposición final segunda, que entrará en vigor el 1 de enero del año siguiente al de su publicación en el "Boletín Oficial del Estado"». En esa medida, según la literalidad de ambos preceptos, parece que los incentivos fiscales introducidos resultan de aplicación para los contratos de arrendamiento celebrados a partir del 26 de mayo de 2023 (fecha de entrada en vigor general de la Ley de Vivienda) y que la modificación del artículo 23.2 de la LIRPF operada por la D.F. 2.ª de la Ley 12/2023, de 24 de mayo, entró en vigor el 1 de enero de 2024.

CUESTIÓN

Un contribuyente celebra un contrato de arrendamiento de vivienda entre el 26 de mayo y el 31 de diciembre de 2023. ¿Qué reducción por arrendamiento de vivienda podrá aplicarse en su IRPF el arrendador de acuerdo con el artículo 23.2 de la LIRPF?

Siguiendo la D.F. 2.ª y la D.F. 9.ª de la Ley 12/2023, de 24 de mayo, en el caso de un contrato de arrendamiento de vivienda celebrado desde el 26 de mayo hasta el 31 de diciembre de 2023, el arrendador podrá aplicarse las siguientes reducciones:

En 2023 podrá aplicar la reducción del artículo 23.2 de la LIRPF en su redacción anterior a la Ley de vivienda (reducción del 60 %).

A partir del 1 de enero de 2024, al entrar en vigor la nueva redacción del precepto, podrá aplicar la reducción del 50, 60, 70 o 90 % que proceda.

En ese sentido se pronuncia el Informa de la AEAT n.º 147286, sobre «reducción arrendamiento vivienda desde 26-5 a 31-12 de 2023».

RESOLUCIONES ADMINISTRATIVAS

Consulta vinculante de la Dirección General de Tributos (V0542-24), de 9 de abril de 2024

Asunto: ¿puede aplicarse la reducción del artículo 23.2 de la LIRPF en caso de arrendamientos por temporada?

«(...) debe entenderse que se trata de un arrendamiento de un bien inmueble destinado a vivienda, de acuerdo con lo dispuesto en el artículo 2 de la Ley 29/1994, de 24 de noviembre, de Arrendamientos Urbanos (BOE del día 25) cuando el arrendamiento recaiga "sobre una edificación habitable cuyo destino primordial sea satisfacer la necesidad permanente de vivienda del arrendatario".

Por su parte, el artículo 3 de la misma ley dispone que "se considera arrendamiento para uso distinto del de vivienda, aquel arrendamiento que recayendo sobre una edificación tenga como destino primordial uno distinto del establecido en el artículo anterior". Añadiendo además que "en especial, tendrán esta consideración los arrendamientos de fincas urbanas celebrados por temporada, sea ésta de verano o cualquier otra".

En relación con los arrendamientos por temporada, este Centro viene manteniendo como criterio interpretativo (consultas nº V1754-09, V1523-10 y V3109-15) que a los mismos no les resulta aplicable la reducción del artículo 23.2 de la LIRPF.

Ahora bien, en el caso planteado en consulta vinculante nº V1236-18 de fecha 11 de mayo de 2018, en relación a una vivienda alquilada a un estudiante por un período superior a un año que va a constituir la vivienda habitual de éste durante ese tiempo, este Centro ha determinado que "el alquiler de la vivienda se configura (según se indica en el escrito de consulta) como arrendamiento que va más allá de la mera temporada –se va a alquilar por un período superior a un año, y se deduce que tiene como finalidad primordial satisfacer la necesidad permanente de vivienda del estudiante arrendatario, ya que dicho inmueble va a constituir la vivienda habitual de éste durante ese período–, por lo que acreditándose tal circunstancia sí resultará operativa la citada reducción, pues nos encontraríamos a estos efectos ante un arrendamiento de vivienda".

Por el contrario, en consulta vinculante nº V3019-17 de fecha 20 de noviembre de 2017, ante la cuestión planteada sobre si puede aplicar la reducción del rendimiento neto prevista en la LIRPF, el propietario de una vivienda que ha alquilado a estudiantes, por habitaciones y por el tiempo que ellos necesitan para el curso universitario, este Centro ha establecido que "dado que el destino del alquiler no es satisfacer la necesidad permanente de vivienda de los arrendatarios, sino que se efectúa por el tiempo que necesitan para el curso universitario, no resultará aplicable la reducción prevista en el artículo 23.2 de la LIRPF".

En consecuencia, en ningún caso resultará aplicable la reducción señalada cuando el arrendamiento del inmueble se celebre por temporada, sea ésta de verano o cualquier otra. Sin embargo, si la duración del contrato fuera superior a un año, sea cual sea la condición el arrendatario (trabajador, estudiante, etc.) al constituir un supuesto de arrendamiento de bien inmueble destinado a vivienda, será de aplicación la reducción del rendimiento neto contemplada en el apartado

2 del artículo 23 de la misma Ley. Para su aplicación, en primer lugar, habrá que determinar la parte de la vivienda arrendada a fin de obtener la parte del rendimiento neto sobre la cual podrá practicarse la reducción».

Consulta vinculante de la Dirección General de Tributos (V0412-25), de 20 de marzo de 2025

Asunto: ¿puede aplicarse la reducción del artículo 23.2 de la LIRPF en caso de arrendamiento por habitaciones?

«Como reiteradamente ha establecido este Centro Directivo (consultas V2457-14, V2797-16, entre otras) el requisito exigido para la aplicación de la reducción por el arrendador es que el destino efectivo del objeto del contrato sea el de vivienda permanente del propio arrendatario.

En consecuencia, resultará de aplicación la reducción prevista en la letra d) del artículo 23.2 de la LIRPF en la medida en que por los términos del objeto del contrato de arrendamiento quede acreditado que las habitaciones del inmueble se destinan a la vivienda del arrendatario».

3.3. Atribución del uso al cónyuge no titular

Las implicaciones fiscales cuando se atribuye el uso de la vivienda al cónyuge no titular de la misma

En algunas ocasiones, la que constituye la vivienda familiar es un bien privativo de uno solo de los miembros de la pareja. Cuando la pareja se rompe, puede ocurrir que se adjudique el uso de dicha vivienda, ya sea por acuerdo entre las partes o por sentencia judicial, al miembro de la pareja que no es titular del inmueble.

El titular del inmueble continúa siendo propietario del mismo y, como tal, tendrá las obligaciones fiscales inherentes a dicha propiedad. Así, salvo que se constituya expresamente la cesión del inmueble como usufructo, el propietario debe abonar el Impuesto sobre Bienes Inmuebles al ayuntamiento. Al margen de los pactos que pueda alcanzar la expareja respecto del pago del IBI, para la Administración tributaria el propietario es el responsable del impuesto. Así, el artículo 63 del Real Decreto Legislativo 2/2004, de 5 de marzo, por el que se aprueba el texto refundido de la Ley Reguladora de las Haciendas Locales (LRHL), dispone:

«1. Son sujetos pasivos, a título de contribuyentes, las personas naturales y jurídicas y las entidades a que se refiere el artículo 35.4 de la Ley 58/2003, de 17 de diciembre, General Tributaria, que ostenten la titularidad del derecho que, en cada caso, sea constitutivo del hecho imponible de este impuesto (...)».

Por contra, si la expareja acordase la cesión del derecho de usufructo de la vivienda, el titular del derecho de usufructo sería el sujeto pasivo del **IBI**, conforme al artículo 61 de la LRHL:

> «1. Constituye el hecho imponible del impuesto la titularidad de los siguientes derechos sobre los bienes inmuebles rústicos y urbanos y sobre los inmuebles de características especiales:
> a) De una concesión administrativa sobre los propios inmuebles o sobre los servicios públicos a que se hallen afectos.
> b) De un derecho real de superficie.
> c) De un derecho real de **usufructo**.
> d) Del **derecho de propiedad**.
> 2. **La realización del hecho imponible que corresponda de entre los definidos en el apartado anterior por el orden en él establecido determinará la no sujeción del inmueble urbano o rústico a las restantes modalidades en el mismo previstas.** En los inmuebles de características especiales se aplicará esta misma prelación, salvo cuando los derechos de concesión que puedan recaer sobre el inmueble no agoten su extensión superficial, supuesto en el que también se realizará el hecho imponible por el derecho de propiedad sobre la parte del inmueble no afectada por una concesión (...)».

En el caso de la **cesión de la vivienda como un usufructo,** se estaría **transmitiendo un derecho real**, por lo que deberá **tributarse por tal transmisión**. Por ejemplo, si la constitución y transmisión del derecho real de usufructo sobre la vivienda se hiciera con contraprestación, ya sea abonándole alguna cantidad a la expareja o bien con la entrega de otros bienes (por ejemplo, la entrega de un vehículo o de una embarcación), en principio parece que se trataría de una transmisión patrimonial onerosa sujeta al ITPyAJD; o si se realizase en el marco de la liquidación de la sociedad de gananciales, de la extinción de un condominio o de la disolución del régimen económico matrimonial de separación de bienes, habría que tener en cuenta las reglas ya vistas para cada supuesto y las concretas circunstancias que en cada caso concurran (la naturaleza privativa o común de la vivienda; en su caso, la existencia o no de excesos de adjudicación en el reparto y su carácter —evitables o inevitables, compensados o no compensados—, etc.).

Por lo que se refiere al **IIVTNU**, la **simple adjudicación por sentencia judicial o convenio del uso de la vivienda familiar no supondrá hecho imponible del impuesto**. Sin embargo, si el uso se atribuye mediante la **constitución o transmisión de un derecho real de usufructo por parte del titular del inmueble, sí se produciría el hecho imponible del impuesto**. Así, el artículo 104 de la LRHL señala:

> «1. El Impuesto sobre el Incremento de Valor de los Terrenos de Naturaleza Urbana es un tributo directo que grava el incremento de valor que experimenten dichos terrenos y se ponga de manifiesto a consecuencia de la transmisión de la propiedad de los terrenos por cualquier título o de la constitución o transmisión de cualquier derecho real de goce, limitativo del dominio, sobre los referidos terrenos.

(...)

3. No se producirá la sujeción al impuesto en los supuestos de aportaciones de bienes y derechos realizadas por los cónyuges a la sociedad conyugal, adjudicaciones que a su favor y en pago de ellas se verifiquen y transmisiones que se hagan a los cónyuges en pago de sus haberes comunes.

Tampoco se producirá la sujeción al impuesto en los supuestos de transmisiones de bienes inmuebles entre cónyuges o a favor de los hijos, como consecuencia del cumplimiento de sentencias en los casos de nulidad, separación o divorcio matrimonial, sea cual sea el régimen económico matrimonial. (...)».

El sujeto pasivo del IIVTNU en estos supuestos dependerá de si la transmisión se realiza con contraprestación o no. Así, de conformidad con el artículo 106 de la LRHL:

- Si la transmisión del derecho real se realiza a título oneroso, será sujeto pasivo el transmitente
- Si la transmisión se realiza a título gratuito o lucrativo, será el usufructuario quien deba abonar el impuesto.

En cuanto al **IRPF**, la vivienda cuyo uso se atribuya al cónyuge no titular dejará de constituir la vivienda habitual del propietario, por lo que parece que, en principio, este debería imputarse rentas por dicho inmueble en virtud de lo dispuesto en el artículo 85 de la LIRPF. No obstante, tal y como se pone de manifiesto en numerosas consultas de la Dirección General de Tributos, como sería la consulta vinculante (V1870-23), de 28 de junio de 2023:

«El derecho del uso de la vivienda familiar que el artículo 96 del Código Civil atribuye a los hijos y al cónyuge en cuya compañía queden, posee una naturaleza jurídica no definida expresamente por el Código Civil y controvertida en la jurisprudencia del Tribunal Supremo. Así, por ejemplo, mientras la Sentencia de 18 de octubre de 1994 lo configura como un «derecho real familiar de eficacia total» (Fundamento de Derecho Segundo), la de 29 de abril de 1994 contempla la posibilidad de que carezca del carácter de derecho real, cuando afirma en su Fundamento de Derecho Cuarto: «El derecho de uso de la vivienda común concedido a uno de los cónyuges por razón del interés familiar más necesitado y porque queden a su disposición los hijos no tiene en sí mismo considerado la naturaleza de derecho real, pues se puede conceder igualmente cuando la vivienda está arrendada y no pertenece a ninguno de los cónyuges (...) todo ello, sin perjuicio de que el propietario del inmueble o incluso el Juez, puedan constituir un auténtico derecho real de uso». Por otro lado, la Sentencia de 11 de diciembre de 1992 lo califica, en su Fundamento de Derecho Segundo, como «una carga que pesa sobre el inmueble».

No obstante, la actual indefinición sobre la naturaleza jurídica del derecho de uso sobre la vivienda familiar previsto en el artículo 96 del Código Civil, es criterio de este Centro Directivo que **no procede la imputación de rentas inmobiliarias prevista en el artículo 85 de la LIRPF** por la vivienda familiar cuyo uso se atribuye a la expareja y, en su caso, a los hijos en

cuya compañía queden, aunque ésta no constituya vivienda habitual del otro progenitor.

Lo dispuesto en el párrafo anterior resultará igualmente de aplicación en el presente caso, al atribuirse en la sentencia señalada el uso del inmueble a la expareja y a los hijos en cuya compañía queden, aun cuando no existiera vínculo matrimonial alguno».

Por tanto, el contribuyente que se ve privado del inmueble de su exclusiva propiedad para que en el mismo resida su expareja y, en su caso, los hijos que convivan con ella, no deberán imputarse rentas en su IRPF por dicho inmueble. De hecho, a la hora de realizar la declaración del IRPF ya aparece una casilla específica para señalar esta circunstancia.

Si la cesión del uso del inmueble se hubiera llevado a cabo mediante la formalización de un derecho real de usufructo sobre el mismo, el propietario del inmueble tampoco deberá imputarse renta alguna por dicho inmueble, dado que en el apartado 2 del artículo 85 de la LIRPF se dispone:

«2. Estas rentas se imputarán a los titulares de los bienes inmuebles de acuerdo con el apartado 3 del artículo 11 de esta Ley.

Cuando existan derechos reales de disfrute, la renta computable a estos efectos en el titular del derecho será la que correspondería al propietario».

Por tanto, a quien correspondería imputar rentas sería al usufructuario, pero, dado que para el mismo el inmueble sería vivienda habitual, se excluiría la imputación de rentas por dicho concepto.

RESOLUCIONES ADMINISTRATIVAS

Consulta vinculante de la Dirección General de Tributos (V0177-23), de 7 de febrero de 2023

Asunto: deducción como pensión de alimentos de los gastos de vivienda de su exclusiva propiedad que ocupan sus hijos con el excónyuge.

«Por otro lado, el artículo 64 de la Ley del Impuesto, referente a especialidades aplicables en los supuestos de anualidades por alimentos a favor de los hijos, establece que:

"Los contribuyentes que satisfagan anualidades por alimentos a sus hijos por decisión judicial sin derecho a la aplicación por estos últimos del mínimo por descendientes previsto en el artículo 58 de esta Ley, cuando el importe de aquéllas sea inferior a la base liquidable general, aplicarán la escala prevista en el número 1.º del apartado 1 del artículo 63 de esta Ley separadamente al importe de las anualidades por alimentos y al resto de la base liquidable general. La cuantía total resultante se minorará en el importe derivado de aplicar la escala prevista en el número 1.º del apartado 1 del artículo 63 de esta Ley, a la parte de la base liquidable general correspondiente al mínimo personal y familiar incrementado en 1.980 euros anuales, sin que pueda resultar negativa como consecuencia de tal minoración".

En el mismo sentido se manifiesta el artículo 75 de la Ley del Impuesto para el cálculo de la cuota íntegra autonómica.

Por lo que se refiere en concreto a las pensiones por alimentos a favor de los hijos, el artículo 142 del citado Código Civil, establece lo siguiente:

"Se entiende por alimentos todo lo que es indispensable para el sustento, habitación, vestido y asistencia médica.

Los alimentos comprenden también la educación e instrucción del alimentista mientras sea menor de edad y aún después, cuando no haya terminado su formación por causa que no le sea imputable.

Entre los alimentos se incluirán los gastos de embarazo y parto, en cuanto no estén cubiertos de otro modo".

Conforme a lo expuesto, se señala que los pagos efectuados por el consultante en concepto de gastos de la vivienda familiar donde habitan su ex-cónyuge y sus hijos en común, no se entienden a tenor de la normativa civil transcrita como pensiones por alimentos a favor de los hijos, por lo que el consultante no puede aplicar respecto a los mismos el régimen de especialidades previsto en los artículos 64 y 75 de la Ley del Impuesto.

Debe por último señalarse que, el pago de los gastos objeto de consulta no tienen la consideración de gasto deducible en el Impuesto, sino de aplicación de renta y, en consecuencia, no deben reflejarse en la declaración del Impuesto sobre la Renta».

Consulta vinculante de la Dirección General de Tributos (V1640-22), de 8 de julio de 2022

Asunto: imputación de rentas por inmuebles cuyo uso se adjudica en convenio regulador.

«De acuerdo con lo anterior, hay que tener en cuenta que el "Inmueble B", del que son propietarios ambos esposos al 50 % cada uno, no es, tal como manifiesta la consultante en su escrito de consulta, la vivienda habitual de su esposo, pero, sin embargo, tal como parece deducirse de la lectura del último párrafo del convenio regulador que se acaba de transcribir, sí que está a disposición del esposo durante todo el año —mientras no se venda—, pudiendo este ir a residir allí cuando así lo desee. Por el contrario, también parece deducirse de la lectura del convenio, que este no es el caso de la consultante, es decir que dicho inmueble ("Inmueble B") no está a su disposición en ningún día del período impositivo —para resolver esta consulta, se va a partir de la premisa de que se cumple lo explicado en este párrafo respecto a la disponibilidad o no del "Inmueble B", para ambos esposos—.

Por otro lado, hay que tener en cuenta el criterio establecido por este Centro Directivo en diversas consultas tributarias, entre ellas en consulta vinculante V0110-13 de fecha 17 de enero de 2013, en las que se pregunta sobre si procede la imputación de rentas inmobiliarias como titular de un inmueble en el que no reside, en el caso de un contribuyente, que está separado legalmente, y que es propietario en proindiviso con su ex-cónyuge de la vivienda que constituye la residencia habitual del último por resolución judicial:

(...)

En el presente caso, no se trata de la vivienda familiar de los esposos, sino se trata del caso de una segunda vivienda (propiedad de cada esposo en un 50 %), que, a pesar de no tratarse de la vivienda habitual de la consultante, ni generarle rendimientos de capital, dado que su uso se ha atribuido por convenio regulador aprobado por sentencia judicial a su esposo —aunque dicha vivienda no constituye la vivienda habitual de este—, la consultante no tendrá que imputar renta inmobiliaria alguna por su imitad indivisa de dicha vivienda ("Inmueble B")».

Consulta vinculante de la Dirección General de Tributos (V2569-23), de 26 de septiembre de 2023

Asunto: naturaleza del derecho real de usufructo cuya constitución o transmisión constituye hecho imponible del IIVTNU.

«(...) para que se produzca el hecho imponible del impuesto deben darse dos condiciones simultáneas:

- Que se produzca un incremento del valor de los terrenos de naturaleza urbana en los términos que señala el TRLRHL.

- Que el mencionado incremento se produzca como consecuencia de una transmisión de tales terrenos, o de la constitución o transmisión de derechos reales sobre los mismos.

El incremento de valor que experimenten los terrenos urbanos puede tener su origen en la transmisión de la propiedad por cualquier título, tanto oneroso como lucrativo, así como por la constitución o transmisión de derechos reales de goce limitativos del dominio sobre dichos terrenos.

El derecho de usufructo vitalicio es un derecho real limitativo del dominio, definido en el artículo 467 del Código Civil como el derecho a disfrutar de los bienes ajenos con la obligación de conservar su forma y sustancia, a no ser que el título de su constitución o la ley autoricen otra cosa.

Un derecho real es un derecho de carácter patrimonial que permite a su titular, dueño de un bien, disponer y disfrutar de él sin más limitaciones que las que marca la ley.

La propiedad es el principal derecho real de una persona sobre un bien y su fuerza jurídica reside en que permite usar, disponer de él, destruirlo, venderlo o cederlo y percibir los frutos de ese bien sin más limitaciones que las que establece la ley.

Los derechos reales limitados son aquellos que no confieren todas las facultades del dominio a su titular. Así, el derecho real de usufructo sólo concede a su titular (usufructuario) el derecho a disfrutar de bienes ajenos con la obligación de conservar su forma y sustancia y, a su vez, son derechos limitativos del dominio, en cuanto su existencia priva al titular del derecho de propiedad de determinados derechos inherentes a la misma, así con la existencia de un derecho de usufructo, el nudo propietario se ve privado del derecho de disfrute del bien del que es titular.

Definido el derecho de usufructo como un derecho real de goce limitativo del dominio, su constitución o transmisión da lugar a la realización del hecho imponible del IIVTNU y determina la sujeción al impuesto, de acuerdo con lo establecido en el artículo 104 del TRLRHL».

Consulta vinculante de la Dirección General de Tributos (V1318-19), de 6 de junio de 2019

Asunto: tributación en IIVTNU en relación con la adjudicación de la vivienda familiar en el marco de la disolución de la sociedad de gananciales.

«En el caso objeto de consulta, ambos cónyuges, casados en régimen legal de gananciales, habían adquirido en su día la propiedad de un bien inmueble urbano. En fecha 08/04/2019 y como consecuencia de la sentencia firme que aprueba el cuaderno particional de la liquidación de la sociedad de gananciales, se adjudicó al consultante el 100 % del pleno dominio de dicho bien inmueble.

Esta adjudicación por disolución y liquidación de la sociedad de gananciales no está sujeta al IIVTNU en virtud de lo dispuesto en el artículo 104.3 del TRLRHL antes transcrito.

Ahora bien, dado que dicha adjudicación no está sujeta al IIVTNU, en la posterior transmisión que pretende realizar el consultante en fecha 10/06/2019, a efectos de la determinación de la base imponible del IIVTNU, habrá que tener en cuenta que, en esta nueva transmisión, el período de puesta de manifiesto del incremento de valor de los terrenos de naturaleza urbana a los efectos de la aplicación del porcentaje anual que corresponda, será el comprendido entre la fecha del devengo del Impuesto que se liquide (la compraventa de 10/06/2019) y la del devengo de la anterior transmisión de la propiedad del terreno que sí estuvo sujeta al IIVTNU. Es decir, la fecha de inicio de dicho período de generación será la fecha en la que ambos cónyuges adquirieron el inmueble por compraventa (u otro título) y no la fecha en la que se le adjudica al consultante el 100 % del pleno dominio por disolución y liquidación de la sociedad de gananciales.

En cuanto al valor del terreno a efectos de la determinación de la base imponible, será el valor que tenga a efectos del Impuesto sobre Bienes Inmuebles (el valor catastral) en la fecha del devengo (la fecha de la transmisión por compraventa)».

Consulta vinculante de la Dirección General de Tributos (V0724-23), de 24 de marzo de 2023

Asunto: tributación de la disolución del condominio en la que se entrega un bien privativo de uno de los condóminos.

«CONCLUSIONES

Primera: Conforme a la doctrina del Tribunal Supremo, plasmada en su sentencia 1502/2019, de 30 de octubre de 2019, en la disolución de comunidades de bienes sobre bienes indivisibles, si las prestaciones de todos los comuneros son equivalentes y proporcionales a las respectivas cuotas de participación, resultará aplicable el supuesto de no sujeción a la modalidad de transmisiones patrimoniales onerosas regulado en el artículo 7.2.B) del TRLITPAJD y, consecuentemente, procederá la tributación de la operación por la cuota gradual de la modalidad de actos jurídicos documentados, documentos notariales.

Y es que, el Tribunal Supremo considera que, cumpliéndose los requisitos de indivisibilidad, equivalencia y proporcionalidad, la disolución simultánea de varias comunidades de bienes sobre inmuebles de los mismos condóminos con adjudicación de los bienes comunes a uno de los comuneros que compensa a los demás, deberá tributar por la cuota gradual de actos jurídicos documentados, documentos notariales, por resultar aplicable el supuesto de no sujeción regulado en el referido artículo 7.2.B); y ello, con independencia de que la compensación sea en metálico, mediante la asunción de deudas del otro comunero o mediante la dación en pago de otros bienes. Ahora bien, en este último caso, en opinión del Tribunal Supremo, solo tributaría por la modalidad de transmisiones patrimoniales onerosas la transmisión de bienes privativos de un comunero al otro, pero no la de bienes que ya estaban en condominio, pues en tal caso no se produce transmisión alguna, sino disolución de una comunidad de bienes con especificación de un derecho que ya tenía el condómino que se queda con el bien.

*Segunda: En el supuesto planteado, en el que se extingue el condominio mediante la adquisición, por parte del hermano de la consultante, de la parte de que es titular esta última, compensando ese exceso de adjudicación con una vivienda privativa de la que el hermano de la consultante dispone del 100 por ciento de la titularidad, la operación planteada constituye una **permuta** en los términos establecidos en el artículo 1.538 del Código Civil. Por lo tanto, en el ámbito del ITP y AJD, de acuerdo con lo previsto en el artículo 23 del RITPAJD, cada uno de los permutantes deberá tributar por el valor comprobado de lo que adquiera, salvo que el declarado sea superior, siendo el tipo de gravamen aplicable el que corresponda a la naturaleza de los bienes adquiridos.*

En el presente caso, el consultante adquiere un inmueble a cambio de la entrega del 50 por ciento de la titularidad de otro inmueble, cuya propiedad corresponde al consultante y a su hermano por partes iguales. Por lo tanto, el consultante, como sujeto pasivo adquirente de un bien privativo del otro comunero, esto es, de un inmueble propiedad de su hermano, deberá tributar por ITP y AJD, en la modalidad de transmisiones patrimoniales onerosas, por la adquisición de dicho inmueble.

La base imponible de esta operación —la adquisición del inmueble como conse-cuencia del pago en especie realizado por el hermano de la consultante para com-pensar el exceso de adjudicación derivado de la adquisición del 50 por ciento de la titularidad del inmueble que ambos tenían en común— se determinará conforme a lo previsto en el artículo 10 del TRLITPAJD, es decir, por el valor de referencia previsto en la normativa reguladora del catastro inmobiliario a la fecha de devengo del im-puesto, salvo que el valor del bien inmueble declarado por los interesados, el precio o contraprestación pactada, o ambos sean superiores a su valor de referencia, en cuyo caso se tomará como base imponible la mayor de estas magnitudes. En cuanto al tipo de gravamen aplicable, será el tipo que, conforme a la Ley 22/2009 de 18 de diciem-bre, por la que se regula el sistema de financiación de las Comunidades Autónomas de régimen común y Ciudades con Estatuto de Autonomía y se modifican determi-nadas normas tributarias (BOE de 19 de diciembre), haya aprobado la Comunidad Autónoma, en este caso el tipo correspondiente a los bienes inmuebles».

3.4. La hipoteca

¿Cómo afecta la separación o el divorcio a la hipoteca de la vivienda?

Si la pareja tiene hipoteca, cuando se separan deben tomar decisiones en cuanto a qué hacer con la misma. Las decisiones que adopten tendrán su repercusión fiscal.

En algunas ocasiones, puede ocurrir que se atribuya el **uso de la vivienda a uno de los miembros de la expareja y que el abono de la hipoteca se realice a partes iguales.** Este supuesto, que no supone la transmisión de ningún derecho, es decir, jurídicamente propiedad e hipoteca se mantienen inalterables, sí puede tener consecuencias fiscales. Así, en su caso, podría tener influencia sobre la deducción por adquisición de vivienda habitual.

El artículo 68 de la LIRPF, apartado 1, en su redacción a 31 de diciembre de 2012, preveía la deducción por inversión en vivienda habitual. Esta fue dero-gada por la Ley 16/2012, de 27 de diciembre, con efectos desde el 1 de enero de 2013. Sin embargo, la misma norma añadió una disposición transitoria decimoctava a la LIRPF, que contempla un régimen transitorio que permite continuar practicando dicha deducción en determinados casos:

«1. Podrán aplicar la deducción por inversión en vivienda habitual en los términos previstos en el apartado 2 de esta disposición:

a) Los contribuyentes que hubieran adquirido su vivienda habitual con anterioridad a 1 de enero de 2013 o satisfecho cantidades con anterioridad a dicha fecha para la construcción de la misma.

b) Los contribuyentes que hubieran satisfecho cantidades con anterio-ridad a 1 de enero de 2013 por obras de rehabilitación o ampliación de la vivienda habitual, siempre que las citadas obras estén terminadas antes de 1 de enero de 2017.

c) Los contribuyentes que hubieran satisfecho cantidades para la realización de obras e instalaciones de adecuación de la vivienda habitual de las personas con discapacidad con anterioridad a 1 de enero de 2013 siempre y cuando las citadas obras o instalaciones estén concluidas antes de 1 de enero de 2017.

En todo caso, resultará necesario que el contribuyente hubiera practicado la deducción por inversión en vivienda habitual en relación con las cantidades satisfechas para la adquisición o construcción de dicha vivienda en un período impositivo devengado con anterioridad a 1 de enero de 2013, salvo que hubiera resultado de aplicación lo dispuesto en el artículo 68.1.2.ª de esta Ley en su redacción vigente a 31 de diciembre de 2012.

2. La deducción por inversión en vivienda habitual se aplicará conforme a lo dispuesto en los artículos 67.1, 68.1, 70.1, 77.1, y 78 de la Ley del Impuesto, en su redacción en vigor a 31 de diciembre de 2012, sin perjuicio de los porcentajes de deducción que conforme a lo dispuesto en la Ley 22/2009 hayan sido aprobados por la Comunidad Autónoma.

3. Los contribuyentes que por aplicación de lo establecido en esta disposición ejerciten el derecho a la deducción estarán obligados, en todo caso, a presentar declaración por este Impuesto y el importe de la deducción así calculada minorará el importe de la suma de la cuota íntegra estatal y autonómica del Impuesto a los efectos previstos en el apartado 2 del artículo 69 de esta Ley.

4. Los contribuyentes que con anterioridad a 1 de enero de 2013 hubieran depositado cantidades en cuentas vivienda destinadas a la primera adquisición o rehabilitación de la vivienda habitual, siempre que en dicha fecha no hubiera transcurrido el plazo de cuatro años desde la apertura de la cuenta, podrán sumar a la cuota líquida estatal y a la cuota líquida autonómica devengadas en el ejercicio 2012 las deducciones practicadas hasta el ejercicio 2011, sin intereses de demora».

Por tanto, si la pareja adquirió la vivienda habitual, por la que continúan pagando la hipoteca con la que se financió la adquisición, antes de 1 de enero de 2013, y han venido aplicando la deducción desde entonces, por tener derecho a ella, podrán seguir practicándola en la medida en la que sigan abonando las cantidades destinadas a la financiación y el inmueble continúe siendo su vivienda habitual.

Así, el miembro de la pareja que continúe residiendo en el inmueble podrá aplicar la deducción por inversión en vivienda habitual por la parte proporcional que le corresponda abonar, con los límites expuestos de deducción.

Respecto del miembro de la pareja que abandona la vivienda, el artículo 68.1 de la LIRPF, en su redacción a 31 de diciembre de 2012, ya preveía que, en caso de divorcio, nulidad o separación judicial, se podría seguir practicando esta deducción por las cantidades abonadas en concepto de adquisición «de la que fue durante la vigencia del matrimonio su vivienda habitual» si la vivienda continúa teniendo la condición de habitual para los hijos comunes y el progenitor en cuya compañía queden. Por tanto, en el caso de los matrimonios, cualquiera que fuese su régimen económico matrimonial, si para uno de los excónyuges y para los hijos comunes mantiene la condición de vivienda habitual, el otro excónyuge podrá seguir practicando la deducción por inversión en vivienda habitual.

Por su parte, cabe tener en cuenta que la resolución del Tribunal Económico Administrativo Central n.º 629/2021, de 23 de noviembre de 2021, en unificación de criterio, analiza si un contribuyente puede aplicarse la deducción por inversión en vivienda habitual sobre la totalidad de las cuotas del préstamo, cuando solo es propietario del 50 % de la vivienda, manteniendo el otro 50 % su expareja, por el hecho de **satisfacer la totalidad del préstamo, en atención a la sentencia judicial de divorcio, sin que se haya producido la extinción del condominio** (disolución de la sociedad de gananciales). Y fija el siguiente **criterio**:

> «El contribuyente que en virtud de sentencia judicial de divorcio satisface la totalidad de los pagos del préstamo para la adquisición de la vivienda habitual que en su día le fue concedido conjuntamente a ambos cónyuges y por cuya amortización venían practicando los dos antes de 1 de enero de 2013 la deducción por adquisición de vivienda habitual, tiene derecho a la aplicación de dicha deducción por la totalidad de las cantidades pagadas por tal concepto aun cuando solo sea propietario del 50 % de la vivienda por no haberse liquidado la sociedad de gananciales, tanto en el caso de que la vivienda continúe teniendo para él y los hijos comunes la condición de habitual como en el supuesto de que la vivienda tenga dicha condición para los hijos comunes y el otro progenitor».

Respecto de aquellos **casos en los que no existía vínculo matrimonial**, el artículo 68 de la LIRPF no contenía ninguna previsión. La Dirección General de Tributos se ha pronunciado con respecto a este supuesto, entre otras, en la consulta vinculante (V3011-20), de 6 de octubre de 2020, señalando:

> «Por tanto, para que un contribuyente continúe teniendo derecho a practicar la deducción una vez la vivienda habitual adquirida por él deja de constituir su residencia habitual, es requisito necesario el haber tenido un vínculo familiar concreto con los que mantienen su residencia en la misma y que dicho hecho haya sido motivado por cualquiera de los tres supuestos tasados (nulidad matrimonial, divorcio o separación judicial).
>
> En el presente caso, el consultante y su pareja han acordado la separación provisional sin haber contraído matrimonio. En el mismo, no concurre ninguna de tales circunstancias, por lo que el consultante no tiene derecho a seguir practicando la deducción por inversión en vivienda habitual».

Así pues, el criterio de la Dirección General de Tributos es que, en los casos en los que no existía vínculo matrimonial, la adjudicación del uso de la vivienda habitual, aun cuando ambos continúen abonando la hipoteca, excluye la posibilidad de deducción por inversión en vivienda habitual del que abandona la vivienda.

Otro supuesto habitual es que **se disuelva el condominio o la sociedad de gananciales, se adjudique el inmueble a uno de los miembros de la expareja y este se haga cargo de la hipoteca**. En estos casos, debemos tener presente la resolución del TEAC en recurso extraordinario de alzada para la unificación de criterio n.° 561/2020, de 1 de octubre de 2020, en la que se fija como **criterio:**

> «A efectos de lo dispuesto en la Disposición Transitoria Decimoctava de la Ley 35/2006, de 28 de noviembre, del Impuesto sobre la Renta de las Personas Físicas, en caso de extinción de un condominio sobre la vivienda habitual a partir del 1 de enero de 2013, si una de las partes obtiene el 100 % de la vivienda, tendrá derecho a aplicarse el 100 % de la deducción por adquisición de vivienda habitual siempre que se hubiera aplicado en un ejercicio anterior a 2013 dicha deducción en el porcentaje correspondiente a su participación en el condominio.
>
> La deducción a practicar por la parte adquirida hasta completar el 100 % del pleno dominio del inmueble tendrá como límite el importe que habría tenido derecho a deducirse desde la fecha de extinción del condominio el comunero que deja de ser titular del inmueble, si dicha extinción no hubiera tenido lugar. Ello significa que la aplicación de la deducción por adquisición de vivienda habitual en relación con la parte que se adquiere hasta completar el 100 % del pleno dominio del inmueble estará en todo caso condicionada por el hecho de que el comunero que deja de ser propietario se hubiera aplicado en un ejercicio anterior a 2013 dicha deducción en el porcentaje correspondiente a su participación en el condominio y que no se le hubiera agotado a la fecha de extinción del condominio la posibilidad de seguir practicando la deducción por adquisición de vivienda habitual. Esto sucederá cuando dicho comunero hubiese solicitado, de forma individual o conjuntamente con el comunero que se hace con el 100%, un préstamo para la adquisición de la vivienda y no se encontrara totalmente amortizado a la fecha de extinción del condominio».

Por tanto, el adquirente de la vivienda podrá aplicarse el 100 % de la deducción por inversión en adquisición de vivienda habitual, siempre que cumpliese los requisitos para ello. Por la parte adquirida por la disolución del condominio o de la sociedad de gananciales, podrá deducirse hasta el límite de lo que habría tenido derecho a deducirse el otro cotitular.

Por otro lado, lo habitual en estos casos es que la asunción de cuotas se realice por subrogación en la posición que tenía el excónyuge o expareja en la hipoteca, que quedaría liberado. A tal respecto, debe tenerse en cuenta que la **liberación en escritura pública de uno de los deudores del préstamo hipotecario estaría sujeta a la modalidad de actos jurídicos documentados, documentos notariales, del ITPyAJD.** En ese sentido, por ejemplo, la consulta vinculante de la Dirección General de Tributos (V0051-23), de 16 de enero de 2023, se refiere a la tributación por la cuota variable del documento notarial de la modalidad de AJD por sustitución de la persona del deudor original de un préstamo hipotecario por un nuevo deudor, en caso de disolución del condominio sobre el inmueble hipotecado; poniendo de manifiesto el cambio de criterio que ha supuesto la sentencia del Tribunal Supremo n.° 521/2020, de 20 de mayo, ECLI:ES:TS:2020:1103:

> «(...) en la Resolución de 26 de enero de 1998 ratificada en posteriores contestaciones, se manifestaba la doctrina mantenida por esta Dirección

General en el sentido de considerar que cuando se produce la subrogación del adquirente en la posición del transmitente y en la obligación personal de éste de devolver el crédito garantizado con hipoteca —manifestando el acreedor hipotecario tácitamente su conformidad al girar a partir de la fecha de la escritura los recibos del préstamo al nuevo deudor— debía entenderse que la subrogación, al no producir una inscripción distinta de la que origina la propia transmisión del inmueble, no verificaría los requisitos del artículo 31.2 y, por lo tanto, no estaría sujeta al gravamen gradual de actos jurídicos documentados.

Sin embargo, esta doctrina se ha visto modificada recientemente en virtud de la Sentencia del Tribunal Supremo 521-2020, de 20 de mayo de 2020 de la que se transcribe literalmente su fundamento de derecho tercero:

«TERCERO. Fijación de doctrina legal.

Por ello, procede contestar a la pregunta formulada por la Sección Primera: "Determinar si la liberación en escritura pública notarial de codeudores de un préstamo garantizado mediante hipoteca de determinados inmuebles está sujeta o no a la modalidad de actos jurídicos documentados del Impuesto sobre Transmisiones Patrimoniales y Actos Jurídicos Documentado", en el sentido de que está sujeta.».

(...)

La liberación en escritura pública notarial de la codeudora del préstamo garantizado mediante hipoteca sobre el inmueble que se adjudica el consultante está sujeto a la modalidad de actos jurídicos documentados del ITPAJD. Será sujeto pasivo el consultante al ser el adjudicatario del inmueble. En cuanto al tipo de gravamen habrá de estarse a lo establecido en el artículo 31.2 del TRLITPAJD que establece que "Si la Comunidad Autónoma no hubiese aprobado el tipo a que se refiere el párrafo anterior, se aplicará el 0,50 por 100, en cuanto a tales actos o contratos"».

CUESTIÓN

Uno de los requisitos generales básicos para que pueda seguir aplicándose la deducción por inversión en vivienda habitual en régimen transitorio es que esa deducción se hubiera practicado en un ejercicio anterior a 2013. ¿Puede aplicarse en algún caso aún sin haberse practicado antes de esa fecha?

La sentencia del Tribunal Supremo n.º 1626/2023, de 4 de diciembre, ECLI:ES:TS:2023:5262, fijó como criterio interpretativo que, para que pueda aplicarse tal deducción a partir de 2013 se exige que el contribuyente haya adquirido su vivienda habitual antes del 31 de diciembre de 2012 y que se haya deducido, de forma efectiva, cantidades por ese concepto con anterioridad a dicho ejercicio. Ahora bien, expresamente establece que también cabrá su aplicación cuando «la falta de aplicación derive de sobrepasar la inversión realizada en otra vivienda habitual, correspondiendo a la Sala de instancia valorar la interpretación del contribuyente sobre el cálculo de la inversión efectuada en la anterior vivienda habitual y su incidencia en la excepción al requisito del ejercicio efectivo del derecho a la deducción en los ejercicios anteriores a 2013, a fin de determinar si la interpretación realizada resulta razonable atendiendo a las circunstancias concurrentes».

Sobre esa base, la **resolución del Tribunal Económico-Administrativo Central n.º 765/2023, de 22 de abril de 2024,** unifica criterio de cara a la posible aplicación de la deducción en los años o períodos posteriores al 2012 por parte de contribuyentes que hubieran adquirido su vivienda habitual antes del 1 de enero de 2013 y que no hubieran practicado ni consignado tal deducción en ninguno de los años o períodos anteriores al 2013 desde que la adquirieron:

- Podrán aplicarla aquellos que no hubieran practicado ni consignado la deducción antes de 2013:

  » Porque no hubieran presentado declaración por no resultar obligado a ello por razón de las rentas obtenidas.

  » O bien porque, estando obligados a presentar declaración por razón de las rentas y habiéndola presentado, no hubieran tenido en ninguno de tales períodos cuota íntegra para poder aplicarla.

- Sin embargo, no podrán aplicarla aquellos que, estando obligados a presentar declaración por razón de las rentas y habiéndola presentado, no hubieran practicado la deducción antes de 2013 a pesar de haber tenido en alguno de tales períodos cuotas íntegras a las que poder aplicarla.

- Cuando la falta de cuotas que impidió la práctica de la deducción antes de 2013 obedezca a un error, habrá que estar a las circunstancias del caso, en los términos que indica la resolución.

RESOLUCIÓN RELEVANTE

Sentencia del Tribunal Supremo n.º 521/2020, de 20 de mayo, ECLI:ES:TS:2020:1103

Asunto: la liberación en escritura pública notarial de codeudores de un préstamo garantizado mediante hipoteca de determinados inmuebles está sujeta a la modalidad de AJD.

«Compartimos el criterio de las recurridas, de que concurre aquí el hecho imponible consistente en la ampliación de préstamo y por tanto la modificación de las obligaciones garantizadas y con ello de la garantía hipotecaria, hecho imponible nuevo en el que se produce una modificación de las responsabilidades hipotecarias como consecuencia de la ampliación del préstamo hipotecario y de la liberación de los deudores operada, teniendo tal modificación de responsabilidad hipotecaria claras repercusiones registrales. Y ello por cuanto la hipoteca original accedió al registro según lo pactado en la escritura original, sufriendo una clara alteración al ser modificado el préstamo y la obligación garantizada por la hipoteca. En definitiva, aunque la garantía hipotecaria sobre la finca no se altere, si se produce una modificación subjetiva de los responsables, que tiene acceso al registro, y que aunque pueda tener su causa en la extinción del condominio, liberándose respectivamente de la responsabilidad del préstamo hipotecario los afectados por la extinción, concretando su responsabilidad exclusivamente en las fincas de las que tras la extinción resultan adjudicatarios, son beneficiados por dicha liberación. Compartimos el criterio de la sentencia recurrida de que concurren los requisitos legales para sujetar la escritura al impuesto.

(...)

TERCERO. Fijación de doctrina legal.

Por ello, procede contestar a la pregunta formulada por la Sección Primera: "Determinar si la liberación en escritura pública notarial de codeudores de un préstamo garantizado mediante hipoteca de determinados inmuebles está sujeta o no a la modalidad de actos jurídicos documentados del Impuesto sobre Transmisiones Patrimoniales y Actos Jurídicos Documentado", en el sentido de que está sujeta».

RESOLUCIONES ADMINISTRATIVAS

Consulta vinculante de la Dirección General de Tributos (V1549-23), de 6 de junio de 2023

Asunto: deducción por inversión en vivienda habitual cuando se extingue el condominio sobre la vivienda y uno de los cónyuges pasa a ser titular único

del inmueble, realizándose una novación en el préstamo hipotecario con el que se adquirió (desvinculando a la expareja, pero manteniendo el capital pendiente de amortizar y el plazo de amortización).

«La novación, subrogación o la sustitución de un préstamo o crédito por otro, incluso su ampliación, cualquiera que fuera la forma acordada —con las garantías y condiciones que cualquiera de ellos tuviese—, no conlleva entender que en ese momento concluye el proceso de financiación de la inversión correspondiente ni se agotan las posibilidades de practicar la deducción, ello únicamente implica la modificación de las condiciones de financiación inicialmente acordadas, siempre que, evidentemente, el préstamo resultante se dedique efectivamente a la amortización del anterior.

Por ello, con carácter general, las anualidades (cuota de amortización e intereses) y demás cuantías que se satisfagan por el préstamo o crédito resultante —en su constitución, vida y cancelación—, en la parte proporcional que del total capital obtenido en este se destine a la amortización o cancelación del préstamo originario —habiéndose este primero destinado exclusivamente a la adquisición de la vivienda habitual—, incluida, en su caso, la cancelación registral hipotecaria, darán derecho a la deducción por inversión en vivienda habitual al contribuyente, en la parte que del préstamo primigenio le fuera atribuible al contribuyente al tiempo del cambio del préstamo (en el presente caso le correspondería el 100 %, alcanzado al extinguirse el condominio, conforme lo indicado en el apartado A, precedente), formando parte de la base de deducción del periodo impositivo en que se satisfagan, siempre que se cumplan los demás requisitos legales y reglamentarios exigidos.

Cuestión distinta sería un supuesto de cancelación, parcial o total, de la deuda y una posterior obtención de crédito, incluso con la garantía de los citados bienes o mismo período de amortización del que quedaba pendiente del precedente, sin concatenación entre ambos. Lo cual habría que entender que son operaciones distintas, e implicaría la pérdida al derecho a practicar la deducción por inversión en vivienda habitual por la nueva financiación. Cosa que no ocurriría si se produjese la cancelación del primero con parte del principal del nuevo que se constituyese en el mismo acto.

Respecto del nuevo préstamo o crédito, como de cualquier otro, el contribuyente deberá poder acreditar la conexión con el prestamista, previo requerimiento de la Agencia Tributaria, su destino vinculado a la vivienda y la justificación de su devolución; ello deberá efectuarse utilizando cualquiera de los medios de prueba generalmente admitidos en derecho, correspondiendo la valoración de las pruebas aportadas a los órganos de gestión e inspección de la Administración Tributaria.

Por último, señalar que, con carácter general, entre los requisitos para practicar ésta deducción, ha de observarse lo dispuesto en el artículo 70.1 de la LIRPF, que establece:

"Artículo 70. Comprobación de la situación patrimonial.

1. La aplicación de la deducción por inversión en vivienda y de la deducción por cuenta ahorro-empresa requerirá que el importe comprobado del patrimonio del contribuyente al finalizar el período de la imposición exceda del valor que arrojase su comprobación al comienzo del mismo al menos en la cuantía de las inversiones realizadas, sin computar los intereses y demás gastos de financiación"».

Consulta vinculante de la Dirección General de Tributos (V0905-23), de 18 de abril de 2023

Asunto: deducción por inversión en vivienda habitual en caso de préstamo hipotecario sobre la vivienda en el que ambos cónyuges figuran como prestatarios, pero es uno solo el que satisface los pagos.

«Al emplear financiación ajena, consistente en un préstamo hipotecario en el que los deudores constan como prestatarios solidarios, sin una mayor concreción, ello

implica entender, desde un punto de vista jurídico, que el pago de las distintas cuotas de amortización, así como el de los gastos inherentes a su concesión y cancelación se satisfacen por los prestatarios por partes iguales, con independencia de la procedencia de los fondos destinados a tal fin y de la forma en que cada uno responde respecto del préstamo.

Con carácter general, cuando en la inversión se utiliza financiación ajena, la deducción se practicará a medida que se vaya devolviendo el principal y se abonen, en su caso, los correspondientes intereses y demás gastos, en la parte proporcional que del capital prestado se haya destinado por cada prestatario a la adquisición de su respectiva parte indivisa de propiedad de la vivienda.

Siendo así, cada cónyuge tendrá derecho a practicar la deducción en función de las cantidades que provenientes de sus respectivos fondos privativos, y la mitad de los fondos gananciales, si estuviese casados en régimen de gananciales, satisfaga por costes relacionados con la adquisición de la parte indivisa que personalmente adquiere, ya sea por pagos directos o por aquellos vinculados con el préstamo empleado para la adquisición.

Si alguno de los cónyuges aporta, en su condición de prestatario solidario, más de la mitad de las cantidades satisfechas en cada momento, únicamente tendrá derecho a practicar la deducción en función de las que cubran hasta la mitad de cada pago, que es lo que le corresponde abonar, siempre que, a su vez, dicho porcentaje venga a cubrir la parte alícuota de propiedad que ostenta sobre la vivienda, que en este caso coinciden, el 50 por ciento —partiendo de la hipótesis que el préstamo tiene como único objetivo cubrir parte de los costes de adquisición de la vivienda—. Las cantidades que alguno de los deudores satisficiese por encima de la parte proporcional que le corresponde en el préstamo (en este caso un 50 por ciento hasta la totalidad de cada cuota) no puede entenderse que son destinadas a la adquisición de la propiedad de su parte indivisa de la vivienda, ya que han de atribuirse al otro prestatario, a su cónyuge en nuestro caso; dichas cantidades tendrán la consideración de préstamo o, en otro caso, donación a favor de dicho otro prestatario y adquirente.

En definitiva, la base de deducción del consultante únicamente podrá estar integrada por la mitad de cada una de las cuantías con las que cubre la totalidad de cada uno de los pagos relacionados con el préstamo».

Consulta vinculante de la Dirección General de Tributos (V0027-23), de 11 de enero de 2023

Asunto: ¿se tributa por la modalidad de AJD por liberación del deudor si, con ocasión de la extinción del condominio sobre el inmueble hipotecado, el acreedor no comparece a la firma y no tiene intención de liberar al otro copropietario?

«La sentencia del Tribunal Supremo 521/2020, de 20 de mayo de 2020 ha supuesto un cambio radical en la posición que tradicionalmente ha mantenido la Dirección General de Tributos en relación con la tributación de la liberación de los deudores en los préstamos hipotecarios, al determinar —compartiendo el criterio de la sentencia de instancia— que concurren los requisitos legales para sujetar a AJD la escritura que documenta la liberación de los codeudores de un préstamo garantizado mediante hipoteca de determinados inmuebles.

La operación concreta que se planteó al TSJ de Valencia (sentencia de 27 de abril de 2017, rec. n.º 1028/2015) consistía en una operación de ampliación y novación de préstamo hipotecario y liberación de deudores. La escritura era consecuencia de otra anterior, de la misma fecha de extinción de condominio de la finca gravada con préstamo hipotecario que ahora se amplía. En relación con la primera escritura la Oficina Liquidadora giró propuesta de liquidación provisional, por entender que se había producido el hecho imponible de la liberación de responsabilidad hipotecaria, señalando que "se produce la liberación de un codeudor sobre la responsabilidad hipotecaria que ostenta sobre una finca y por lo tanto se produce una modificación de la hipoteca inicialmente constituida, lo cual conlleva una nueva distribución de la responsabilidad hipotecaria previamente establecida". La sentencia resuelve que supuestos como el de autos deben reputarse como de redistribución de responsabilidad hipotecaria y se encuentran sujetos a AJD.

El Tribunal Supremo estima que aunque la garantía hipotecaria sobre la finca no se altere, sí se produce una modificación subjetiva de los responsables que tiene acceso al registro, y que aunque pueda tener su causa en la extinción del condominio, liberándose respectivamente de la responsabilidad del préstamo hipotecario los afectados por la extinción, concretando su responsabilidad exclusivamente en las fincas de las que tras la extinción resultan adjudicatarios, son beneficiados por dicha liberación. Por tanto, el Tribunal Supremo fija como doctrina legal que la liberación en escritura pública notarial de codeudores de un préstamo garantizado mediante hipoteca de determinados inmuebles está sujeta a la modalidad de actos jurídicos documentados del Impuesto sobre Transmisiones Patrimoniales y Actos Jurídicos Documentados.

Tras el fallo del Tribunal Supremo, la Dirección General de Tributos ha dictado varias resoluciones en contestación a consultas vinculantes en las que se aplica el nuevo criterio de tributación.

Ahora bien, la sentencia del Tribunal Supremo 521-20 se refiere a un supuesto de liberación en escritura pública del codeudor de un préstamo hipotecario con ocasión de la disolución del condominio sobre un inmueble. En este supuesto, el Tribunal Supremo ha determinado que se produce una redistribución de la responsabilidad hipotecaria. Por el contrario, en el supuesto objeto de consulta no se produce la liberación del codeudor y, por lo tanto, no se produce una redistribución de la responsabilidad hipotecaria entre los dos codeudores fruto de una disolución de condominio. A diferencia del supuesto enjuiciado en la sentencia 521-2020, en el que se realizaron varias operaciones —extinción de condominio y posterior liberación del codeudor (de hecho, se formalizaron dos escrituras públicas—, en el que ahora se analiza existe una única operación, la disolución del condominio. En este supuesto, la hipoteca permanece inalterada sobre el mismo inmueble y en los mismos términos, no va a haber liberación de codeudor. En consecuencia, al no haber liberalización del otro codeudor, la escritura no estará sujeta a la modalidad de actos jurídicos documentados por dicho concepto».

3.5. Casos prácticos

Caso práctico | Tributación en IRPF de la renuncia al derecho de uso de un inmueble tras divorcio

PLANTEAMIENTO

En la sentencia de divorcio de José y Cristina se atribuyó el uso de la vivienda familiar, propiedad privativa de José, a favor de Cristina y los hijos comunes. Ahora, Cristina traslada su domicilio y el de sus hijos, firmando un acuerdo entre ambos excónyuges por el que Cristina renuncia a los derechos de uso y disfrute que posee sobre la vivienda en favor de José, a cambio de una indemnización de 40.000 euros.

La indemnización que percibe Cristina, ¿tributará o estará exenta en el IRPF?

Si José vendiese el inmueble, ¿podrá considerar los 40.000 euros abonados de indemnización como mayor valor de adquisición del inmueble?

RESPUESTA

Para Cristina existirá una ganancia o pérdida patrimonial de conformidad con el artículo 33.1 de la LIRPF, que no estará exenta. Por otro lado, si José vendiese la vivienda, la indemnización abonada no formará parte del valor de adquisición a efectos del cálculo de la ganancia o pérdida patrimonial.

El apartado 1 del artículo 33 de la LIRPF señala:

> «1. Son ganancias y pérdidas patrimoniales las variaciones en el valor del patrimonio del contribuyente que se pongan de manifiesto con ocasión de cualquier alteración en la composición de aquél, salvo que por esta Ley se califiquen como rendimientos».

En el presente caso no estamos propiamente ante una indemnización, sino que Cristina renuncia al derecho de uso a cambio de una contraprestación económica; por tanto, se trata de una transacción. En cualquier caso, las cantidades percibidas por Cristina constituyen una ganancia patrimonial para ella al no encontrarse en ninguno de los supuestos de exención previstos en los artículos 7 y 33.4 de la LIRPF, ni de ninguno de los supuestos que recoge el artículo 33.3 de la LIRPF en los que no se produce ganancia patrimonial.

En el supuesto de que José vendiese el inmueble, la ganancia patrimonial obtenida se calcularía de conformidad con el artículo 35 de la LIRPF, que, respecto del valor de adquisición, dispone:

> «1. El valor de adquisición estará formado por la suma de:
> a) El importe real por el que dicha adquisición se hubiera efectuado.
> b) El coste de las inversiones y mejoras efectuadas en los bienes adquiridos y los gastos y tributos inherentes a la adquisición, excluidos los intereses, que hubieran sido satisfechos por el adquirente.
> En las condiciones que reglamentariamente se determinen, este valor se minorará en el importe de las amortizaciones.
> (...)».

Por tanto, al no tratarse de un gasto inherente a la adquisición, sino que se trata de un pago en cumplimiento de un pacto entre partes en compensación a la renuncia de unos derechos, su importe no formará parte del valor de adquisición a efectos del cálculo de la ganancia o pérdida patrimonial derivada de la transmisión de del inmueble. En este sentido se pronuncia la Dirección General de Tributos en la consulta vinculante (V1017-16), de 14 de marzo de 2016.

Caso práctico | Exención en IRPF por reinversión en vivienda habitual tras divorcio en que se compra antes de transmitir la anterior

PLANTEAMIENTO

Manuel y Patricia se divorciaron en octubre de 2022, adquiriendo Manuel una nueva vivienda, que pasa a ser su vivienda habitual en diciembre de 2022. En mayo de 2024, la expareja vende la que había sido su vivienda habitual hasta el divorcio. ¿Podrá Manuel aplicar, en su caso, la exención de la ganancia patrimonial por la reinversión en vivienda habitual?

RESPUESTA

Sí. El artículo 41.3 del RIRPF permite aplicar la exención por reinversión de las cantidades obtenidas en la enajenación que se destinen a satisfacer el precio de una nueva vivienda habitual que se hubiera adquirido en el plazo de los dos años anteriores a la transmisión de aquella. Por tanto, Manuel, cumplidos los demás requisitos necesarios, podrá aplicar, a las ganancias patrimoniales que se pongan de manifiesto con la transmisión de su anterior vivienda habitual, la exención por las cantidades que destine a financiar la adquisición de su nueva vivienda habitual, al haberla adquirido menos de dos años antes de que la anterior fuese transmitida y menos de dos años después de que dejase de ser su vivienda habitual.

El apartado 1 del artículo 38 de la LIRPF permite que se excluyan de gravamen las ganancias patrimoniales obtenidas por la transmisión de la vivienda habitual del contribuyente, siempre que el importe total obtenido por la transmisión se reinvierta en la adquisición de una nueva vivienda habitual en las condiciones que se determinan reglamentariamente. En tal sentido, el apartado 3 del artículo 41 del RIRPF especifica lo siguiente:

> «3. La reinversión del importe obtenido en la enajenación deberá efectuarse, de una sola vez o sucesivamente, en un período no superior a dos años desde la fecha de transmisión de la vivienda habitual o en un año desde la fecha de transmisión de las acciones o participaciones.
>
> En particular, se entenderá que la reinversión se efectúa dentro de plazo cuando la venta de la vivienda habitual se hubiese efectuado a plazos o con precio aplazado, siempre que el importe de los plazos se destine a la finalidad indicada dentro del período impositivo en que se vayan percibiendo.
>
> Cuando, conforme a lo dispuesto en los párrafos anteriores, la reinversión no se realice en el mismo año de la enajenación, el contribuyente vendrá obligado a hacer constar en la declaración del Impuesto del ejercicio en el que se obtenga la ganancia de patrimonio su intención de reinvertir en las condiciones y plazos señalados.
>
> **Igualmente darán derecho a la exención por reinversión las cantidades obtenidas en la enajenación que se destinen a satisfacer el precio de una nueva vivienda habitual que se hubiera adquirido en el plazo de los dos años anteriores a la transmisión de aquélla».**

Por otra parte, cabe destacar que el artículo 41 bis.3 del RIRPF especifica que «a los exclusivos efectos de la aplicación de las exenciones previstas en los artículos 33.4. b) y 38 de la Ley del Impuesto, se entenderá que el contribuyente está transmitiendo su vivienda habitual cuando, con arreglo a lo dispuesto en este artículo, **dicha edificación constituya su vivienda habitual en ese momento o hubiera tenido tal consideración hasta cualquier día de los dos años anteriores a la fecha de transmisión».**

Finalmente, y por ejemplo, la Dirección General de Tributos explicita en su consulta vinculante (V0036-24), de 13 de febrero de 2024:

> «(...) para que la ganancia patrimonial obtenida en la transmisión de la vivienda habitual resulte exenta es necesario reinvertir el importe total obtenido en la adquisición o rehabilitación de una nueva vivienda habitual; debiendo efectuarse la reinversión en el plazo de los dos años anteriores o posteriores a contar desde la fecha de enajenación.
>
> Además, habida cuenta de que la adquisición de la nueva vivienda habitual señalan que se producirá antes de la transmisión de la venta de la "antigua"

debe mencionarse la resolución 02463/2013/00/00, de 11 de septiembre de 2014, del Tribunal Económico-Administrativo Central, dictada en unificación de criterio, en la que se sostiene que para la aplicación de la exención, se requiere que el contribuyente invierta en el plazo de dos años, posteriores o anteriores a la venta, una cuantía equivalente al importe total obtenido por la transmisión. Es decir, no es preciso que los fondos obtenidos por la transmisión de la primera vivienda habitual sean directa, material y específicamente los mismos que los empleados para satisfacer el pago de la nueva, por lo que no debe distinguirse entre que el importe invertido en la nueva vivienda estuviese a disposición del obligado tributario con anterioridad a la transmisión de la antigua o hubiese sido obtenido por causa de esa transmisión».

Caso práctico | Exención por reinversión en vivienda habitual en la transmisión de la vivienda familiar tras el divorcio para el propietario que no reside en la misma

PLANTEAMIENTO

Antonio se divorció en 2020, adjudicándose el uso de la vivienda familiar a su exmujer María, que continuó residiendo en la misma. La vivienda la adquirieron en 2014 por un importe de 150.000 euros, convirtiéndola desde su adquisición en su vivienda habitual. En 2024 han recibido una oferta de compra por el inmueble por importe de 250.000 euros, así que han decidido venderla y adquirir cada uno una nueva vivienda, que será su vivienda habitual. La vivienda que adquiere Antonio tiene un precio de 130.000 euros y la que adquiere María de 100.000 euros.

¿Podrán aplicar la exención de la ganancia patrimonial? En su caso, ¿cuál será el importe de la exención?

RESPUESTA

Tanto Antonio como María podrán aplicarse la exención por reinversión, si realizan la adquisición en el plazo de dos años desde la transmisión de la vivienda familiar que constituía la vivienda habitual de María hasta dicha transmisión. Antonio se aplicará una exención total de la ganancia patrimonial, al ser superior el importe reinvertido que el valor de la transmisión. María, por su parte, tendrá una exención de 40.000 euros.

Dispone el artículo 38 de la LIRPF en su apartado 1 que:

«1. Podrán excluirse de gravamen las ganancias patrimoniales obtenidas por la transmisión de la vivienda habitual del contribuyente, siempre que el importe total obtenido por la transmisión se reinvierta en la adquisición de una nueva vivienda habitual en las condiciones que reglamentariamente se determinen.

Cuando el importe reinvertido sea inferior al total de lo percibido en la transmisión, únicamente se excluirá de tributación la parte proporcional de la ganancia patrimonial obtenida que corresponda a la cantidad reinvertida».

Por tanto, para poder aplicar la exención por reinversión, tanto la vivienda transmitida como la nueva vivienda deberán considerarse vivienda habitual, a cuyo efecto el artículo 41 bis del RIRPF señala que «se considera vivienda habitual del contribuyente la edificación que constituya su residencia durante un plazo continuado de, al menos, tres años».

A los efectos de la reinversión, el artículo 41 bis.3 del RIRPF dispone:

«3. A los exclusivos efectos de la aplicación de las exenciones previstas en los artículos 33.4. b) y 38 de la Ley del Impuesto, se entenderá que el contribuyente está transmitiendo su vivienda habitual cuando, con arreglo a lo dispuesto en este artículo, dicha edificación constituya su vivienda habitual en ese momento o hubiera tenido tal consideración hasta cualquier día de los dos años anteriores a la fecha de transmisión».

Por su parte, el apartado 3 del artículo 41 del RIRPF señala:

«3. La reinversión del importe obtenido en la enajenación deberá efectuarse, de una sola vez o sucesivamente, en un período no superior a dos años desde la fecha de transmisión de la vivienda habitual o en un año desde la fecha de transmisión de las acciones o participaciones.

(...)».

En el caso de María, la vivienda transmitida es su vivienda habitual desde 2014, y dado que va a reinvertir las cantidades que perciba en la adquisición de una nueva vivienda habitual, si cumple el plazo de reinversión podrá aplicar la exención por reinversión prevista en el artículo 38.1 de la LIRPF.

En el caso de Antonio, este no reside en la vivienda que se va a transmitir desde 2020. No obstante, la sentencia del Tribunal Supremo n.º 553/2023, de 5 de mayo, ECLI:ES:TS:2023:2021, establece:

«Como consecuencia de lo expuesto establecemos como criterio jurisprudencial interpretativo que, en las **situaciones de separación, divorcio o nulidad del matrimonio que hubieren determinado el cese de la ocupación efectiva como vivienda habitual para el cónyuge que ha de abandonar el domicilio habitual por tales causas**, el requisito de ocupación efectiva de la vivienda habitual en el momento de la transmisión o en cualquier día de los dos años anteriores a la misma, que exige el apartado 3 del art. 41 bis del RLIRPF, se entenderá cumplido cuando tal situación concurra en el cónyuge que permaneció en la misma».

Por tanto, Antonio, en la medida en la que su excónyuge continuó residiendo en la vivienda familiar, podrá aplicar la exención por reinversión, si realiza la reinversión en el plazo de dos años desde la transmisión.

En cuanto al importe de la ganancia patrimonial que podrán aplicar María y Antonio, debemos realizar los siguientes cálculos:

- El valor de transmisión de la vivienda familiar es de 250.000 euros, por tanto, para cada uno de los excónyuges supone un valor de transmisión de 125.000 euros.
- El valor de adquisición de la vivienda familiar es de 150.000 euros, por tanto, para cada uno de ellos supone un valor de adquisición de 75.000 euros.
- **Ganancia patrimonial** = valor transmisión vivienda familiar - valor adquisición vivienda familiar = 125.000 - 75.000 = **50.000 euros para cada uno.**

La reinversión que realiza **Antonio** en la adquisición de la nueva vivienda es de 130.000 euros, superando dicho valor el de transmisión de la vivienda familiar, por lo que **verá exenta de tributación la totalidad de su ganancia patrimonial de 50.000 euros.**

La reinversión que realiza María es de 100.000 euros, siendo inferior al importe de la transmisión de la vivienda familiar, por tanto, la exención de la ganancia patrimonial debe prorratearse en función de la cantidad reinvertida:

- (50.000 x 100.000) / 125.000 = 40.000 euros.

María vería exentos 40.000 euros de los 50.000 de ganancia patrimonial. Por lo que solo tributaría como ganancia patrimonial en la base imponible del ahorro en su declaración de IRPF por 10.000 euros.

Caso práctico | Tributación arrendamiento vivienda IRPF por un inmueble que se mantiene en común tras el divorcio

PLANTEAMIENTO

Carolina y Pedro se compraron una vivienda en el año 2015, estando casados en régimen económico de gananciales, por importe de 150.000 euros (incluidos los costes de notaría, registro, impuestos). En 2023 se divorcian y deciden alquilar la que era su vivienda familiar. Dicho inmueble ha estado alquilado como vivienda habitual durante todo el año 2024, tras formalizarse el contrato de arrendamiento a 1 de enero de 2024. Perciben una renta mensual de 800 euros.

Para adquirir la vivienda habían solicitado un préstamo, el cual siguen pagando ambos a partes iguales, y por el que se abonaron un total de 1.600 euros en concepto de intereses en el año 2024.

Al inicio del 2024, compraron de forma conjunta distintos muebles y electrodomésticos de la vivienda, por un importe total de 4.000 euros, acreditados mediante factura.

Finalmente, a lo largo del año 2024, Carolina y Pedro abonaron de forma conjunta a partes iguales los siguientes gastos vinculados al inmueble:

- Impuesto sobre Bienes Inmuebles: 600 euros.
- Gastos de comunidad: 800 euros.
- Reparación de una fuga de agua: 200 euros.
- Seguro: 400 euros.

El valor catastral de la vivienda es de 85.000 euros, de los cuales 70.000 euros se corresponden al valor de la construcción y 15.000 euros al valor del suelo.

¿Cómo tributarán Carolina y Pedro en su declaración de la renta por este arrendamiento? ¿Podrá deducirse algún gasto o aplicar la reducción por arrendamiento de vivienda?

RESPUESTA

El arrendamiento de esta vivienda no tiene la consideración de actividad económica para Carolina y Pedro, por lo que las rentas que perciben como consecuencia del mismo tributarán como rendimientos del capital inmobiliario en su IRPF, de acuerdo con el artículo 22 de la LIRPF. Además, del rendimiento íntegro que perciban podrán deducir los gastos que especifica el artículo 23.1 de la LIRPF (IBI, intereses del préstamo hipotecario, gastos de reparación, seguro, etc.), además podrán deducirse la amortización del inmueble y de los muebles cedidos en arrendamiento conjuntamente con el mismo. En su caso, pueden aplicarse la reducción por arrendamiento de vivienda del artículo 23.2 de la LIRPF.

Según el artículo 22 de la LIRPF, los rendimientos derivados del arrendamiento de inmuebles rústicos o urbanos tendrán la consideración de **rendimientos íntegros del** capital inmobiliario. A tal fin, se computará como rendimiento íntegro el **importe que por todos los conceptos deba satisfacer el arrendatario**, incluido, en su caso, el correspondiente a todos aquellos bienes cedidos con el inmueble y excluido el IVA o, en su caso, el IGIC.

Asimismo, **el arrendador podrá deducir de tales rendimientos íntegros los gastos que especifica el apartado 1 del artículo 23 de la LIRPF,** desarrollado por los artículos 13 y 14 del RIRPF.

Por lo demás, esta clase de rendimientos del capital inmobiliario se imputarán al período impositivo en el que sean exigibles por su perceptor [**artículo 14.1.a) de la LIRPF**]. **Formarán parte de la renta general del contribuyente,** conforme a los artículos 45 y 46 de la LIRPF, y **se integrarán y compensarán en la base imponible general** en los términos que prevé el artículo 48 de la LIRPF.

En el caso de Carolina y Pedro, habría que realizar los siguientes cálculos para determinar el **rendimiento neto reducido que cada uno de ellos** tendrá que declarar como derivado del arrendamiento de la vivienda:

a) Rendimientos íntegros del capital inmobiliario:

800 euros x 12 mensualidades = 9.600 euros.

9.600 / 2 = **4.800 euros cada uno.**

b) Gastos deducibles conforme al artículo 23.1 de la LIRPF

- Gastos de reparación y conservación e intereses y otros gastos de financiación
  - Intereses del préstamo hipotecario abonados en 2024: 1.600 / 2 = **800 euros.**
  - Gastos de reparación y conservación del inmueble, donde podrán deducirse la reparación de la fuga de agua: 200 / 2 = **100 euros.**
- Gastos de comunidad

800/ 2 = **400 euros.**

- Primas de contratos de seguro

400 / 2 = **200 euros.**

- Tributos, recargos y tasas

En esta partida podrán deducirse el IBI: 600 / 2 = **300 euros.**

- **Amortización de los bienes muebles** cedidos con el inmueble

Por lo que se refiere a los muebles que se ceden al arrendatario con la vivienda, la amortización no podrá exceder, en cada año, del resultado de aplicar a los costes de adquisición satisfechos los coeficientes de amortización determinados de acuerdo con la tabla de amortizaciones simplificada a que se refiere el artículo 30.1.ª del RIRPF [artículo 14.2.b) del RIRPF]. Dicha tabla es la que recoge la Orden de 27 de marzo de 1998 por la que se aprueba la Tabla de Amortización Simplificada que deberán aplicar los sujetos pasivos del Impuesto sobre la Renta de las Personas Físicas que ejerzan actividades empresariales o profesionales y determinen su rendimiento neto por la modalidad simplificada del régimen de estimación directa. Conforme a dicha tabla, para el mobiliario el coeficiente máximo de amortización que podrá aplicarse será de un 10 %.

En esa medida, por los muebles podrá deducir la siguiente amortización:

4.000 x 10 % = 400.

400/ 2 = **200 euros.**

- **Amortización del inmueble**

En el caso del inmueble, solo podrá deducirse en cada año la amortización que no exceda del resultado de aplicar el 3 % sobre el mayor de los siguientes valores: el coste de adquisición satisfecho o el valor catastral, sin incluir el valor del suelo [artículo 14.2.a) del RIRPF].

Valor catastral total: 85.000 euros.

Valor catastral del suelo: 15.000 euros.

Valor catastral de la construcción: 70.000 euros.

Valor de adquisición total: 150.000 euros.

Parte del valor de adquisición correspondiente al suelo:

150.000 x (15.000 / 85.000) = 26.470,59 euros

Valor de adquisición sin incluir el suelo:

150.000 - 26.470,59 = 123.529,41 euros.

Por tanto, la amortización no podrá exceder en el ejercicio 2024 del resultado de aplicar un porcentaje del 3 % sobre el mayor de los siguientes valores:

Valor de adquisición sin incluir el suelo: 123.529,41 euros.

Valor catastral de la construcción: 70.000 euros.

Esto es, podrá deducirse como amortización del inmueble:

123.529,41 x 3 % = 3.705,88 euros.

3.705,88 / 2 = **1.852,94 euros**

Gastos deducibles totales de cada uno de los excónyuges:

800 + 100 + 400 + 200 + 300 + 200 + 1.852.94 = **3.852,94 euros.**

c) Rendimiento neto:

Rendimiento neto de Carolina: 4.800 - 3.852,94 = **947,06 euros.**

Rendimiento neto de Pedro: 947,06 euros.

d) Reducción por arrendamiento de vivienda:

Conforme al artículo 23.2 de la LIRPF el rendimiento neto positivo podría reducirse en diferentes porcentajes, según las circunstancias del supuesto:

- 70 % en caso de que la vivienda se encuentre en una zona de mercado residencial tensionado y el arrendatario tenga una edad comprendida entre 18 y 35 años.

947,06 x 70 % = **662,94 euros**

- 60 % si, no cumpliéndose los requisitos de la reducción anterior, la vivienda hubiera sido objeto de actuación de rehabilitación en los términos del artículo 41.1 RIRPF que hubiera finalizado en los dos años anteriores a la fecha de celebración del contrato de arrendamiento.

947,06 x 60 % = **568,24 euros**

- 50 % en cualquier otro caso.

947,06 x 50 % = **473,53 euros**

A TENER EN CUENTA. Conforme al artículo 23.2 de la LIRPF en su redacción resultante de la Ley 12/2023, de 24 de mayo, en los contratos de arrendamiento de vivienda celebrados a partir de la entrada en vigor de la Ley 12/2023, de 24 de mayo, el arrendador de inmuebles destinados a vivienda reducirá su rendimiento neto positivo en un 90 %, un 70 %, un 60 % o un 50 %, según los casos, en los términos que señala el precepto. Por otra parte, la D.T. 38.ª de la LIRPF, añadida también por la Ley 12/2023, de 24 de mayo, determina que a los rendimientos netos positivos de capital inmobiliario derivados de contratos de arrendamiento de vivienda que se hubieran celebrado con anterioridad a la entrada en vigor de la Ley 12/2023, de 24 de mayo, les resultará de aplicación la reducción prevista en el artículo 23.2 de la LIRPF en su redacción vigente a 31 de diciembre de 2021. La D.F. 2.ª de la Ley 12/2023, de 24 de mayo, fue la que modificó el artículo 23.2 y añadió la D.T. 38.ª a la LIRPF, y lo hizo «con efectos para los contratos de arrendamiento de vivienda celebrados a partir de la entrada en vigor de esta ley». Por su parte, la D.F. 9.ª de la Ley 12/2023, de 24 de mayo, precisa que «la presente ley entrará en vigor el día siguiente al de su publicación en el "Boletín Oficial del Estado", excepto la disposición final segunda, que entrará en vigor el 1 de enero del año siguiente al de su publicación en el "Boletín Oficial del Estado"». En esa medida, según la literalidad de ambos preceptos, parece que los incentivos fiscales introducidos resultan de aplicación para los contratos de arrendamiento celebrados a partir del 26 de mayo de 2023 (fecha de entrada en vigor general de la Ley de Vivienda) y que la modificación del artículo 23.2 de la LIRPF operada por la D.F. 2.ª de la Ley 12/2023, de 24 de mayo, entró en vigor el 1 de enero de 2024.

e) Rendimiento neto reducido

El rendimiento neto reducido dependerá del porcentaje de reducción que pueda aplicarse, en función de las circunstancias del caso concreto, teniendo en cuenta lo expuesto en el apartado anterior:

- Si puede aplicarse el **70 %**, el rendimiento neto reducido será: 947,06 - 662,94 = **284,12 euros**

- Si puede aplicarse el **60 %**, el rendimiento neto reducido será: 947,06 – 568, 24 = **378,82 euros**

- En caso de aplicarse el **50 %**, el rendimiento neto reducido será: 947,06 - 473,53 = **473,53 euros**

Caso práctico | Deducibilidad hipoteca en IRPF ampliada para abonar la vivienda en disolución del condominio

PLANTEAMIENTO

María y Pedro, casados en separación de bienes, se han divorciado en 2024. En el año 2010 habían adquirido, a partes iguales, la que constituía su vivienda habitual mediante una hipoteca, por la que continuaban aplicando, por tener derecho a ello, la deducción por inversión en vivienda habitual en el IRPF. Dicha hipoteca, a la fecha del divorcio, tenía un capital pendiente de pago de 100.000 euros.

En la disolución del condominio, María se adjudica la vivienda y el pago de la hipoteca, debiendo compensar a Pedro en 20.000 euros por la vivienda. María obtiene un nuevo préstamo por importe de 120.000 euros, con el que amortiza el préstamo original, destinando el resto a abonar a Pedro la contraprestación acordada.

¿Podrá María continuar aplicando el régimen transitorio de la deducción por inversión en vivienda habitual del IRPF?

RESPUESTA

María podrá considerar objeto de deducción el nuevo préstamo, contratado en 2024, en la proporción en la que su principal haya sido destinado a cancelar el préstamo hipotecario concedido en 2010 (cuyo principal pendiente de amortizar era de 100.000 euros). Pero no tendrá derecho a la deducción por los 20.000 euros que le abona a Pedro en contraprestación por la disolución del condominio.

Con efectos desde 1 de enero de 2013, la Ley 16/2012, de 27 de diciembre, suprimió el apartado 1 del artículo 68 de la LIRPF, que regulaba la deducción por inversión en vivienda habitual, suprimiendo, en consecuencia, dicha deducción. No obstante, la misma norma añadió una disposición transitoria decimoctava en la LIRPF, que regula un régimen transitorio que permite practicar dicha deducción a aquellos contribuyentes que cumplan determinados requisitos. En el presente caso, María y Pedro cumplían los requisitos de la disposición transitoria decimoctava de la LIRPF, y continuaban practicando la deducción.

Respecto de la parte indivisa que correspondía a María, esta podrá seguir aplicando la deducción por inversión en vivienda habitual, dado que la adquirió con anterioridad al 1 de enero de 2013, que ha venido practicando dicha deducción y que el inmueble continúa siendo su vivienda habitual.

Por lo que se refiere a la mitad indivisa que adquiere en 2024 por la disolución del condominio, debemos tener en cuenta la resolución del TEAC n.º 561/2020, de 1 de octubre de 2020, dictada en unificación de criterio, que dispone:

> «A efectos de lo dispuesto en la Disposición Transitoria Decimoctava de la Ley 35/2006, de 28 de noviembre, del Impuesto sobre la Renta de las Personas Físicas, en caso de extinción de un condominio sobre la vivienda habitual a partir del 1 de enero de 2013, si una de las partes obtiene el 100% de la vivienda, tendrá derecho a aplicarse el 100% de la deducción por adquisición de vivienda habitual siempre que se hubiera aplicado en un ejercicio anterior a 2013 dicha deducción en el porcentaje correspondiente a su participación en el condominio.
> La deducción a practicar por la parte adquirida hasta completar el 100% del pleno dominio del inmueble tendrá como límite el importe que habría tenido derecho a deducirse desde la fecha de extinción del condominio el comunero que deja de ser titular del inmueble, si dicha extinción no hubiera tenido lugar. Ello significa que la aplicación de la deducción por adquisición de vivienda habitual en relación con la parte que se adquiere hasta completar el 100% del pleno dominio del inmueble estará en todo caso condicionada por el hecho de que el comunero que deja de ser propietario se hubiera aplicado en un ejercicio anterior a 2013 dicha deducción en el porcentaje correspondiente a su participación en el condominio y que no se le hubiera agotado a la fecha de extinción del condominio la posibilidad de seguir practicando la deducción por adquisición de vivienda habitual. Esto sucederá cuando dicho comunero hubiese solicitado, de forma individual o conjuntamente con el comunero que se hace

con el 100%, un préstamo para la adquisición de la vivienda y no se encontrara totalmente amortizado a la fecha de extinción del condominio».

Por tanto, dado que Pedro también venía practicando la deducción por inversión en vivienda habitual, la parte que adquiere María por disolución del condominio también podrá deducirla, hasta el límite del importe que Pedro habría tenido derecho a deducirse desde la fecha de extinción del condominio si dicha extinción no se hubiera producido.

Por lo que se refiere al nuevo préstamo, la novación, subrogación o la sustitución de un préstamo o crédito por otro, incluso su ampliación, cualquiera que fuera la forma acordada, no conlleva entender que en ese momento concluye el proceso de financiación de la inversión correspondiente ni se agotan las posibilidades de practicar la deducción, ello únicamente implica la modificación de las condiciones de financiación inicialmente acordadas, siempre que, evidentemente, el préstamo resultante se dedique a la amortización del anterior. Así, **las cantidades que se abonen del préstamo (cuota de amortización e intereses) y las demás cuantías que se satisfagan por el préstamo o crédito resultante (en su constitución, vida y cancelación), en la parte proporcional que del total del capital obtenido en este sean atribuibles a la amortización o cancelación del préstamo originario destinado exclusivamente a la adquisición de la vivienda habitual, darán derecho a deducción por inversión en vivienda habitual.**

Existiendo ampliación del principal, si en su totalidad se destinase a cubrir estrictamente los costes asociados a la cancelación del préstamo primigenio (como, por ejemplo, los costes de cancelación registral) también será objeto de deducción. Por contra, no será susceptible de integrar la base de deducción la parte proporcional de las cantidades que se correspondieran con el incremento del principal, que se hubiera destinado a financiar otras cosas, diferentes a la propia adquisición de la vivienda. Por tanto, no es susceptible de deducción la parte del principal ampliado para abonar a Pedro su contraprestación.

En ese sentido se pronuncia, por ejemplo, la consulta vinculante de la Dirección General de Tributos (V0821-24), de 22 de abril de 2024, en la que, además, se establece lo siguiente:

> «Cuestión distinta sería un supuesto de cancelación, parcial o total, de la deuda y en otro momento indeterminado posterior, sin conexión directa con dicha cancelación, el contribuyente contratara un nuevo préstamo o crédito, pudiendo ser incluso con la garantía de los mismos bienes o igual número de vencimientos que quedaban pendientes del precedente, sin concatenación entre ambos. Por tanto, produciéndose uno y otro acto en momentos diferentes, habría que entender que son operaciones distintas, e implicaría la pérdida al derecho a practicar la deducción por inversión en vivienda habitual por la nueva financiación. Cosa que no ocurriría si, de forma simultánea, la operación de cancelación se produjese en el momento de la firma del contrato del nuevo préstamo o crédito, empleando para ello, en su caso, parte o el total del principal obtenido en dicho contrato.
>
> De suceder así, de forma simultánea, tanto los gastos que se generen con motivo de la cancelación del préstamo originario como por la constitución del nuevo tendrán la misma consideración de deducibles.
>
> Respecto del nuevo préstamo o crédito y su vínculo con el precedente, como de cualquier otro, el consultante deberá poder acreditar la conexión con el prestamista, previo requerimiento de la Agencia Tributaria, su destino vinculado a la vivienda y la justificación de su devolución; ello deberá efectuarse

utilizando cualquiera de los medios de prueba generalmente admitidos en derecho, correspondiendo la valoración de las pruebas aportadas a los órganos de gestión e inspección de la Administración Tributaria».

Caso práctico | ¿Tributa en AJD la liberación en escritura del codeudor de un préstamo hipotecario tras disolverse el condominio sobre el inmueble?

PLANTEAMIENTO

Laura y Valeria, casadas en régimen de separación de bienes, adquirieron en condominio (al 50 %) una vivienda durante el matrimonio. Financiaron la adquisición con un préstamo hipotecario. En 2024 se divorcian y disuelven el condominio sobre el inmueble, que se adjudica al 100 % a Laura, que asumirá la parte del préstamo que todavía queda pendiente, compensando oportunamente a su excónyuge.

Para no mantener ninguna clase de vínculo en el futuro, deciden modificar el préstamo hipotecario para que Laura conste como única deudora, quedando liberada Valeria. Lo harán a través de escritura pública, con el visto bueno de la entidad financiera.

¿Esa liberación de la codeudora estará sujeta a la modalidad de actos jurídicos documentados del ITPyAJD?

RESPUESTA

La liberación en escritura pública notarial de la codeudora del préstamo garantizado mediante hipoteca sobre el inmueble que se adjudica Laura está sujeta a la modalidad de actos jurídicos documentados del ITPyAJD. Será sujeto pasivo del impuesto la adjudicataria del inmueble y, en cuanto al tipo de gravamen, habrá que atender al artículo 31.2 de la LITPAJD.

El artículo 29 de la LITPyAJD establece que será sujeto pasivo del ITPyAJD, en su modalidad de AJD, documentos notariales, el adquirente del bien o derecho y, en su defecto, las personas que insten o soliciten los documentos notariales, o aquellos en cuyo interés se expidan. Cuando se trate de escrituras de préstamo con garantía hipotecaria, se considerará sujeto pasivo al prestamista.

Por su parte, el artículo 31 de la LITPyAJD regula la cuota tributaria en los siguientes términos:

> «1. Las matrices y las copias de las escrituras y actas notariales, así como los testimonios, se extenderán, en todo caso, en papel timbrado de 0,30 euros por pliego o 0,15 euros por folio, a elección del fedatario. Las copias simples no estarán sujetas al impuesto.
>
> 2. Las primeras copias de escrituras y actas notariales, cuando tengan por objeto cantidad o cosa valuable, contengan actos o contratos inscribibles en los Registros de la Propiedad, Mercantil, de la Propiedad Industrial y de Bienes Muebles no sujetos al Impuesto sobre Sucesiones y Donaciones o a los conceptos comprendidos en los números 1 y 2 del artículo 1 de esta Ley, tributarán, además, al tipo de gravamen que, conforme a lo previsto en la Ley 21/2001, de 27 de diciembre, por la que se regulan las medidas fiscales y administrativas del nuevo sistema de financiación de las Comunidades Autónomas

de régimen común y Ciudades con Estatuto de Autonomía, haya sido aprobado por la Comunidad Autónoma.

Si la Comunidad Autónoma no hubiese aprobado el tipo a que se refiere el párrafo anterior, se aplicará el 0,50 por 100, en cuanto a tales actos o contratos.

3. Por el mismo tipo a que se refiere el apartado anterior y mediante la utilización de efectos timbrados tributarán las copias de las actas de protesto».

Tradicionalmente, la Dirección General de Tributos venía manteniendo que cuando se produce la subrogación del adquirente en la posición del transmitente y en la obligación personal de este de devolver el crédito garantizado con hipoteca debía entenderse que la subrogación, al no producir una inscripción distinta de la que origina la propia transmisión del inmueble, no verificaría los requisitos del artículo 31.2 de la LITPyAJD y, por tanto, no estaría sujeta al gravamen gradual de actos jurídicos documentados. Sin embargo, esa doctrina fue modificada a raíz de la sentencia del Tribunal Supremo n.º 521/2020, de 20 de mayo, ECLI:ES:TS:2020:1103, a cuyo tenor:

«(...) procede contestar a la pregunta formulada por la Sección Primera: ‹ Determinar si la liberación en escritura pública notarial de codeudores de un préstamo garantizado mediante hipoteca de determinados inmuebles está sujeta o no a la modalidad de actos jurídicos documentados del Impuesto sobre Transmisiones Patrimoniales y Actos Jurídicos Documentado›, en el sentido de que está sujeta».

En su consecuencia, tal y como pone de manifiesto la consulta vinculante de la Dirección General de Tributos (V0051-23), de 16 de enero de 2023:

«(...) el artículo 29 del TRLITPAJD regula la determinación del sujeto pasivo en los documentos notariales, estableciendo una regla general y una regla especial.

Como regla general la condición de sujeto pasivo recae en una de las siguientes personas, en el orden excluyente establecido en dicho precepto: en primer lugar, en el adquirente del bien o derecho; en su defecto, la persona que insta o solicita el documento; y en defecto de ambas, aquel en cuyo interés se expida el documento notarial. La regla especial solo es de aplicación en el supuesto de escrituras de préstamo con garantía hipotecaria.

En el supuesto planteado debe descartarse la aplicación de la regla especial, pues el contenido de la escritura pública cuya tributación se examina no es la constitución de un préstamo hipotecario sobre el bien que adjudica a uno de los comuneros en la disolución de la comunidad de bienes, préstamo ya existente con anterioridad a la disolución de la misma; tampoco lo es la ampliación de dicho préstamo por parte del comunero adjudicatario para poder pagar a la consultante la parte que le corresponde en la liquidación de la comunidad de bienes, que constituiría un acto independiente del que ahora se examina y que es la liberación de la otra comunera de la responsabilidad por el préstamo inicial a consecuencia de haber sido adjudicado el bien al consultante. En consecuencia, en ningún caso sería sujeto pasivo el prestamista.

En cuanto a la aplicación de la regla general del artículo 29, no puede declararse sujeto pasivo del impuesto al adquirente del bien o derecho, pues no estamos ante un supuesto de transmisión de un bien o derecho, sino de la transmisión de una deuda. Por tanto, al no poderse aplicar la primera regla, debe acudirse a la segunda regla del citado precepto, conforme a la cual, en defecto de adquirente, la condición de sujeto pasivo recaerá sobre la persona que inste o solicite el otorgamiento del documento notarial, en este caso, el adjudicatario del inmueble, titular del bien, que consiente en la liberación de la consultante de la responsabilidad del préstamo en el que ambos eran cotitulares.

En cuanto al tipo de gravamen habrá de estarse a lo establecido en el ar-tículo 31.2 del TRLITPAJD que establece que "Si la Comunidad Autónoma no hubiese aprobado el tipo a que se refiere el párrafo anterior, se aplicará el 0,50 por 100, en cuanto a tales actos o contratos.".

CONCLUSIÓN:

La liberación en escritura pública notarial de la codeudora del préstamo garanti-zado mediante hipoteca sobre el inmueble que se adjudica el consultante está suje-to a la modalidad de actos jurídicos documentados del ITPAJD. Será sujeto pasivo el consultante al ser el adjudicatario del inmueble. En cuanto al tipo de gravamen habrá de estarse a lo establecido en el artículo 31.2 del TRLITPAJD que establece que "Si la Comunidad Autónoma no hubiese aprobado el tipo a que se refiere el párrafo anterior, se aplicará el 0,50 por 100, en cuanto a tales actos o contratos."».

Por tanto, la liberación en escritura pública notarial de la codeudora del préstamo garantizado mediante hipoteca sobre el inmueble que se adjudica Laura está **sujeta a la modalidad de actos jurídicos documentados del ITPyAJD**. Será sujeto pasivo el adjudicatario del inmueble y, en cuanto al tipo de gravamen, habrá que atender al artículo 31.2 de la LITPAJD.

Caso práctico | ¿Debe imputarse la renta inmobiliaria de la mitad indivisa de la segunda vivienda cuyo uso se atribuye al excónyuge?

PLANTEAMIENTO

Antonio y Eugenia, casados en régimen de gananciales, en el año 2021 se separan judicialmente, sin que se haya liquidado la sociedad de gananciales. En el momento de la separación los esposos eran propietarios de dos inmuebles; un piso que constituía la vivienda familiar y una segunda vivienda cuya propiedad correspondía al 50 % a cada uno. En el convenio regulador de la separación aprobado por sentencia se acordó que la esposa permaneciera en el piso que hasta ese momento había sido la vivienda familiar y que el esposo podría vivir en la que había sido segunda vivienda, aunque decidió no residir en la misma y solo pasar períodos vacacionales en ella. Esta segunda vivienda no ha sido vendida y continúa perteneciendo al 50 % a ambos.

Lo que se cuestiona Eugenia es si tendrá que imputar renta inmobiliaria por su mitad de la segunda vivienda en el IRPF.

RESPUESTA

En el caso que se presenta no se trata de la vivienda familiar de los esposos, sino de una segunda vivienda con respecto a la cual se atribuyó por convenio el uso al esposo, aunque dicha vivienda no constituye su vivienda habitual, Eugenia no ten-drá que imputar renta inmobiliaria alguna por su mitad indivisa. En este sentido se ha manifestado la Dirección General de Tributos en la consulta vinculante (V1640-22), de 8 de julio de 2022.

Para llegar a la conclusión expuesta es preciso tener presente que el artículo 85 de la LIRPF excluye de la imputación de rentas inmobiliarias la vivienda habitual, al establecer en su apartado 1:

«1. En el supuesto de los bienes inmuebles urbanos, calificados como tales en el artículo 7 del texto refundido de la Ley del Catastro Inmobiliario, aprobado por el Real Decreto Legislativo 1/2004, de 5 de marzo, así como en el caso de los inmuebles rústicos con construcciones que no resulten indispensables para el desarrollo de explotaciones agrícolas, ganaderas o forestales, no afectos en ambos casos a actividades económicas, ni generadores de rendimientos del capital, excluida la vivienda habitual y el suelo no edificado, tendrá la consideración de renta imputada la cantidad que resulte de aplicar el 2 por ciento al valor catastral, determinándose proporcionalmente al número de días que corresponda en cada período impositivo (...)».

En el caso que se presenta, el inmueble objeto de consulta no es vivienda habitual del esposo, sin embargo, en el convenio aprobado por la sentencia de separación se establece que **esta vivienda sí está a disposición del esposo durante todo el año** pudiendo residir allí cuando así lo desee. Ahora bien, **Eugenia no tiene el inmueble a su disposición en ningún día del período impositivo.**

La Dirección General de Tributos con relación a la imputación de rentas inmobiliarias como titular de un inmueble en el que no reside, en el caso de que el contribuyente esté separado legalmente y sea propietario proindiviso con su excónyuge de la vivienda que constituye la residencia habitual de este, ha establecido el siguiente criterio en la consulta vinculante (V0110-13), de 17 de enero de 2013:

«El derecho del uso de la vivienda familiar que el artículo 96 del Código Civil atribuye a los hijos y al cónyuge en cuya compañía queden, posee una naturaleza jurídica no definida expresamente por el Código Civil y controvertida en la jurisprudencia del Tribunal Supremo. Así, por ejemplo, mientras la Sentencia de 18 de octubre de 1994 lo configura como un "derecho real familiar de eficacia total" (Fundamento de Derecho Segundo), la de 29 de abril de 1994 contempla la posibilidad de que carezca del carácter de derecho real, cuando afirma en su Fundamento de Derecho Cuarto: "El derecho de uso de la vivienda común concedido a uno de los cónyuges por razón del interés familiar más necesitado y porque queden a su disposición los hijos no tiene en sí mismo considerado la naturaleza de derecho real, pues se puede conceder igualmente cuando la vivienda está arrendada y no pertenece a ninguno de los cónyuges (...) todo ello, sin perjuicio de que el propietario del inmueble o incluso el Juez, puedan constituir un auténtico derecho real de uso". Por otro lado, la Sentencia de 11 de diciembre de 1992 lo califica, en su Fundamento de Derecho Segundo, como "una carga que pesa sobre el inmueble".

No obstante la actual indefinición sobre la naturaleza jurídica del derecho de uso sobre la vivienda familiar previsto en el artículo 96 del Código Civil, es criterio de este Centro Directivo que no procede la imputación de rentas inmobiliarias prevista en el artículo 85 de la LIRPF por la vivienda familiar cuyo uso se atribuye al ex-cónyuge y, en su caso, a los hijos en cuya compañía queden, aunque ésta no constituya vivienda habitual del otro progenitor».